Biblioteca de Filosofía del Derecho

Carlos Alarcón Cabrera
(Director)

Carlos Antonio Agurto Gonzáles
Sonia Lidia Quequejana Mamani
Benigno Choque Cuenca
(Coordinadores Generales)

ANTONIO HERNÁNDEZ GIL
Profesor de la Universidad Complutense de Madrid
(España)

EL ABOGADO
Y EL RAZONAMIENTO JURÍDICO

Edición al cuidado de
Carlos Antonio Agurto Gonzáles
Sonia Lidia Quequejana Mamani
Benigno Choque Cuenca

Ediciones Olejnik

Título: El abogado y el razonamiento jurídico

© Antonio Hernández Gil

© Ediciones Olejnik
Huérfanos 611, Santiago - Chile
E-mail: contacto@edicionesolejnik.com
Web site: http://www.edicionesolejnik.com

Primera edición en Ediciones Olejnik: 2021

ISBN: 978-956-7799-24-4

Diseño de Carátula: Ena Zuñiga
Diagramación: Luis A. Sierra Cárdenas

Impreso en Argentina 2021 Printed in Argentina

ÍNDICE

CAPÍTULO QUINTO
OTROS FACTORES INTEGRANTES DEL DISCURSO JURÍDICO

CAPÍTULO SEXTO
EL PROCESO DISCURSIVO DEL ABOGADO CON RELACIÓN A LOS HECHOS Y AL DERECHO

CAPÍTULO SÉPTIMO
UNA REFLEXIÓN ESTRUCTURALISTA

CAPÍTULO OCTAVO
LA EXPRESIÓN ESCRITA

CAPÍTULO NOVENO
LOS DICTÁMENES

CAPÍTULO DÉCIMO
EL ABOGADO Y EL ENTORNO SOCIAL

CAPÍTULO PRIMERO

EL ABOGADO: TIPOLOGÍA HUMANA Y PROFESIONAL

1. El hombre de letras y el hombre de acción

¿El hombre de letras y el hombre de acción marchan siempre en direcciones paralelas, sin encontrarse, o en direcciones antagónicas, dándose la espalda? ¿Son más bien dos tipos humanos con características predominantes que no excluyen algún punto de tangencia? Usualmente suelen considerarse como contrapuestos. La contraposición es antes un modo de entender y explicarse lo distinto que el real modo de ser. Porque toda actividad conceptualizadora se sirve de abstracciones y de recursos que no se dan exactamente así en los fenómenos analizados, aunque sirven para comprenderlos. En el hombre de letras (utilizo el giro en términos tan amplios que hombre de letras es también el científico) se idealiza al dominado por la reflexión, propicio quizá al soliloquio, vitalmente un tanto inerte y cristalizado en las actividades mentales y en el verbo. Por el contrario, en el hombre de acción tiende a verse el entregado con ardor al combate de la vida en busca del predominio, la conquista y la transformación, con afanes incluso iconoclastas. El primero aparece en toda la gama susceptible de encaje en el tipo —un tanto desdibujado y por ello quizá significativo— del pensador. La culminación del segundo acaso está en la figura del político y con mayor acritud en la del revolucionario.

Miguel Delibes, en unas bellas páginas literarias, describe sus correrías por el campo de Castilla la Vieja, en compañía de «Juan Gualberto», un avezado cazador profesional, acaso el prototipo primario del hombre de acción. El autor, en diversas oportunidades, trata de dar cuenta a su compañero de algunas reflexiones de Ortega sobre la caza. La filosofía del maestro queda descartada en el siguiente diálogo: «—Ese don José —dice— ¿era una buena escopeta? —Era una buena pluma. —¡Bah!». La anécdota evoca, sin duda, el sentido práctico y a ras de tierra de las cosas; simboliza, si se quiere, la nota predominante, mas no refleja la total realidad. El hombre de letras y el hombre de acción no son necesariamente dos hombres.

César hace el doble papel de protagonista y narrador. Cervantes concita la acción y las letras no solo en cuanto biográficamente merodea por guerras y cárceles a la par que escribe con galanura inigualada, sino también porque su obra magna es, justo, una novela de acción. Lenin —discúlpese el tremendo salto— ha dejado impresa su personalidad así en el dogmatismo de un pensamiento filosófico-científico, inspirador de una concepción social, como también en la puesta en marcha concreta de ésta a través de la actividad revolucionaria ejercida en el exilio y desde el poder. En De Gaulle, las mayores radicalizaciones de la acción que son la política militante y la milicia política, concurren con sus excepcionales cualidades de escritor. Y así tantos otros. Gran suma de casos ejemplares que no se dan, claro está, siempre.

Por otra parte, la antítesis que se ha querido ver tantas veces entre la palabra y la acción ha sido estimulada por una concepción exageradamente academicista del lenguaje que ha preponderado durante siglos[1]. Se cifraba ésta en el fetichismo de la lengua escrita, en la inclinación hacia el purismo y en la creencia en una lengua inmutable. La lengua se ha buscado durante mucho tiempo en la belleza del léxico literario, esto es, en el uso culto de las palabras. No interesaba la general aptitud para el habla, el hecho mismo del lenguaje. El fenómeno social primario, con el cual nos llegó el primer ingrediente socializador, ha tardado en encontrarse. «Los modernos —escribe Bally— vemos ahora un poco mejor... el lenguaje natural, ese que todos hablamos no está al servicio de la razón pura ni del arte; no apunta ni a un ideal lógico ni a un ideal literario; su función primordial y constante no es la de construir silogismos, ni la de redondear períodos, ni la de plegarse a las leyes del alejandrino. El lenguaje está siempre al servicio de la vida, y no de la vida de unos pocos, sino de la de todos y en todas sus manifestaciones: su función es biológica y social»[2]. Pues bien, este hallazgo del élan vital del lenguaje es una conquista de la ciencia. Ha sido necesaria una revolución en la teoría lingüística para encontrar aquello que estaba más en nosotros: la lengua como efusión individual y encadenamiento social. Pero es el caso que esta perspectiva científica, si bien constata lo que de hecho es la lengua, no pone de manifiesto la consciencia que se tiene acerca de ella. La investigación descubre un inconsciente colectivo. Cada uno, dispuestos a pensar en la lengua, no traducimos el hecho mismo vivido, sino que propendemos a remitir la lengua a las regiones de la poética y la retórica. De ello es exponente la generalizada tendencia a separar el orfebre de la lengua del resuelto hombre de acción huidizo de las palabras.

2. La figura del abogado

La figura humana y profesional del abogado muestra a éste inserto en el campo de la palabra (oral y escrita) y en el de la acción. Transita estos dos modos fundamentales de incidir y proyectarse en la sociedad. El doble juego del verbo y de la acción (o más ampliamente del comportamiento) se ofrecen en el abogado en diversos planos y sentidos. Por una parte, es un analista de palabras y conductas a las que él no ha cooperado y que se le ofrecen en situación de conflicto. Por otra parte, su capacidad de ideación y su conducta (en el caso e incluso al margen del mismo) de algún modo contribuyen a dotar de significación a los problemas jurídicos. Cuando éstos acceden al terreno polémico por excelencia, que es el debate judicial, su total sentido no está constituido solo por el caso en sí, sino también por la huella que van dejando en su enfoque y tratamiento el estilo de los letrados intervinientes. Mientras hay numerosas técnicas científicas (o ciencias tecnificadas), que en su ampliación práctica cuenta de modo exclusivo el conoci-

---

1 La denuncia de esta actitud la hizo en términos rotundos Saussure y después BLEOMFIELD. Cfr. de éste el trabajo *Linguistic Aspect of Science,* incluido en «International Encyclopedia of Unified Science» (Chicago, 1939), versión española de Julia Mascareño, en Taller de Ediciones Josefina Betancor, Madrid, 1973.

2 BALLY, *El lenguaje y la vida,* trad. esp. de Amado Alonso, ed. Losada, 6.ª ed., pág. 19, Buenos Aires, 1972.

miento y la actividad del que las ejerce, el quehacer del abogado no es nunca separable por completo de su personalidad. Alberga nuestra profesión un alto grado de humanismo. Por humanismo entiendo a este respecto, sobre todo, conciencia moral e implicación personal. Entre el papel correspondiente a la parte y el del abogado hay una distancia, una separación. La parte encarna el problema; el abogado le afronta con vistas a una solución. Sin embargo, el abogado, pese a esa diferencia de papeles, se implica en el caso. No cabe una absoluta asepsia. Si bien el derecho a la defensa es una de las grandes prerrogativas humanas, el abogado, dejando a salvo hipótesis extremas que pueden imponer el sacrificio, no es un incondicional servidor de cualquier interés. La actuación profesional exige en quien la desempeña hallarse en condiciones de actuar con libertad, sin transgredir unas convicciones éticas esenciales y alentado por cierta dosis de entusiasmo. Sin fe en algunas posibilidades de defensa, aunque sean limitadas e incluso extremas, no puede arrostrarse la tarea. Ello no quiere decir que el abogado se decida a intervenir en función de un frío cálculo de probabilidades y menos con las miras puestas solo en la seguridad del éxito. Este no es ponderable con un criterio de acaparamiento monopolístico. Si una cuestión litigiosa tiene dos posibles soluciones y un letrado consigue la pretendida mientras el otro, lógicamente, no alcanza la sustentada, no significa que todos los factores positivos tomen la dirección de la tesis que ha prosperado. En la dialéctica de nuestra profesión el resultado favorable y el adverso no señalan necesariamente la completa verdad ni la completa falsedad, el mejor y el peor quehacer profesional. Dentro de la profesión, dotándola de sentido, quedan uno y otro esfuerzo, uno y otro resultado. Si un abogado encarna la posición que se ha impuesto, otro asume la que ha quedado excluida. Cumple también una función profesional el que soporta la solución adversa. Constituye un factor indispensable para discernir el derecho en conflicto. El abogado que pierde nada tiene que ver con el ingeniero o el arquitecto que no consiguen dar a su construcción la resistencia requerida. En todos los casos, con uno u otro alcance, hay márgenes de opinabilidad. La sentencia no constituye la verdad inconcusa, sino la solución impuesta, revestida de autoridad, dentro de la organización de la justicia. El abogado que, al final, no logra imponer su tesis puede encontrar, en el curso del litigio e incluso' ante el resultado, oportunidades para poner a prueba su dimensión humana y profesional. El juicio más superficial que puede formularse de cualquier abogado es hacerle depender de sus incesantes victorias. Si él mismo se precia en exaltarlas más allá de la satisfacción íntima, no incurre en mera vanidad. Revela una codicia empequeñecedora y falta de comprensión del sentido profundo de nuestro significado. El prestigio no se elabora de modo exclusivo a expensas de los éxitos. Si estuviera por completo en función de ellos, traería consigo negaciones en las hipótesis inversas que no responden a la estructura real de la profesión. Importa, sobre todo, el espíritu de trabajo, el cuidado atento, la reflexión cautelosa, el sentido del deber, una pasión que no rompa en mil pedazos la ecuanimidad. Y, sobre todo, cuenta la capacidad de darse. El abogado se sublima a través de la entrega a los demás. De la entrega y el sometimiento a la contienda. «Otro» es quien nos necesita. «Otro» es también el que se opone. «Otro» el que juzga y decide.

Aparece asimismo como nota definidora la contradicción. Lo he repetido con insistencia: todo decir, para el abogado, es un contradecir. Como contradicción no cuenta solo la efectivamente esgrimida de adverso. Necesita uno mismo hacer previsiones acerca de la fuerza contradictoria emanada de los propios argumentos y la que puedan generar en contra de ellos. La contradicción es la constante de la disputa crítica organizada. Nada de lo que se asevera se impone por sí mismo ni queda libre de la correspondiente censura.

El abogado carece de todo poder decisorio. Dice, pide, alega, suplica, insta, solicita, impetra, propugna, pretende, promueve, propone, reclama, recurre, aduce, tacha, afirma, niega, admite, reconoce, arguye, argumenta, sostiene, invoca, estima, suscita, defiende, postula, formula, proclama, etc. Es esta una posición en algún sentido humilde, porque el abogado no impone, ni condena, ni absuelve, ni dicta, ni ordena, ni decide, ni resuelve, ni confiere, ni otorga, ni concede; pero en otro sentido, y quizá por lo mismo escuna actitud noble, porque el abogado en sí ostenta la autoridad más incruenta que es el peso —no medido por él— de sus razones.

Esa preponderancia del «otro» trae consigo el fenómeno de la propia comprensión que implica aceptar cómo uno es lo que ven en él los demás y no exclusivamente lo que uno mismo se figura. El concepto elaborado por una estimación no procedente de nosotros, aunque demos lugar a ella, es el que importa. Esa especie de derecho a la propia imagen, que muchos reivindican por entender que son los únicos intérpretes auténticos de sí mismos, la abogacía enseña, por lo menos, a ponerlo en cuestión, a no creerse de modo absoluto su propio definidor. La entrega, la costumbre a sentirse combatido, juzgado o estimado desde fuera, sin suponer una despersonalización, equivale a desprenderse de la propiedad privada de sí que algunos intelectuales sienten y defienden con espíritu de latifundistas. El ejercicio de la profesión de abogado es una buena cura contra la endemia de las susceptibilidades heridas. Nuestra prerrogativa de enjuiciar tiene como contrapartida la de quedar sometidos al juicio de los otros. En la frase con que terminan los dictámenes, haciendo la salvedad de otra opinión mejor fundada, hay algo más que cartón protocolario. La filosofía científica de hoy encarece la pertinencia del conocimiento intersubjetivo, es decir, comunicable, debatido, sujeto al contraste y, en su caso, compartido. Los abogados de antiguo venimos usando un lema que refleja el constante reconocimiento de los demás no solo en sus personas, sino en sus opiniones. La idea básica de la alteridad como definidora del derecho se desenvuelve también por estos derroteros. No quiere decir que la propia opinión esté dispuesta a desvanecerse o a sucumbir ante cualquier disentimiento. Pero proclama que nuestra actividad se halla siempre dispuesta a una crítica plena, negativa o constructiva, acerbamente crítica. A ello debemos estar siempre dispuestos, o más precisamente, bien dispuestos.

3. La tensión intelectual y el sentido práctico

En la profesión de abogado se dan cita la especulación discursiva y el sentido práctico. El consagrado al tratamiento teórico del derecho piensa que el campo de la abogacía está dominado por la experiencia, y, si acaso, por una utilización hábil y oportunista de la ley. No es así o, al menos, no es siempre y necesariamente así. Cierto que la profesión se despliega en muy distintos niveles y ofrece facetas diversas. Consiguientemente, resulta difícil llegar a formulaciones generales y homogéneas. Entre el cometido que exigen, por ejemplo, ciertos asesoramientos o asistencias profesionales acerca de temas o materias uniformes que se repiten serialmente, al requerido por el ejercicio de la profesión en las grandes contiendas ante los Tribunales, en el recurso de casación o en la labor de dictámenes, hay, claro está, marcadas diferencias; aunque, por otra parte, tampoco esta distinción sirve en todos los casos para señalar disparidades de rango. A veces entre los monótonos asuntos diarios surge el problema intrincado, la cuestión espinosa. Dentro de nuestra profesión se alojan Importantes quehaceres —batallas, cabría escribir— intelectuales.

No porque el derecho se contemple en la vida sus problemas se trivializan. Justamente ocurre lo contrario. Mientras una especulación puramente teórica desentendida de sus proyecciones vitales carece de un sentido intelectualmente trascendente para correr el peligro de los ejercicios de esgrima mental, la ponderación en la realidad de las consecuencias de una u otra solución puede justificar importantes debates doctrinales. El camino que desde la vivencia práctica conduce a la conceptualización es más seguro que el que se conforma con deambular por los terrenos de la conceptualización sin asomarse del todo a las realidades de la vida. Y aquí es donde se toma también la verdadera medida a las ponderaciones axiológicas que, reducidas a formulaciones abstractas, tienden a desvanecerse.

Ocurre, eso sí, que el abogado despliega el trabajo del intelecto desasistido de las prerrogativas que suelen acompañar a éste. Carece de sosiego y de soledad. Difícilmente logra evasiones esporádicas o torres de marfil. Discurre impelido por el apremio del plazo, pendiente del sobresalto de la vista o de la llamada, en la tensión de la vista, con la duda puesta en la idoneidad del argumento o en la pertinencia de algún silencio, perseguido siempre por la zozobra del resultado y de vez en cuando por el disgusto del resultado. En la mente del abogado se entrecruzan los problemas relativos a diferentes asuntos. No se desenvuelve en un frente único de trabajo. Este se ofrece disperso, en distintas posiciones y direcciones. Ha de ser rápido. La delectación serena y reposada es un lujo inasequible. La abogacía asocia la especulación discursiva dirigida a fines prácticos con una actividad disgregada en diversos frentes. El pluralismo heterogéneo produce una riqueza formativa incomparablemente mayor que la perseverancia en uno o pocos temas. La esgrima mental gana en agilidad cuando recorre diversos itinerarios conflictivos, con cambios en las personas, los hechos, las posiciones y los asuntos. La experiencia que produce la dispersión no se encuentra reunida en un campo determinado. En los rigurosos especialismos, impuestos por circunstancias concernientes a la división del trabajo, hay un fondo de renuncia. Se es más propiamente abogado hacia la totalidad.

Junto a la multiplicidad de los quehaceres está la identificación con el caso. Identificarse con él no es del todo vivirlo; pero sí es encarnarlo en trance de lograr una solución satisfactoria. Para ello se requiere comprenderlo en su singularidad, ver los aspectos favorables y los adversos, calibrar las derivaciones, distinguir entre lo que conviene resaltar y lo que es oportuno omitir o no remover. Todo ello es muy personal y opinable y no susceptible de otro criterio dialéctico que el aconsejado por la perspicacia (que tiene algo de escurridiza) y el ponderado aplomo. Aplomo también para escuchar y recibir lo que no gusta. Porque nuestro oficio enaltece la libertad y la contradicción en términos iguales y recíprocos. Por eso es forja para la entereza y el mejor preventivo —o la cura— contra esos fáciles triunfalismos frecuentes en otros campos de actuación ordenados menos democráticamente.

CAPÍTULO SEGUNDO

LA PALABRA Y EL ABOGADO

1. Lenguaje y derecho

La actividad intelectual del abogado se canaliza a través de la palabra y del razonamiento articulado mediante ella. Palabra, lengua, lenguaje... y derecho. He aquí un tema predilecto, sin duda la preocupación predominante, unas veces a flor de la superficie y siempre subyacente, en mi condición de jurista.

El derecho *es* en función de la lengua. Esta no se limita a expresarle o exteriorizarle. Aparece alojado en la lengua, fundido e identificado. Todo puede ser tratado lingüísticamente, designado o dotado de significación. Sin embargo, el lenguaje no se limita a cumplir respecto del derecho el cometido general de denominar, representar y entenderse. Hay entre ellos un mayor grado de vinculación. Una ley física existe y se cumple al margen de su enunciación lingüística. Esta la da a conocer o, si se prefiere, traduce y fija su descubrimiento. Por ejemplo, la ley de la gravitación ha venido rigiendo y rige con independencia de su conocimiento. En cambio, la ley en su acepción jurídica surge con o como lenguaje. No estoy aludiendo solo al derecho escrito. La correlación derecho-lengua sobrepasa la reproducción gráfica mediante los signos lingüísticos que es la escritura. La costumbre no es simple hábito, inclinación o comportamiento instintivo. La norma consuetudinaria, aunque no escrita, necesita poder enunciarse. La vigencia y obligatoriedad suponen el sometimiento a la regla. No puede identificarse la costumbre con el mero hecho de un comportamiento reiterado porque entonces no cabría el incumplimiento o la transgresión, que también pueden darse respecto de ella. En definitiva, las normas jurídicas existen como tales a partir de formulaciones lingüísticas más o menos desarrolladas. La formulación no equivale a conocerlas o a darlas a conocer; implica la creación y el establecimiento de las normas. Claro es que la generalización del derecho escrito ha venido a acentuar su vinculación a la lengua. El papel desempeñado respecto de ésta por la escritura tiene su paralelo en el desempeñado respecto del derecho por la ley. La escritura es el testimonio gráfico por excelencia de la historia como la ley lo es del derecho. Lo uno y lo otro dentro de cierta modernidad, sin profundidades etnológicas. Porque no cabe duda que la historia es muy anterior a la escritura como el derecho es muy anterior a la ley.

Si tal ocurre en el plano de las normas, no es menos patente la asociación entre el lenguaje y el derecho en cuanto a la realización o desenvolvimiento de éste. El lenguaje asoma por todos los intersticios: las palabras de los contratantes, del testador, del confesante, del testigo, del que injuria o calumnia; las palabras del abogado, del fiscal, de la sentencia, y tantas otras. En el derecho vemos la palabra exaltada y la palabra menospreciada. Ejemplo de la exaltación lo tenemos en el valor asignado a la palabra misma en el sentido del respeto, la fidelidad y el sometimiento. El hombre atenido a su palabra alcanza en muchos aspectos el cénit de la perfección jurídica y hace innecesarios gran parte de los instrumentos de la coacción dirigidos a suplir una falta de fidelidad. Ejemplo del menosprecio lo encontramos cuando se difama del abogado por considerarle un mago de la palabrería vana. Sin negar posibles excesos, éstos no sirven para definirnos. El abogado, antes que un frívolo dilapidador de palabras o un emisor de ellas con la banalidad de un juego, siente la responsabilidad de la palabra. Ha visto muchas veces cómo un matiz, una torpeza de expresión o una ambigüedad ha creado arduos problemas e incluso generado graves consecuencias. Contempla a través de sus palabras —en manos de ellas— los intereses que se le confían. Persigue la locución precisa. A veces la palabra misma tiene más fuerza que la cadena argumental o es la clave del argumento. Porque hay, en efecto, vocablos reveladores. La palabra, ya puesta en cuestión o ya dotada de tanto poder, infunde respeto. Excita más un sentido de la economía y del rigor que la extroversión indiferente. El caudal lingüístico del abogado no se nutre de oquedades ni de abundancias indiscriminadas, sino de piezas bien forjadas para la función designativa. Nunca es la palabra independiente del contenido que ha de conformarse. El abogado, en los momentos culminantes de su oficio, se encuentra en situación de extraer de sí la visión de los problemas. Tiene que describir, ordenar, distinguir y razonar. Todo pasa por las palabras. Se muestra y vivifica en ellas. He ahí el porqué de las preocupaciones y de la responsabilidad en torno al lenguaje.

El sentido de la responsabilidad en el uso de la palabra se presenta también, aunque con otros tonos, en la función de juzgar. Jovellanos, en su discurso de recepción en la Real Academia Española, advirtió con agudeza: «Es digno de observarse que a la mayor parte de los hombres fue atribuido el don de la palabra para satisfacer por su medio a sus propias necesidades; pero el magistrado lo recibe para servir con él a sus hermanos, esto es, a aquellos que la Providencia ha destinado para objeto de su vigilancia y de su estudio»[3]. La palabra, que en el abogado permite la exaltación, en el juez se convierte en la palabra medida; porque es la que describe los comportamientos, delimita lo realmente acontecido, puntualiza el sentido de la conducta, desvela interioridades, imputa, libera y juzga; es siempre la palabra desapasionada, portadora de decisiones que si pueden no gustar no deben ofender. Es, en suma, la palabra articulada en el lenguaje sujeto a la disciplina de la ponderación.

2. Informe, discurso, razonamiento y dictámenes

Una de las manifestaciones máximas de la palabra en los dominios del derecho tiene lugar a través de la actuación oral y escrita del abogado. Son tres los modos fundamentales de producirse: el informe, el discurso o razonamiento y el dictamen. Por informe, en su sentido más específico y propio, se entiende la intervención oral del abogado ante los Tribunales dirigida a exponer en su conjunto la tesis sustentada en torno a lo que sea objeto de debate y constituya el motivo de la celebración de la vista pública. Concepto mucho más amplio es el del «discurso del abogado». Completando alguna de las acepciones tradicionales del término discurso (que remiten a la función exteriorizadora del pensamiento o a la facultad racio-

[3] Puede verse en la Colección de *Obras escogidas,* de la Biblioteca Clásica, pág. 52, Barcelona, 1884.

nal de inferir) con el significado que le atribuye la moderna semiótica al distribuir en «discursos» los diversos tipos de utilización de la lengua según la finalidad principal perseguida, bajo la denominación «discurso del abogado» se comprende la total elaboración lingüístico-argumental desarrollada por el abogado en el ejercicio estrictamente forense o fuera de éste, siempre que tienda a fijar su punto de vista respecto de un tema de derecho objeto de contienda o de duda. La expresión «razonamiento del abogado» puede suplir, en ocasiones con ventajas, a la de «discurso». Tiene, sin embargo, el inconveniente de que el razonamiento presupone un tratamiento lógico-dialéctico en tanto el discurso comprende también la simple exposición de unos hechos. Por supuesto, el «discurso del abogado» en la acepción amplia señalada engloba al informe forense y al «dictamen» o respuesta por escrito a una consulta.

Los informes forenses requieren, formal y procesalmente, de una exteriorización pública, si bien ésta de hecho, salvo casos excepcionales, suele ser muy limitada. Menor aún es la difusión de los escritos producidos en los litigios. En los archivos judiciales se van depositando con el transcurso del tiempo, junto a muchos folios rutinarios o meramente episódicos, otros que recogen el esfuerzo discursivo de vigilias tensas en las que los abogados se han entregado sin tasa, con ardor polémico, a la defensa de sus respectivas tesis. Solo muy de tarde en tarde, en el procedimiento civil del juicio ordinario de mayor cuantía, se hace uso de las alegaciones impresas, con lo que se facilita en alguna medida la conservación de los pleitos. La publicación de las sentencias del Tribunal Supremo y la cada vez más frecuente de las sentencias de las Audiencias sirve para dar a conocer (siquiera sea fragmentariamente y a través de resúmenes poco cuidados) los escritos de alegaciones y, especialmente, los recursos de casación. Los dictámenes, prescindiendo del uso privado que hagan de ellos sus solicitantes, solo alcanzan difusión propiamente dicha cuando se publican en colecciones.

Por lo demás, tanto la publicación de las sentencias como la de los dictámenes se llevan a cabo con fines intrínsecamente práctico-jurídicos. Es también este aspecto el que suscita el interés de los lectores. Importa qué se ha resuelto, qué interpretación se ha sustentado, qué similitud guarda el caso tratado con el que nos preocupa. De paso, alguno parará mientes en el estilo o en la contextura argumental. Una reflexión crítica acerca de estas cuestiones no es fácil encontrarla.

3. El informe ante los Tribunales

Aunque he formulado como concepto genérico el de «discurso del abogado», que engloba el de informe, prefiero empezar por referirme a éste en su sentido específico.

El informe forense o del abogado ante los Tribunales en vista pública es, sin duda, una modalidad de la oratoria. Entre la oratoria y la retórica hay un viejo pacto de alianza, sin perjuicio de ciertas veleidades de la retórica. Esta, en los primeros tiempos de la cultura occidental, se desenvolvió sobre todo e incluso se identificó con una determinada actitud respecto del saber (la sofística)[4]. También estuvo muy adentrada en los dominios del derecho. «En la Roma Imperial floreció

---

4 ELÍAS DE TEJADA (*Tratado de filosofía del derecho,* t. I, Sevilla, 1974) dice que «la sofística es la presunción de que la técnica oratoria hace innecesarias a la ciencia cuanto a la filosofía». Por eso la considera como «la demagogia de una técnica» (pág. 42).

en gran medida el estudio y el aprecio de la retórica. La escuela principal era el foro, donde incluso muchos emperadores iban a aprender la administración de justicia y el conocimiento de las leyes. Los maestros que enseñaban la retórica eran tenidos en gran estima, y lo mejor de la juventud romana frecuentaba sus aulas. Llegar a ser abogado era el deseo del romano que buscaba el honor»[5]. Más adelante, cuando el estudio de las artes liberales se dividió en el *trivium* y el *quadrivium,* la retórica formó parte del primero junto a la gramática y la dialéctica. Después tornó a presentarse como una parte de la lógica. A partir del Renacimiento busca el entronque con la literatura. Esta acusa la faceta oratoria de la retórica, y así aparece catalogada la oratoria como uno de los géneros literarios.

Sin perjuicio de los diversos significados, sintetizando en grado sumo y al solo efecto de plantear el problema que nos interesa, cabría decir que la retórica y la oratoria ensambladas se preocupan, con alcance preceptivo o prescriptivo, de la adecuada organización del discurso y del empleo del bien decir con una finalidad persuasiva.

Pues bien, el problema es éste: ¿Tendría sentido, en nuestro panorama intelectual, el estudio de la normatividad del informe forense desde puntos de vista retóricos y oratorios?

4. La crisis de la retórica y la oratoria como propedéuticas

La retórica es hoy agredida con la crítica o con el silencio. Sobre el género literario más compenetrado con ella (la oratoria) se cierne el pecado de la retórica, que es como la sombra del mal. Le va a la zaga la elocuencia, paradigma de la oratoria. La obra de Pedro de Lorenzo *Elogio de la retórica* (1969), excepcional en muchos sentidos, lo es sobre todo en cuanto adopta un tono vindicativo.

Hay la retórica de la palabra oral y de la palabra escrita. No son exactamente coincidentes. En la expresión verbal la retórica no está constituida exclusivamente por la organización léxica. Tienen marcado valor también las actitudes, el tono, el gesto. No ocurre, claro es, otro tanto con la palabra escrita, donde la retórica es exclusivamente léxica. Por lo mismo, se puede incidir en uno o en otro tipo independientemente, aunque la predisposición psicológica comprenda ambas posibilidades.

La diagnosis del mal de la retórica es muy fácil cuando el observador no está temporal y socialmente dentro del contexto en que se produce. Entonces parece mostrarse por sí sola. Así como el aspecto caracterizador —e incluso caricaturesco o ridículo— de una moda se ofrece de manera acusada cuando hemos dejado de ser sus adeptos, así también ocurre con la retórica. Muy difícil es, en cambio, detectar la retórica concomitante. El que busca la retórica, la encuentra; será de una u otra calidad, pero resulta fácil alcanzarla. A veces no se requiere siquiera el propósito; y hasta es la consecuencia del abandono o de una falta de contención. No son estos los casos que nos preocupan, sino este otro: toda preocupación por no ser retórico no garantiza la inmunidad. Porque no hay tanto lo *per se* retórico como lo estimativamente considerado así. Claro es que, por otra parte, la tacha no es imputable totalmente a la opinión de los demás. Algo ha de encontrarse en aquél respec-

---

[5] Así escribe ANTONIO MARTÍ en *La preceptiva retórica española del Siglo de Oro,* Ed. Gredos, pág. 14, Madrid, 1972.

to del cual se produce el juicio. ¿Existe una predisposición? ¿De dónde procederá o cómo se manifestará ésta? Hay escritores despreocupados por el estilo como los hay preocupados por él. La indiferencia estilística tiende a considerarse como una falta de preocupaciones retóricas. En cambio, en la preocupación estilística se ve un fermento de posibles concupiscencias retóricas. Este planteamiento parece demasiado simple. ¿No sería preferible distinguir entre el escritor que reconoce o revela esas preocupaciones y el que las calla? Una total indiferencia es difícilmente imaginable. No escribe todo aquel a quien se le ocurren ideas. Escribe quien asocia contenido y expresión. Los conceptos —el tradicionalmente llamado fondo— solo pueden buscarse con las palabras. El esfuerzo de ideación se centra, por igual o al mismo tiempo, en el lenguaje y en lo perseguido a través de él. No cabe relegar la lengua al papel del revestimiento o la envoltura. La «envoltura» requiere la previa existencia de algo que, en sí, no puede darse porque solo llega a existir con la expresión. El acto de escribir es un diálogo interior entre las posibilidades de ideación y de expresión. No cabe ir directamente al contenido, ya se trate de la configuración de unas ideas o de la descripción de unos hechos. Vamos en la compañía de la palabra. El lenguaje es a modo de una propiedad colectiva que se individualiza en la medida en que hacemos de él un uso propio y singularizado. La aparente despreocupación por la forma que quiere verse cuando se escribe con llaneza no presupone necesariamente una simple espontaneidad o un descuido. El escritor es siempre consciente de lo que quiere y de lo que hace. La completa indiferencia no existe, o bien, existe en cuanto de algún modo es buscada. Uno puede experimentar la preocupación en mayor o menor grado. La preocupación tiene muchas veces como propósito el logro de la sencillez. En Galdós, por ejemplo, la sencillez parece espontánea. Diría más bien que le era fácil conseguirla. No ocurre otro tanto en el caso de Azorín. La sobriedad esquemática y, uniforme de sus frases, la monotonía de muchas de sus descripciones, su complacencia con lo trivial, la falta de remate de los juicios simplemente bosquejados, el tono moroso y a veces cándido de la disertación, son el fruto de una vigilante actitud crítica. Azorín contemplaba en los comienzos de este siglo el castellano retorcido y retumbante de muchos y quiso ponerle el sosiego de lo lineal y hasta de lo liviano. Frente a la amplitud del período, la brevedad. En contra de la construcción traducida en redondeces rotundas, lo hilvanado con pasos sencillos y sin pretensiones. Claro es que no siempre este modo de proceder preserva contra la tacha de la retórica. Una excesiva preocupación por el modo de decir, atenerse a cánones muy determinados cualquiera que sea la fórmula utilizada puede llevar al manierismo. Acaso lo que en Azorín no hay de retórica lo hay, en cambio, de cierto manierismo. ¿Cabe pensar entonces que el no preocupado por los problemas de estilo es el menos propicio a las intromisiones de la retórica? Depende. Porque el que uno no padezca preocupación por el estilo no quiere decir que carezca de él. De algún modo es preciso producirse. No es uno tan completamente ajeno al estilo como lo es a las rayas de sus manos.

La retórica, en términos generales, no tiene hoy el rango de disciplina (arte o ciencia), si bien cuenta con una larga tradición, no le faltan adeptos[6], y no ha sido eliminado del todo cierto retoricismo. Hace mucho que dejó de figurar en los planes de estudio, pero todavía anida en algunas mentes. Cómo razonar, cómo decir y cómo persuadir fueron las claves de la enseñanza retórica. Acaso por el especial valor de la persuasión en la tribuna política y en el foro, éstos son los dos terrenos privilegiados correspondientes a ella en la inicial acepción griega. Confor-

[6] El ejemplo más característico es posiblemente el de Perelman, al que más adelante aludiremos.

me a los modelos clásicos de Aristóteles, Cicerón y Quintiliano —que siguen en lo sustancial una misma línea, sin perjuicio de ciertas diferencias—, se dividía en cuatro partes: la invención, referida a los argumentos y a las pruebas a desarrollar; la disposición, que se preocupaba del orden en el empleo en los argumentos; la elocución, o manera de exponer, y la acción, cuyo objeto era el estudio de las exteriorizaciones verbales, la entonación y los gestos. La retórica ha mantenido siempre estrechas conexiones con la gramática, la literatura, la lógica, la dialéctica y la jurisprudencia. A veces se la ha considerado incluso como parte de algunas de aquellas disciplinas, y otras veces, en cambio, se la ha concebido con autonomía, o bien como método discursivo a utilizar en el desarrollo de las diversas clases de conocimiento y en su exteriorización. La retórica entraña, ante todo, la rigurosa creencia en la normatividad. Constituye el imperio del deber ser. No es descriptiva, sino preceptiva. Es asimismo eminentemente categorial y clasificatoria. De ella proceden las rígidas distinciones en géneros, estilos y figuras. Según observa Guiraud, «refleja no solamente una concepción del lenguaje y de la literatura, sino una filosofía, una cultura y un ideal intelectual»[7].

Como prototipo de obra eminentemente imbuida de retórica —aunque no verse sobre ella de modo directo— pueden considerarse las *Exequias de la lengua castellana,* de Juan Pablo Forner[8]. El autor cree en un ideal de la lengua castellana realizado por los escritores del Siglo de Oro, en quienes se dan cita todas las perfecciones del buen gusto. En tiempos posteriores (alude expresamente a los reinados de Felipe IV y Carlos II) aprecia extravíos representados por «sofismas, metáforas insolentes y vuelos inconsiderados». Reconoce, sin embargo, aciertos. «Admiro —dice— la riqueza y fecundidad de mi lengua, que pudo servir de instrumento a frases e imágenes tan extraordinarias». Llega luego una etapa —la coetánea a Forner— en la que todo se pierde. Carga la culpa a la influencia francesa. El panorama descrito por Forner es desolador: «Se ha perdido la amenidad de nuestro lenguaje, se han perdido las frases y modismos poéticos, se han perdido las gracias de nuestra locución jocosa, se han perdido los giros y construcciones vivas y enérgicas, se ha perdido la facilidad de las traslaciones, se ha perdido la armonía, la grandilocuencia, la abundancia, la propiedad; todo se ha perdido en los versos y prosas de la mayor parte de los que escriben. Yo he visto églogas escritas en tono de declamación, he visto poemas didácticos escritos en tono de églogas, he visto comedias que hacen llorar, tragedias que hacen reír, innumerables sonetos compuestos de catorce versos medidos y nada más, cantos épicos fundados en sueños, obras que hacen tiritar al infeliz que las lee, y todo, todo, no solo sin alma, pero sin cuerpo castellano, si es lícito explicarme así»[9]. En sus inmediatos predecesores advierte el exceso de la exuberancia, si bien encuentra la gracia de la fertilidad. «En los segundos [esto es, en sus coetáneos] creo ver —dice— un erial árido, vestido de arena y de peñascos pelados, y en que de largo tiempo a largo trecho se deja ver un cardo mustio y tal cual césped de grama agostada, cabizbaja y rociada de polvo»[10]. En definitiva, sequedad. Forner, bien directamente, bien a través de personajes de ficción —como «Arcadio»— contrapone la frialdad del estricto «mecanismo gramatical» a la ley de la «belleza poética» que no ha de ser necesariamente respetuosa

[7] P. Guiraud, *La stylistique,* Colección «Que sais-je?», pág. 21, París, 1972.

[8] Puede verse la ed. de Espasa-Calpe, dirigida por Pedro Sainz Rodríguez, Madrid, 1924 (reimpresión de 1967).

[9] Cfr. *ob. cit.,* págs. 87-88.

[10] *Ob. cit.,* pág. 88.

con la gramática. Sobrepone lo grandioso y abundante a lo medido y exacto. Descarta todos los ardides. Busca la dicción robusta y frondosa. Pero lo curioso es que no ve en lo uno y en lo otro inclinaciones, preferencias o gustos. El canon de la belleza utilizado por él está constituido por normas, diríamos, intolerantes. Forner no piensa que puedan responder a una ideología o a una interpretación peculiar de lo bello, lo correcto o lo armonioso. Las considera plenamente objetivas y con validez absoluta. Por cierto, Juan Pablo Forner fue jurista. Admitido el año 1783 en el Colegio de Abogados de Madrid, trabajó como pasante en el bufete de un abogado[11]. Acudiendo a una fórmula tantas veces utilizada en la literatura, finge Forner que las *Exequias de la lengua castellana* proceden de un legado de papeles que le hizo «Don Pablo Ignocausto» (él mismo), al cual describe fundamentalmente en su condición de jurista. El temperamento del autor (como el del personaje) es crítico por excelencia y con vetas de humor en sus escritos, muy llenos de sobreentendidos y de segundas intenciones. Unas veces habla en nombre del supuesto autor de las *Exequias* y otras en nombre ajeno. Por ello no es fácil calibrar cuál es, en definitiva, la línea de su pensamiento. De todas maneras Forner se complace en colocar frente a frente, de un lado, al abogado estricto cuidadoso del conocimiento de las leyes y del «cultivo» de los pleitos con todos sus subterfugios e incidencias, y de otro lado, al jurista de amplia formación que se adentra en el conocimiento de la historia, la filosofía, la elocuencia y la poesía. Dice de «Don Ignocausto» que «trató la jurisprudencia como filósofo, la filosofía como político y humanista y las humanidades como filósofo y como letrado». Y a un jurista de tal porte —a la vez filósofo, humanista y político— se deben las *Exequias,* en donde el canon del discurso —en cuanto pensamiento y dicción— es eminentemente retórico y normativo.

El máximo normativismo, encarnado no solo por la retórica, sino por el propio lenguaje, puede verse en la obra de Josef Hermosilla, muy difundida en la primera mitad del siglo XIX, *Arte de hablar en prosa y en verso*[12]. En ella define el arte de hablar como «una colección o serie de principios verdaderos, inmutables y fundados en la naturaleza misma del hombre, los cuales nos enseñan lo que debemos hacer, y lo que nos es preciso evitar, para hablar de manera correcta al fin que nos proponemos». La fórmula definitoria utilizada no se refiere a una lengua determinada ni al habla a ella correspondiente. Toma en consideración el habla en abstracto, la facultad de hablar como atributo del hombre, es decir, el lenguaje, para reputarle fundado en unos principios verdaderos e inmutables que derivan de la propia naturaleza del hombre. Hermosilla elabora una definición del lenguaje equivalente a la que los más rigurosos racionalistas formulaban del derecho natural. Ve en él un conjunto de prescripciones y prohibiciones inmutables.

La exaltación de la oratoria como retórica o la consideración de aquélla como especialmente significativa en cuanto el arte de bien hablar llegó a tal punto que la propia denominación de oratoria fue reemplazada por la de elocuencia. Esta vino a considerarse como la conquista máxima de la retórica en el uso de la palabra. Así lo revelan los propios títulos de algunas obras. A don Joaquín Rubio y Ors se debe un *Manual de elocuencia sagrada*[13], en el que dedica una primera parte de carácter general a la «estética del discurso». «Elocuencia» es la denominación de la disciplina; «orador», el que la cultiva; «estética», la finalidad y la caracterización.

---

[11] Cfr. la introducción de Sainz Rodríguez a la ed. citada, pág. XI.

[12] Dos volúmenes, nueva edición de 1842.

[13] Barcelona, Librería Jaime Subirana, 2.ª ed., 1858.

Del año 1849 data una curiosa obra de don Francisco Pérez de Anaya («Abogado de los Tribunales del Reino y Asesor de la Dirección General de Loterías») sobre *Lecciones y modelos de elocuencia forense*[14]. «Lecciones», es decir, enseñanza de unas reglas. «Modelos», esto es, las reglas contempladas en realizaciones ejemplares. Las lecciones y los modelos conciernen a la «elocuencia forense», o sea, a la «elocuencia» específicamente y no a la «oratoria» por si ésta pudiera de algún modo desprenderse de aquélla[15].

5. El poco predicamento de la oratoria forense

Una especial predilección por la retórica, la oratoria y la elocuencia de los abogados no parece haber ocupado un plano preferente en los tiempos de esplendor de aquellos saberes. Tampoco sus aportaciones han sido objeto de demasiada estima. Llevar a cabo un enjuiciamiento preciso requeriría un estudio muy detenido. Parece cierto que el Siglo de Oro español no lo es para el arte de la abogacía. Antonio Martí describe en pocas palabras un panorama muy sombrío con relación a ese tiempo: «Los abogados —dice— no lograron producir piezas de inspiración oratoria. Su oficio se redujo siempre a lo más pedestre de las defensas: citar leyes que favorecían la causa del cliente o aconsejar a los jueces si se lo pedían. Eran solamente los representantes de un aspecto del foro romano: el legalista y el menos interesante. No consiguieron reavivar y volver a la palestra de los juicios la gran oratoria que desplegaron los maestros de Roma»[16]. Por esto y por lo que el propio autor apunta respecto de tiempos posteriores parece que el gran apogeo forense sigue estando en Roma. Con todo, alguna aclaración resulta pertinente. El jurista en general, y no solo el abogado, ha sido objeto de una perseverante censura desde el campo de las letras, sin que puedan admitirse como artículos de fe tantas versiones ridiculizadoras o acusatorias como se han hecho circular. El abogado y el jurista, sin perjuicio de las concomitancias, no se integran en una tipología rigurosamente común. Como, sin embargo, es frecuente identificarlos o hablar sin discriminaciones, tachas posibles de uno o de otro se generalizan. Podría decirse que si el Siglo de Oro de nuestras letras no se corresponde exactamente con el del saber acerca del derecho, también éste cuenta en España con un particular Siglo de Oro que alcanza a nombres tan relevantes como los de Soto, Suárez, Vitoria, Gregorio López, Antonio Gómez, Ramos del Manzano, Retes, etc. Y muchos de ellos desplegaron cometidos no estrictamente teóricos por cuanto también participaron en el enjuiciamiento y la defensa de grandes polémicas, que si no encajan en la órbita más reducida del litigio entre particulares, se adentran en el campo de la práctica.

Desde hace algún tiempo, según estamos viendo, la retórica, la oratoria y la elocuencia han declinado en sus diversas manifestaciones. No suscitan la estima[17].

---

[14] Cuatro volúmenes, Imprenta de Baltasar González, Madrid, 1849.

[15] El *Diccionario castellano,* del padre Esteban de Terreros y Pando (Imprenta de la Viuda de Ibarra, Hijos y Cía., Madrid, 1787), define así la «oratoria»: «Arte retórica, que enseña a orar, decir oraciones en público»; y la «elocuencia»: «Arte de bien decir, o de bien hablar». En la voz «retórica» vuelve a aparecer la «elocuencia»: «Arte de bien hablar, arte de persuadir». En cambio, el *Diccionario de la Real Academia Española* incorporó a la voz «oratoria» la «elocuencia» y la persuasión: «Arte de hablar con elocuencia; de deleitar, persuadir y conmover por medio de la palabra». La «retórica» comprende esos mismos significados, pero predicados también de la expresión escrita (así en la duodécima ed., Imprenta de Gregorio Hernando, Madrid, 1884).

[16] *Ob. cit.*, pág. 109.

[17] Siempre hay excepciones. Entre ellas cabe resaltar el libro de Maurice Garçon, *Essai sur l'eloquence judiciaire,* Correa, París, 1947, y la conferencia de Fausto Vicente Gella, *La oratoria forense,* publicada en la «Revista de Foro Canario» (separata), Las Palmas, 1966.

El que habla tiene a gala no ser reputado como orador. Pese a todo, no responde a la realidad el juicio de Melchor Fernández Almagro[18] cuando considera que el orador forense ha desaparecido porque ha pasado a ser un asesor de empresas económicas. Sin negar alguna faceta de certeza, la radicalización generalizadora es insostenible. No todos los abogados nos hemos convertido en asesores de empresas económicas. Subsiste el abogado penalista que no es un asesor de empresas, aunque ciertos empresarios precisen a veces de su patrocinio. Perdura el abogado civilista que tiene uno de sus grandes capítulos profesionales en el derecho sucesorio, no generado precisamente por las empresas, sino por la persona en su acepción más humana. Abunda el abogado administrativista que actúa en el campo del control jurisdiccional de la actuación del Estado. Nuestra época ha producido la figura tan pujante del abogado de los trabajadores. Y las propias empresas económicas requieren asistencias profesionales que no se limitan al asesoramiento, sino a la defensa ante los tribunales, mediante la palabra, de sus intereses. Luego la, por lo demás, evidente preponderancia de la empresa económica no determina por sí sola el rumbo del quehacer del abogado.

6. De la retórica a la estilística

La retórica normativa guardaba cabal correspondencia con la gramática, también normativa. Mientras ésta se ocupaba de la corrección (impuesta con criterios lógicos y de autoridad) en el empleo de la lengua, aquélla concernía al arte de la expresión literaria. Al abandono del normativismo gramatical a través de los enfoques filosóficos, históricos, comparatistas y estructurales, ha correspondido también un apartamiento del antiguo punto de vista retórico. Así ha surgido la estilística. En ésta se acusa todavía más el abandono de todo normativismo y el predominio de lo individual. En la lingüística, la superación de la gramática de corte clásico no significa la ausencia de reglas. Estas existen o se dan en el seno del sistema, solo que no vienen establecidas *a priori,* ni son heterómenas ni impuestas; proceden del uso colectivo. En tanto la retórica trataba de ofrecer cómo se debe escribir (o cómo hablar el orador), colocándose en el plano del autor o del sujeto emisor, la estilística se coloca, en cambio, en el plano del receptor y atiende a la interrogación de éste acerca del por qué o cómo el autor formula el discurso o emite un determinado mensaje.

La estilística, que es la más tardía de las derivaciones de la lingüística, lucha por su acercamiento a la ciencia. Aunque suele distinguirse entre una ciencia de la expresión[19] o una estilografía[20] y la estilística, para comprender en aquélla lo que podría considerarse como una metodología del estilo y considerar la estilística como el estudio crítico del mismo, bien en el habla corriente o en la literatura, es lo cierto que el peso de las investigaciones estilísticas se inclina por el análisis de los estilos. Como ejemplo de obra de carácter estilográfico (esto es, metodológico) suele citarse la de Martín Alonso, *Ciencia del lenguaje y arte del estilo*[21]. No obstante, el propio autor se previene contra cualquier configuración apriorística de normas o criterios que pudieran evocar la vieja retórica. «No pretendo —escribe en la introducción— dar preceptos de cómo se debe escribir, sino más bien analizar una experiencia que puede servir de dechado: cómo han escrito, modernamente, los mejores... Rehúyo

18 FERNÁNDEZ ALMAGRO, *La oratoria,* en «Rev. Occidente», pág. 209, 1963.
19 Cfr. GUIRAUD, *ob. cit.,* pág. 7.
20 Así, JOSÉ LUIS MARTÍN, *Crítica estilística,* Gredos, pág. 24, Madrid, 1972.
21 Aguilar, 3.ª ed., Madrid, 1953.

la postura dogmática... ¿A qué viene esa anatomía de las partes retóricas del discurso, si no hay orador, profano ni sagrado, que se atenga a las leyes de la oratoria ciceroniana, como no existe, en nuestras letras, el hombre cuidadoso de la estilística, que clave con alfileres en su cuartilla los trazos y figuras, como si se tratara de una colección de mariposas?»[22]. Todavía, si cabe, con mayor radicalismo dice: «En principio, dictar reglas para el estilo es más absurdo que proponerlas para la composición de la frase. No se alcanza esta gran virtud ni con el trabajo mecánico de asimilación de formas, ni siquiera mediante el contacto directo con la realidad»[23]. En cambio, un verdadero maximario, aunque sobre una base empírica, se encuentra en la obra de André Toulemon, *La parole moderne (technique, methodes et procedes)*[24], que resalta, sobre todo, las fórmulas para elaborar discursos utilizadas por Lamartine, Waldeck-Rousseau y los «batonniers» Chemi y Foucade. El secreto de estos grandes oradores, según recuerda Toulemon, radicaba en una previa preparación casi perfecta del discurso. No se limitaban a tomar nota de las ideas. Sin embargo, ni siquiera desde un punto de vista retórico es posible formular reglas definitivas. Toulemon termina *La parole moderne* con esta evasión: «...el genio requiere una larga perseverancia. El talento acaso más; porque, en fin, si el genio comporta el misterio del don divino y de una iluminación súbita, el talento es un producto puramente humano que solo se adquiere por el esfuerzo»[25].

El estilo, a escala estética, se define por su indefinibilidad. Parece todo y nada al mismo tiempo; por un lado, rebelde e indócil, esto es, indominable; por otro lado, en cambio, se presenta como sometido. Es, a la vez, imperceptible y cautivante. Deja en él el hombre su huella y, desde otro punto de vista, es el creador de la imagen del hombre. Hay como un doble y recíproco reflejo del escritor en el estilo y del estilo en el escritor. Concita sobre sí todos los misterios de la singularidad.

La estilística se dirige a encontrar las pistas de las claves que conducen a la identificación del estilo. Realiza una labor *a posteriori*. No es una propedéutica sobre la forja o el logro del estilo. No enseña a producirle. Parte de algo ya establecido o alcanzado, bien sea al nivel del habla corriente (estilística lingüística), bien al nivel de un autor o de un determinado grupo de autores (estilística literaria). Y trata de explicarlo.

La mentalidad de nuestros días es eminentemente histórica. No tanto por mostrarse preocupada del pasado cuanto por hacerse cargo del sentido totalizante de lo efímero. Posiblemente nunca, como ahora, ha experimentado el intelectual la situación de tránsito en que se encuentra. Por eso se resiste a trazar reglas en todos los terrenos. O bien, toda posible regla queda subordinada a una fecha. Robbe-Grillet es, sin duda, el más caracterizado representante de la escuela del «nouveau roman»; y, sin embargo, no quiere hacer el papel de teórico de la novela[26]. La insatisfacción que le produce a Lukacs la contemplación de su *Teoría de la novela* al cabo de cuarenta y dos años queda reflejada en estas palabras, sumamente significativas, con que termina el prólogo, escrito en 1962: «Si alguien... lee *Teoría de la novela* para aprender a conocer mejor la prehistoria de las ideologías que jugaron un papel importante entre 1920 y 1940, esta .lectura, emprendida con un espíritu crítico, po-

---

22 Martín Alonso, *ob. cit.*, págs. XVI y XVIII.
23 Martín Alonso, *ob. cit.*, pág. 328.
24 Librería Rousseau, París, 1958.
25 *Ob. cit.*, pág. 244.
26 Cfr. Alain Robbe-Grillet, *Pour un nouveau roman*, París, 1963.

drá hacerle un servicio. Si busca en este libro un medio de encontrar su camino, no conseguirá sino perderse. Joven escritor, Arnold Zweig, leyó *Teoría de la novela* para buscar su camino: el seguro instinto de su buen sentido le determinó —en lo que tenía perfectamente razón— a rechazar categóricamente esta obra»[27]. Si tal ocurre en el campo cultural e imaginativo de la literatura, otro tanto viene a suceder en áreas muy distintas. Las leyes absolutas de la mecánica clásica tienden a convertirse en probabilidades estadísticas. La respuesta de Einstein cuando se le preguntó cómo había descubierto la teoría de la relatividad es todo un símbolo. Dijo sencillamente: «Poniendo en duda un axioma».

7. Dudas sobre la consideración normativa del informe

Antes de la incursión por los dominios de la retórica, la estilística y el descriptivismo, dejamos planteada la pregunta de si estaría a tono con nuestros tiempos un estudio normativo (esto es, retórico) del informe forense. Parece que, dada la línea por donde hoy discurren las cosas, la respuesta tiende a ser más bien negativa. Si yo eligiera como materia y título de estas páginas «Cómo preparar y pronunciar un informe ante los tribunales», «El arte de hablar el abogado», «Elocuencia forense», etc., no cabe duda que suscitaría la atención con diversos alcances. El colocado en una posición acrítica, ingenua, se sentiría cautivado; creería en la utilidad de la posible enseñanza. El situado, por el contrario, en una posición crítica encontraría motivos para la censura. No faltarían los simplemente atraídos por la curiosidad. En dos obras que ya pueden considerarse como clásicas acerca del abogado[28], el tema retórico-oratorio se toca con cuidado. Ossorio prefirió el camino de la sencillez con mezcla de ironía. «Singularmente, los pleitos —dice— no se ganan ya con citas de Paulo, Triboniano y Modestino, ni en fuerza de metáforas, imágenes, metonimias y sinécdoques. Aquello es sumergirse en un pozo, esto perderse en un bosque. El secreto está en viajar por la llanura, quitar los tropiezos del camino, y, de vez en cuando, provocar una sonrisa»[29]. Saldaña fue muy asertórico: «En otro tiempo esta divagación se rotularía: 'La oratoria forense'. Hoy no interesa la oratoria, sino el orador; más aún: no creemos en ella»[30]. Pérez Serrano, maestro incomparable en el dominio de la palabra, señala estas tres cualidades como distintivas del jurista: «Amor profundo a la justicia, suprema claridad de expresión y constante ponderación comprensiva, enemiga de todo dogmatismo cerril»[31]. El declive se ha acentuado con el transcurso de los años[32]. La retórica como propedéutica de los ardides arguméntales, para su exposición oral o escrita, padece una crisis similar a la de la metafísica como especulación desvanecente de las realidades. Frente a la magia, el brillo o el efecto de la oratoria está el rigor de la palabra precisa

---

27 G. LUKACS, *Teoría de la novela*, E.D.H.A.S.A., pág. 25, Barcelona, 1971.

28 ANGEL OSSORIO Y GALLARDO, *El alma de la toga*, Madrid, 1920, y QUINTILIANO SALDAÑA, *El hombre de toga*, Biblioteca Nueva, Madrid, 1927.

29 OSSORIO, *ob. cit.*, pág. 106.

30 SALDAÑA, *ob. cit.*, pág. 10. No obstante, Saldaña, a propósito del orador, hace un examen de los diversos tipos de oratoria.

31 NICOLÁS PÉREZ SERRANO, *Vilanos forenses*, pág. 11, 1962.

32 El declive de la oratoria no quiere decir, por supuesto, que los abogados actuemos en silencio. Hay que sobreentender, según se explica en el texto, una falta de énfasis retoricista que, por otra parte, algunos años más adelante se nos descubrirá. Porque la detectación de la retórica es mucho más perceptible cuando pasa el tiempo. Esto que yo escribo ahora con ciertas prevenciones contra la retórica pasará a ser ejemplo de retoricismo, si no lo es ya. Porque el propio retoricismo no llega a verse. Pasa lo mismo que con todos los defectos.

articuladora de datos y razonamientos nítidos. El largo proceso de desmitificación de la cultura adentra gradualmente en el racionalismo. Éste trae consigo una gran limpieza de emotividades. El conocimiento científico despliega una penetración absorbente. En muchas escalas del pensamiento, el discurso tiende a erigirse en cálculo operacional lógico. La palabra tiene un enemigo procedente de sí misma: su hipertrofia, es decir, la palabrería. Otro enemigo lo tiene en la sima que a veces se abre entre la interioridad del pensamiento y lo dicho. Sus valores máximos los dan, por el contrario, la precisión y la coherencia entre la conducta y la palabra, el recíproco sometimiento.

La sensibilidad de nuestro tiempo y de nuestros hábitos mentales, sin duda no inconmovibles, se resisten a esa especie de pedagogía canónica de la palabra culta que ha llegado a ser la retórica. El «arte de hablar» (un conjunto de reglas) o el «arte de argumentar» (otro conjunto de reglas) distan tanto de ser el precedente y el procedimiento para lograr un buen discurso como el «arte de la pintura» (entendida también como conjunto de reglas) difícilmente conduce por sí a un buen cuadro. Hay en todo ello (como en la poesía y también en la música, la más tecnificada de las artes) algo de impronta irrepetible asociada al propio subjetivismo.

Resulta, pues, que la retórica propedéutica tiene dos enemigos de distinto signo: la objetividad científica y el subjetivismo personal.

Pese a todo, no pretendo sumarme sin distingos a las exequias de la retórica. Habrá, al menos, que distinguir entre la afectada por una degeneración peyorativa y algún resto de posibilidades salvables. Tal vez quepa un planteamiento distinto. Cuando los modernos estilólogos reemplazan la retórica por la estilística lo que hacen es sustituir unas reglas establecidas *a priori* (las de la retórica) por el análisis *a posteriori* de las obras literarias. Ahora bien, este análisis también se atiene a una metodología o a ciertos procedimientos operativos. Por lo demás, formular algún juicio crítico estimativo y hacerse eco de la propia experiencia son cometidos que pueden desarrollarse sin graves pecados retoricistas.

CAPÍTULO TERCERO

EL INFORME ORAL. ALGUNAS NOTAS CARACTERÍSTICAS

1. La pertinencia del informe oral

Hace algún tiempo en un coloquio no rigurosamente académico (informal, como ahora suele decirse) varios abogados con la profesión recién estrenada me preguntaron, en primer término, si creía en la eficacia de los informes y, en segundo lugar, cómo entendía que deberían de ser.

La respuesta a la primera pregunta la formulé sin titubeos. En términos similares me pronuncio ahora. Creo firmemente en él informe oral. Me parece una pieza indispensable del proceso. Podrá discutirse si tal creencia tiene por base simplemente la fe o también la razón o está condicionada por la estructura inconsciente en que uno se desenvuelve. El caso es que sin informe oral me parece que le falta el remate a la obra del abogado ante los Tribunales. No desconozco que existen muchas circunstancias concernientes a la singularidad personal del que habla y de los que escuchan e incluso algunas derivadas de la propia naturaleza del asunto con entidad para influir de uno u otro modo en la eficacia del informe, la cual podrá verse, en ocasiones, sensiblemente mermada. El abogado mediante el uso de la palabra hace un esfuerzo que fluye al exterior para dar a conocer los argumentos sustentadores de la solución propugnada. El grado de receptibilidad del informe no tiene, como es lógico, las mismas posibilidades de una constatación segura. En gran medida la incidencia del informe sobre sus destinatarios queda oculta en la interioridad psicológica no siempre identificable por el comportamiento. La «atención» que se aprecia en los señores de la Sala, el «silencio» e incluso alguna aparente señal de asentimiento no son, ni mucho menos, índices seguros. Pueden ser simples actitudes corteses, simpatía, curiosidad por determinado argumento, etc. Pretender que los miembros de un Tribunal, sin ninguna clase de evasiones ni fisuras, acojan punto por punto el informe con igual tensión que se emitió me parece un idealismo utópico como módulo de la pertinencia y efectividad del informe. Creer en la total impermeabilidad es una exageración de signo opuesto. Con todas sus limitaciones, me inclino decididamente por el informe oral. Hace posible que la actuación del Tribunal sea propiamente colegiada. Sirve también de testimonio ante los litigantes del estudio realizado. Saca a la luz pública, con su natural función depuradora y crítica, los entresijos humanos en las contiendas judiciales. Pero sobre todo el informe oral representa una puesta en situación del abogado ante el asunto, en presencia del contradictor y ante los que han de decidir. El anterior diálogo escrito mantenido desde los respectivos despachos, muy propicio a los circunloquios, se torna en la vista más vivo, directo y presente. La trama litigiosa se encuentra ya abocada al desenlace. Es la oportunidad de la recapitulación y del acabado definitivo. Todos los datos y los argumentos fundamentales son, respectivamente, conocidos. Si algo no ha quedado perfilado por completo es el momento de la pincelada robustecedora. Por el contrario, en aquellos puntos en que la insistencia haya sido mayor cabe cierto difuminado. Es la ocasión última para pronunciarse sobre algunos extremos dudosos: o se afrontan resueltamente o se abandonan. El informe ante los Tribunales es propicio a la visión sintética. El asunto se nos muestra ya en su sentido total. La vista sirve para conocer por entero los problemas. Nunca como después de una actuación ante los Tribunales está uno tan imbuido en el tema. Sería el mejor momento para empezar.

Siempre he pensado que si no todo lo deseable, algo queda del informe. A veces tienen lugar efectos que uno no ha sospechado. Y es que, en último término, el informe no es tanto lo que quiere el letrado como lo que suscita. Se trata de un mensaje en el que el receptor no cumple la función meramente pasiva. Lo que uno suscita en otro depende, por lo menos, del otro tanto como de uno mismo. En el papel del abogado —ya lo apunté antes— cuenta de manera muy señalada «el otro» como factor insuprimible en la dialéctica de nuestra profesión.

2. Notas caracterizadoras del informe

La cuestión relativa al modo de concebir y organizar los informes planteada por aquel grupo de abogados podría haber sido eludida en nombre del poco crédito que hoy merecen las formulaciones normativas. Lo pertinente, según los modernos estilólogos, habría sido describir cómo informa tal o cual abogado, citar a lo sumo algún caso ejemplar o remitir todo al arbitrio del subjetivismo. No obstante, estoy seguro de que aquellos abogados, pese a su juventud y modernidad, se habrían sentido defraudados. Hay, además, otras razones. Una cosa es eludir el normativismo y otra considerarse siempre prisionero de una norma que lo repudie; sería otra forma de volver a él. Ha de tenerse en cuenta también que la retórica directamente fustigada por los estilólogos es la concerniente a la expresión literaria. Frente al propósito, asentado sobre bases apriorísticas, de guiar al escritor y al orador para lograr un estilo, está el estilo ya hecho y consumado, sin reglas. Y no es tanto la retórica de la expresión literaria la que guarda relación con el discurso del abogado como aquella otra emparentada con la lógica, aunque distinta de ésta, que concierne al modo de razonar. La lógica es el arquetipo del razonamiento, aunque no todo el razonamiento se desenvuelve en el campo estricto de la lógica. Porque ésta es el razonamiento a una escala de depuración no siempre asequible cuando se razona. Y el abogado, que puede ascender a la lógica, tiene muchas veces que descender a argumentaciones de rango inferior. Aquí está lo que unos llaman pensamiento tópico, otros teoría de la argumentación y otros, sencillamente, retórica. Nos referiremos a ello más adelante. De momento solo quiero decir que las consideraciones expuestas me llevaron, no sin ciertas cautelas, a afrontar el tema de la configuración del informe a través de estas tres palabras y los conceptos correspondientes: claridad, concisión y rigor.

Referiré ahora lo que expuse ante aquel grupo de abogados que me formuló la pregunta. No me supone demasiado esfuerzo recordarlo porque se trata de ideas arraigadas, de convencimientos adquiridos en el curso de la experiencia, que, por lo demás, no tienen la aspiración de dogmas ni de aleccionamientos.

3. Exaltación de la claridad

Creo que ante todo debe de hacerse un llamamiento a la claridad. Un llamamiento y un canto. Un llamamiento en el sentido de exigencia, de autoexigencia. Un canto, es decir, a modo de una exaltación estética. La claridad está muy lejos de consistir en el mero revestimiento externo. No es la blancura de la pared; es el poder de penetración de la luz. Concierne a la forma y al fondo; a la palabra y al pensamiento. Las cosas o las cuestiones pueden ser desde el punto de vista de la inteligibilidad sencillas o complejas, fáciles o difíciles, asequibles o escurridizas. La claridad, en ningún caso turbadora de la sencillez, es el esfuerzo por la nitidez de la comprensión. No hay que confundir la claridad con la simplicidad o la elementalidad. Cabe ser, al mismo tiempo, profundo y claro. Una profundidad transparente; he aquí la expresión culminante de la claridad. Esta viene contradicha por lo turbio, lo profuso y lo desordenado. Un razonamiento claro en su arquitectura mental y en su conformación lingüística es el que deja al descubierto la trama argumental, el camino recorrido y la meta alcanzada.

Muchas veces he recordado la famosa proposición de Wittgestein: «Todo lo que puede ser dicho, puede decirse con claridad». No trato de inquirir ahora el total sentido de la frase como exponente de la concepción filosófica profesada por su autor[33]. Basta con resaltar lo que suscita. La claridad es una denotación del decir. No se accede a éste sino con o por la claridad. Todo puede decirse con claridad; siempre es ésta posible y, por tanto, consustancial con el decir; la decibilidad está enmarcada en la claridad. Sin claridad no se cubre la exigencia designativa de decir. La falta de claridad concierne al propio decir. Solo a partir de la claridad se dice. Lo confuso no llega a ser dicho. Entonces la alternativa es ésta: o decir o callarse. Porque callarse es una renuncia a decir y decir sin claridad una audacia perturbadora. Todo el que piensa que no entenderle procede de los demás, ¿ha hecho un previo examen de conciencia de su propio decir?

En ningún caso se comete por exceso la contravención de la claridad. Todas sus posibilidades han de apurarse.

La claridad es un elemento constante en la total estructura del pensamiento y en la correlación pensamiento-lengua. En los lentos procesos de formación y desarrollo de las lenguas, éstas cumplen una función designativa y significativa por virtud de la cual el conjunto de lo existente y de lo pensable se cataloga y clarifica.

Pensar es una lucha interior por el esclarecimiento. Las demandas que formulamos a nuestra mente son impetraciones de lucidez. «Ver claro» no es tanto la contemplación del paisaje como el discernimiento con los ojos de la inteligencia. Decir es la exteriorización clara de un pensamiento previamente esclarecido y luego esclarecedor. Hay como un deber de lealtad intelectual cuya observancia requiere proponerse la claridad. El indiferente y el descuidado no ejercen sobre sí una suficiente vigilancia crítica.

A propósito de la claridad no he aludido todavía al informe del abogado. Aunque me exprese en términos abstractos, estoy pensando en él[34]. Nuestra misión

[33] Puede verse el libro de JUSTUS HARTNACK, *Wittgenstein y la filosofía contemporánea,* prólogo y trad. de Jacobo Muñoz, Ariel, Barcelona, 1972, con una bibliografía muy completa.

[34] El abogado francés Georges Izard, en el discurso de recepción en la Academia Francesa, dijo: «El fin del informe es convencer. Su regla suprema es la claridad. Su ideal: constituir un encadenamiento

es eminentemente evidenciadora. Desde que el asunto entra en el despacho hasta que se informa hay que perseverar mucho en la claridad de ideas, de juicio, de planteamiento y de exposición. De todos los tratamientos que un asunto haya de recibir, éste es el más indispensable y común. Equivale, diría, a la profilaxis en el cuidado de los enfermos.

La verdad, la persuasión, el convencimiento, la predisposición de otros a compartir lo sustentado, se alcanzarán o no. En cualquier caso el camino de la claridad, dependiente de nosotros mismos, es, creo, irrecusable.

4. Manifestaciones y complementos de la claridad

La claridad tiene diversas manifestaciones en el oficio del abogado. Ser claro con los dientes consiste sobre todo en ser sincero. La opinión que nos merezca el asunto se ha de exponer en términos precisos, sin eufemismos ni reservas. Esto no quiere decir que el juicio haya de ser asertórico o concluyente. Muchas veces no resulta posible. Incluso desde el punto de vista del abogado, sin pensar todavía en la siempre incierta solución jurisdiccional, la cuestión puede ser dudosa. Exponer las propias dudas no es pecado contra la claridad. Gran parte de los problemas que suscita la aplicación del derecho arrojan un acusado coeficiente de opinabilidad. Un litigio no suele consistir en el puro simplicismo de que toda la razón quede de un lado y la falta de razón de otro. No es extraño que, en ocasiones, la solución legal estricta aboque a un resultado mientras una consideración de conjunto en los planos estimativos de la justicia o del buen sentido (que siempre inciden sobre el derecho) aboque a otro. Se da con relativa frecuencia el caso de que quien parece asistido de medios de defensa hasta un punto quiere llevar su reclamación más allá, bien por probar fortuna o bien por la generalizada creencia de que pedir más de lo debido es la fórmula para obtener lo pertinente. Cuando la opinión del abogado se dirija en concreto a ponderar las posibilidades de éxito entre los Tribunales es necesario proceder con sumo cuidado; porque la tarea de auspiciar es siempre delicada y seguridades plenas difícilmente cabe dar en lo que no depende solo de uno.

Entablar un litigio no es decisión del abogado. La iniciativa corresponde a los interesados. Al profesional le incumbe el consejo y, en su caso, la asistencia técnica. Esta habrá de producirse si los términos del consejo lo permiten. Actuar en contra del propio convencimiento no es claro ni honesto, aunque pueda uno equivocarse. Aconsejar y no decidir es, en definitiva, reconocer las respectivas posiciones de libertad: la del interesado para adentrarse o no en el pleito y la del abogado para asumir o no la defensa.

Hay algún caso extremo. En cierta ocasión asesoraba a una persona posesa de un especial *animus* litigioso. Pretendía impugnar determinado acto jurídico por entender que resultaba lesivo para sus derechos e intereses. Tras un detenido estudio le expuse mi opinión totalmente contraria por cuanto no solo no le perjudicaba sino que le favorecía, ya que sus derechos habían sido atendidos y satis-

---

tan límpido, un sistema tan lógico, un examen y una refutación tan completas de las objeciones que como una oleada continua invada el espíritu del juez sin dejar margen alguno para la opinión en contrario». (Del texto inserto en *Le Monde,* 19 de noviembre de 1971.) Otro abogado francés, Maurice Garçon, también académico, había escrito antes: «El discurso del abogado debe ser claro, neto y útil... La claridad es la cualidad maestra. Domina a todas». (Cfr. *Essai sur l'eloquence judiciaire,* cit., pág. 101).

fechos incluso con generosidad. Hube de explicarle punto por punto todas las razones. No tuve la fortuna de lograr su convencimiento. El diálogo llegó a ser un tanto tenso y enojoso. Batiéndose en retirada admitía mis tesis jurídicas, mas no quería someter a ellas sus apetencias. En busca de alguna salida para su actitud me dijo: —«Bien, usted me dice que yo no resulto perjudicada, ¿pero si promuevo el litigio perjudico a mis contrarios?». —«Ciertamente, contesté; o mejor, se perjudica usted y perjudica a ellos». Tras una pausa repuso: —«Pues decididamente al pleito». Traté entonces de hacerle ver la falta de sentido de su actitud no solo en el orden jurídico, sino en el humano y en el de las conveniencias. Y llegados a este extremo como razón concluyente quiso esgrimir su libérrima voluntad para atentar contra lo suyo y contra su persona. Me dijo: —«Bueno, ¿y si quiero arrojarme a la calle por esa ventana?». —«Señora, contesté, si yo estoy cerca de usted, haré lo posible para evitarlo». Quiero significar con esta anécdota que la distinción entre decidir y aconsejar no ha de traducirse por fuerza en un absoluto lavarse las manos.

Existe un tipo de asuntos en los que la actitud sincera y clara del abogado tiene particulares oportunidades de producirse. Son los recursos de casación y en concreto el recurso de casación civil. La casación es una técnica. Las vías impugnatorias de las sentencias a través de este recurso son muy limitadas. El mecanismo estricto de tal medio impugnatorio le conoce especialmente el abogado en ejercicio ante el Tribunal Supremo. Y hasta podría decirse que no le conoce bien porque, como es sabido, la mayoría de las sentencias desestiman los recursos por consideraciones formales (en aplicación de la técnica) cuando no han sucumbido en el trámite de admisión. El litigante suele intuir el litigio y el sentido de la controversia; al menos se forma su composición de lugar. Con el recurso de casación no ocurre otro tanto. Falta el conocimiento preciso y hasta abundan las ideas equivocadas. Quien ha obtenido en la Audiencia una sentencia adversa cree que el Tribunal Supremo va a enjuiciar la cuestión debatida en los mismos términos de amplitud y profundidad con que hubieran de hacerlo el Juzgado y el Tribunal de apelación. Si, como es relativamente frecuente, la sentencia de primera instancia le fue favorable entiende que, en realidad, no ha perdido el asunto. Se ha producido una situación de tablas, empate o discordia (en significado no procesal) y el Tribunal Supremo, piensa el recurrente, reconsiderando el conjunto de los problemas en sus aspectos de hecho y de derecho, va a dirimir. Por supuesto, el Tribunal Supremo infunde una gran fe. Está por encima de todo y por encima de todos. Y es cierto, el Tribunal Supremo está por encima de todos y de todo menos por encima del recurso de casación que si en la ley tiene unos límites, la jurisprudencia se ha encargado de fortalecerlos. Así, pues, al litigante que acude al despacho del abogado con la certificación de las sentencias necesaria para recurrir en casación, alentado por la esperanza que le ofrece una nueva posibilidad, siquiera sea la última, y estimulado quizá por alguna opinión comprensiblemente complaciente o benévola, es preciso descorrerle el velo para que vea la realidad. El recurso de casación no tiende tanto a poner término a una controversia, diciendo sobre ella la palabra definitiva, sino a vigilar con motivo de la controversia la pertinente aplicación de determinadas normas que supone el acertado entendimiento de las mismas. No aparece establecido directamente como un derecho de los particulares, sino en garantía del respeto al ordenamiento jurídico, si bien esta finalidad esencial se consigue a través de los que litigan. La *quaestio iuris* (no siempre fácilmente separable de la *quaestio facti)*, relativa al correcto significado de las normas jurídicas, tiene en él un pormenorizado encaje por los cauces de los conceptos de las infracciones[35]. La corrección formal de los fallos tiende asimismo a asegurarse, aunque una incorrección formal no es siempre por sí sola razón bastante para que cambie en cuanto al fondo la decisión definitiva. Ahora bien, cuanto concierne a los hechos, a las pruebas y a la interpretación de los actos jurídicos tiene un acceso a la casación tan excepcional y circunscrito que únicamente en contadas ocasiones existen posibilidades ciertas de defensa, aun no entendiendo por certeza o certidumbre la seguridad de una sentencia estimatoria, sino un prudente margen de probabilidades. El recurso en este aspecto es una verdadera carrera de obstáculos. El documento auténtico base del error de hecho no es simplemente el documento privado reconocido o el documento público fehaciente, sino aquél que, no habiendo sido tenido en cuenta por el Tribunal de instancia, demuestre por sí solo, sin deducciones ni inferencias, que es cierto precisamente lo contrario de lo establecido como tal. La infracción de una norma valorativa de la prueba —de no fácil hallazgo en un sistema de preponderante prueba libre— requiere, para servir de fundamento al error de derecho, que tal prueba sea la única conducente a la solución de la litis. Para atacar la interpretación sustentada por la sentencia no basta ofrecer otra más consistente, racional o lógica; es preciso que la impugnada sea por completo absurda, irracional o ilógica. Una cosa es la controversia en su significación fáctica y jurídica general, tal y como ha sido planteada y afrontada en las instancias, y otra bien diferente contemplada desde el punto de vista de la casación. En ella no aparece ya la controversia en su sentido pleno. De su conjunto solo cuentan aquellas facetas contemplables desde la perspectiva del recurso. No caben nuevas alegaciones ni pruebas. Muchos medios de defensa quedan eliminados. Ni siquiera la argumentación es libre. Que, pese a las dificultades, el letrado pueda organizar el recurso e incluso hacer un papel lucido no es razón bastante para aconsejar en sentido favorable. Todo esto, expuesto de manera asequible, es preciso hacerlo saber. No se trata de que exclusivamente se juegue a ganar. Esto no tiene sentido en nuestra profesión. Siempre se arrostra un riesgo. También le asume la parte recurrida y el letrado que la atiende. Pero es necesario proceder con claridad. Claramente —he empezado por decir— equivale en el trato con el interesado a sinceramente. Ahora agregaría que claramente toma aquí una subida coloración moral y significa también un comportamiento honesto.

Hay asimismo una claridad que podría denominarse interna: la del abogado en sí o en el desempeño de su propia labor de examen y estudio. La claridad (que tiene su cénit en la clarividencia) es una aspiración inseparable de toda tarea inquisitiva y organizadora de los hechos y las ideas. Consiste en llevar a cabo la discriminación dilucidadora de los datos y los argumentos hasta recomponer un conjunto coherente. Si el llamado «ojo clínico» es como una impronta esclarecedora, algo de esto hay también en la claridad que invoco. Mas no ha de quedarse en la mera predisposición, en el buen golpe de vista. Esto es más bien lucidez: un don. La claridad hay, además, que adquirirla al precio del trabajo, el cuidado y la paciencia. Así como en la relación con el cliente equivale a la sinceridad, respecto

---

[35] La jurisprudencia de la Sala 1.ª del Tribunal Supremo, en orden a los motivos de infracción de ley y de doctrina legal, ha centrado los límites formales en estos tres puntos: respeto absoluto a los hechos, necesidad de expresar los conceptos de las infracciones («violación», «interpretación errónea» y «aplicación indebida») e improcedencia de acumular conceptos distintos de manera indiscriminada. En cambio, no ha llegado, al menos de un modo tan insistente, a ejercer la censura sobre si el concepto elegido es el adecuado desde el punto de vista de la argumentación desenvuelta.

de uno mismo significa un afán (y hasta un desasosiego) esclarecedor y explicativo no dispuesto a darse por satisfecho hasta calar en todos los intersticios de lo que sea objeto de nuestro conocimiento. De un conocimiento, como el del abogado, que a las exigencias derivadas de la intelección misma se unen las de que tiende a resultados prácticos que afectan a otros y trascienden a la sociedad.

La ley erige un requisito de las sentencias que sean claras. En ningún lugar está dicho que hayan de serlo los informes. Sin embargo, nadie negará la pertinencia de esta cualidad. ¿Cómo se alcanza en el informe? Ante todo es una consecuencia de haber sido claro y exigente en el estudio. Solo lo que se percibe con nitidez puede ser desenvuelto y exteriorizado con ella. La claridad de la exposición parece venir estimulada por los que escuchan. Es también como una cortesía para con ellos. El alumbramiento de un saber siempre se me presenta como una lucha por la claridad. En razón de ella soy tolerante con alguna insistencia. En el trance último del informe es preciso buscar el significado global o de conjunto del asunto; verle como un todo. Así adquiere como corporeidad vital y sentido humano. Una visión sin detalles, pero significativa del sentido, agiliza la comprensión. A su vez cada conflicto objeto de controversia tiene un *quid,* un algo, este o aquel matiz que le singulariza. Es cambiante y acaso sutil. Problemas formalmente similares para una consideración abstracta difieren o toman un sesgo distinto por alguna peculiaridad que es preciso ponderar siempre. Suele estar en las circunstancias, en la situación de las personas, en los móviles o, en definitiva, en tanto detalle irrepetible como hay en la peripecia humana. Por eso casos aparentemente iguales difieren en su singularidad y son poco aprovechables para el abogado los estudios realizados para uno cuando se le presenta otro aparentemente similar. Precisamente aquí suele encontrarse el punto de tangencia con la justicia, tan difícil de traducir en enunciaciones generales y normativas, pese a ser figura imprescindible en la realización del derecho. El sentido global y la singularidad constituyen dos constantes intencionales y arguméntales; allí donde es preciso quizá apoyarse cuando algún terreno no parece por completo firme. Ello no excluye, por supuesto, el examen de todos y cada uno de los elementos componentes. El sentido global y la singularidad vienen a ser la melodía. El sentido global no es una generalización; es el asunto en cuanto un todo, pero como un todo concreto contemplado en visión de conjunto. La singularidad es la gracia; en ella parece tocarse el nervio de una posible solución favorable.

El tratamiento de las cuestiones por los abogados reviste, ya se sabe, la forma de un diálogo en el que las oportunidades de decir y contradecir se hallan perfectamente equilibradas. La democracia procesal es la más auténtica; la libertad es asimismo muy amplia. Cuando informamos ya han tenido lugar importantes intercambios dialécticos. Estos han ido delimitando progresivamente las posiciones que resultan conocidas para cada uno de los contendientes. Hay, es cierto, una contradicción insalvable. Por esto estamos frente a frente. Sin embargo, la contradicción tiene un alcance, se halla dentro de unos límites. Contribuye mucho a la claridad el siguiente esquema, que no pretendo mostrar como elemento constante: establecer hasta dónde hay conformidad, cuál es la zona de lo indiferente, dónde empieza, hasta dónde alcanza y cuál es el punto máximo de la contradicción y qué causas la determinan. A cada una de las manifestaciones de la claridad examinadas las he buscado otro nombre; las he traducido por sinceridad y honestidad. A esa específica claridad del informe la llamaría clarificación.

5. La claridad no es mera corrección

No enaltezco la claridad como una simple preocupación por el uso de la lengua y de la gramática. En un viejo libro de acusado sabor retórico veo que la claridad se concibe como un escrúpulo gramatical para prevenirse contra lo ambiguo u oscuro. He aquí un pasaje ilustrativo: «Todas las lenguas están expuestas a oscuridades y ambigüedades, nacidas de una mala coordinación de las palabras; y aun del latín, el cual por su declinación está menos sujeto a ellas, nos da algunos ejemplos Quintiliano. En el español, el francés y en las demás lenguas que no tienen declinación, es necesario poner más cuidado en evitarlas. Para esto es menester lo primero observar exactamente las reglas de la gramática, en cuanto pueden prevenir tales ambigüedades. Pero como puede haberlas sin transgresión de los conceptos gramaticales, y en castellano no pueden indicarse siempre por, la sola terminación las relaciones de unas palabras con otras, y muchas veces es necesario hacerlas sensibles por el solo lugar que ocupan; es esencial que cada palabra se coloque en el paraje que más claramente haga ver cuál es aquella a que se refiere». La claridad es algo no rigurosamente identificable con la corrección gramatical, con la coordinación sintáctica o con una falta de transgresión de reglas. Por supuesto que no caben las despreocupaciones ni las arbitrariedades, porque la lengua es esencialmente un modo de entenderse y presupone la observancia de insensibles convenciones acerca del modo de expresarse. No obstante, la claridad encarecida en el discurso del abogado ni empieza ni termina en la gramática. Tiene un fondo mayor. Requiere indiscutiblemente factores léxicos. Pero la operatividad con el derecho es más exigente con el uso de la lengua que la propia gramática. Una de tantas pruebas es que la inteligibilidad gramatical a veces no consigue por sí sola obtener el sentido de las normas o de las declaraciones de voluntad.

6. Peculiaridades de la expresión oral

El informe es oral. No se habla como se escribe. Esto se ha dicho numerosas veces. Desde luego es así. Tampoco se escribe como se habla. Quizá esto no se ha dicho tantas veces e incluso se piensa en el atractivo de escribir como se habla. De esta forma —se afirma— se consigue la naturalidad. La escritura es considerada por muchos como un falseamiento de la naturalidad. El estilo de Santa Teresa de Jesús es exaltado por su llaneza, por parecer hablado lo escrito. Cierto virtuosismo de algunos escritores degenera en artificio. Esta faceta del tema se inscribe en el campo de la creación literaria. De todos modos creo que existe la doble diferencia o la no recíproca correlación y que en el discurso forense es preciso mantenerlas. Un testimonio autorizado de la diferencia lo brinda Unamuno. «No es posible —dice— escribir como se habla. Se habla con la voz, con el tono, con las inflexiones de aquélla, con las manos. Un discurso reproducido tipográficamente no solo pierde en animación, sino en claridad. Hay frases que escritas resultan ininteligibles»[36]. Desde luego, el discurso oral vertido a la escritura pierde, o si queremos ser más ponderados en el juicio, no es el mismo. Ha sido extraído de su medio. Unamuno cree que hay frases emitidas oralmente que, escritas, resultan ininteligibles. Más bien parece lo contrario. No es susceptible de ser hablado y de ser captado acústicamente todo aquello que cabe escribir. La escritura tiene un mayor poder de fijación. En cualquier caso, la diferencia es más intrínseca y de raíz que la advertida por Unamuno. Sin duda, no estriba meramente en esas vivacidades o apoyaturas distin-

[36] UNAMUNO, *A propósito del estilo,* «Obras completas», Ed. Excelicer, pág. 828, 1966.

tas de los significantes lingüísticos susceptibles de reproducción gráfica directa como son el tono de la voz, sus inflexiones y el movimiento de las manos. Creo que puede prescindirse de las complementariedades mímicas o teatrales tan encarecidas por la vieja retórica. Operando con solo la palabra hablada y solo la palabra escrita (con los dos usos de la lengua) se aprecian diferencias. Morfológica y sintácticamente tienen sus peculiaridades ambos modos de expresión. No digamos en el orden léxico. La expresión oral tiende a ser (me cuesta mucho llegar a decir en ningún caso «debe ser») más elemental y menos matizada, hecha como de trazos gruesos con predominio del claroscuro. Los enlaces entre las frases y lo mismo las separaciones requieren ser muy remarcados. El habla aboca, quizá inevitablemente, a la reiteración. Hay argumentos excesivamente delgados y sinuosos, si no para ser dichos oralmente, sí para ser captados. El que habla está pendiente de ser entendido. Aunque no haya diálogo, el acto de comunicación es coetáneo con el de la emisión. El que escucha, de algún modo interviene, participa, pese a su silencio. El que lee es ajeno por completo al acto de emisión de lo escrito. Todo lo que cabe en la escritura no es susceptible de encajar en el habla, aunque ésta, 'ciertamente, pese a las limitaciones indicadas, ofrezca posibilidades de expresión difíciles de reproducir gráficamente. La escritura ofrece un campo de dicción incomparablemente más extenso; nada se le resiste por sutil, pormenorizado, profundo o profuso. La novela convertida en representación teatral requiere una labor de poda.

No voy a ocuparme de cómo se elabora un informe forense. Haría retórica o incurriría en un puro descriptivismo de lo personal. Creer que fluye como una espontaneidad natural o mágica es una utopía. La detenida reflexión previa es obligada y en alguna medida es preciso escribir. Escribir es un modo de concentrarse y de fijar las ideas. Aquello que se escriba ha de hacerse pensando en su emisión oral. Una cosa es escribir para que otros lean y otra escribir con vistas a la formulación oral. No todo el informe se compone de la palabra previamente tallada o del argumento completamente elaborado de antemano. Hay que dejar algunos márgenes a la improvisación. Ella misma encuentra la oportunidad para imponerse. La improvisación no equivale a la pura espontaneidad; es como la floración, en el ambiente propio, bajo estímulos que solo se dan en los estrados, tras la siembra de ideas que se ha ido produciendo a lo largo de la reflexión. La pérdida de prestigio de la oratoria enlaza de modo muy directo con el culto a la palabra por la palabra. Peyorativamente «orador» es un malabarista de locuciones. Así como la palabra nutrida de contenido llega y queda, el narcisismo de la palabra es un desvanecimiento en el vacío. No alcanza las delimitaciones semánticas, carece de valor comunicativo y no resiste el análisis.

7. La concisión

Vivo y polémico es el tema del «tamaño» de los informes. Quienes escuchan se inclinan decididamente por la brevedad. La larga duración no tiene partidarios declarados. Se nutre de infractores reiterantes del canon de la brevedad. De todas maneras, hay una diferencia de posición entre el emisor y el oyente. Aquél antepone ante todo el deseo de llegar; por eso tal vez persevera y matiza. El auditorio, si efectivamente desempeña su papel, realiza una labor de selección. Esta puede no coincidir con la que intente el que habla. La incertidumbre sobre lo que habrá de preferir el receptor dificulta la aspiración a la brevedad del emisor. Naturalmente, en la esfera judicial no se plantean los problemas psicológicos y sociológicos de la adecuación al auditorio en razón de las características de éste. Sin perjuicio de las inevitables circunstancias personales, los que escuchan constituyen un grupo homogéneo desde el punto de vista de su formación y del cometido a desempeñar. La elocución forense es la más homogénea en cuanto al sujeto emisor, a los receptores, a la materia y a la función. El político o el conferenciante tienen ante sí panoramas muy cambiantes por lo que concierne a los temas, al auditorio, a la oportunidad y a la función. Todo esto en lo judicial viene dado en términos de cierta uniformidad. Incluso las variaciones internas derivadas de la naturaleza del proceso (civil, penal, laboral, etc.) o de la fase en que se encuentre (primera instancia, apelación, casación) resultan perfectamente definidas. Ello no excluye, sin embargo, la existencia de algún problema de acoplamiento en lo que concierne a los matices.

Intentaría sustituir brevedad por *concisión.* La brevedad refleja preferentemente las ideas de cantidad, extensión, tamaño. La concisión, cualesquiera sean sus estrictos valores denotativos, connota lo concerniente a cualidad, intención o comprensión. La brevedad es predicable lo mismo del paseo que del discurso; en cambio, la concisión, predicado del discurso, no lo es del paseo. Brevedad y concisión ni se implican necesariamente ni se corresponden. En el discurso se puede ser breve y no ser conciso. Si así ocurre, algo queda fuera. Una brevedad que no consiga la concisión, esto es, la comprensión, deja el discurso incompleto. Por otra parte, el discurso puede ser ambiguo, lato (incluso «latoso») sin ser largo. En cambio, el discurso conciso, aunque no alcance la brevedad, acaso merezca la disculpa. La brevedad *y la* concisión, aliadas, constituyen el ideal. Si alguna ha de resultar sacrificada, parece preferible que no lo sea la concisión. Porque mientras en la concisión encajan la claridad y el rigor, acaso la brevedad por sí sola no las alcance.

El tema de la concisión y la brevedad se relaciona con el papel de los jueces y los magistrados en las vistas. En el régimen procesal vigente resulta excesivamente pasivo. Son concebidos como mero auditorio y, en particular, como un auditorio al que incluso le están vedadas ciertas reacciones de exteriorización posibles en otros auditorios. Integran un auditorio silencioso, sin iniciativas de insinuación ni aceptación. Los que oyen van a operar con los argumentos esgrimidos y a resolver; están dotados de unas facultades de las que carece quien habla. Internamente hay un diálogo, pero no se exterioriza como tal. El letrado no acierta a saber dónde radica la duda para los jueces, ni cuáles son los puntos claves. El pensamiento de los que juzgan es un enigma que solo se desvanece al final, con la resolución, cuando solo cabe el recurso o nada. Por si acaso, el abogado tiene que recorrer todas las posibilidades arguméntales. Comprende que no todas tienen la misma entidad. Sin embargo, ¿de cuál prescinde? Cabría pensar en cierta participación; difícil, limitada, ordenada, jerarquizada, pero quizá posible. La sentencia es una obra de colaboración. ¿Por qué ha de mostrarse rodeada de la aureola del misterio que, por último, de un golpe, se desvela? Hay todavía en torno al acto de juzgar ciertos residuos del pensamiento mítico que convendría revisar.

8. Concisión y síntesis

No se empieza por la concisión. El abogado venezolano Jacobo Bentata ha dicho con gran perspicacia: «Lo último que se aprende es la concisión»[37]. En efecto, es la consecuencia de una selectividad reflexiva. Exige el retorno y la reconsideración. Solo al volver sobre lo antes explanado puede reducirse a sus términos estrictos. Ni

[37] BENTATA, *Eutrapelias,* pág. 124, Caracas, 1971.

se empieza siendo conciso biográficamente ni en cada acto de apoderamiento de una realidad se dan por esa vía los primeros pasos. Es el fruto del dominio de la materia que, condensada, agotada, mas no diluida, se acomoda a los módulos expresivos indispensables para contenerla y trasladarla. La lucha por lo indispensable: he aquí un problema lleno de dificultades porque no se resuelve en la medida de nuestra propia comprensión, sino en la medida y desde el punto de vista de la comprensión de los demás. Es fácil decir que la concisión equidista de la prodigalidad discursiva y de la insuficiencia. ¿Cómo se logra?

Parece necesaria cierta elipsis que, trascendiendo el nivel de la expresión y no perturbando a ésta, penetra en el desarrollo del contenido. Como el contenido a que concierne el discurso del abogado es heterogéneo, no puede ofrecerse un modelo de concisión uniforme. No es lo mismo la concisión del pensamiento que la de los hechos. El pensamiento es gradualmente reductible a enunciaciones sucintas sin perder nada que concierna a su cualidad en tanto que los hechos corren el peligro de diluirse. En cualquier caso, si con la concisión se difuminan algunos detalles habrá de ser en beneficio del conjunto. Este es el que importa. No como generalización ambigua, sino como individualidad significante total. Por eso aunque ser conciso requiere alguna dosis de abstracción, producirse o expresarse concisamente no equivale sin más a hacerlo en términos abstractos. La abstracción es alejamiento y apartamiento que implica el predominio de lo intelectivo. El abogado en el desempeño de su función no puede transportarse a las regiones donde el discurso se estiliza por entero, como ocurre en las formulaciones matemáticas y en las lógicas. La concisión tiene, pues, para nosotros, junto a la dificultad intrínseca, la de no poder apoyarse en todos los medios racionales para conseguirla[38]. El abogado expone (concisamente) acontecimientos, conductas e intenciones; también reglas. Hay en todo ello un pensamiento entrelazante, pero atenido a unos elementos dados. En ningún caso se trata de meras creaciones de la mente ni de opiniones libremente emitidas. El abogado no se crea su mundo como, con uno u otro alcance, se lo crean el literato, el filósofo o el político. Su actividad mental se ejercita en dependencia de unos hechos y unas normas con existencia y realidad propias. Organiza datos, conductas y aspiraciones en situación de conflicto. Busca los rasgos esencialmente significativos para, por la vía más directa, propiciar la solución defendida. Solo mostrando esos rasgos concisamente logra comunicarse la sensación de la obra terminada. El esfuerzo desplegado en el proceso elaborativo queda como oculto para ofrecer al exterior las líneas maestras de un argumento o de un resultado. No se es conciso sin los sacrificios y renuncias del que asume el empeño. La categoría moral del ascetismo sirve en cierto modo para establecer un paralelo con la concisión. En ambos casos prima la sobriedad. Hay, sin embargo, una diferencia importante. Mientras el asceta minimiza sus necesidades y demandas hasta el límite de la nada, el expositor conciso precisa conseguir un adelgazamiento esquemático en el que resplandezca la fuerza enunciativa.

---

[38] Para Jhering la concisión es fundamentalmente abstracción. Contrapone el casuismo (incluso como método legislativo) a la formulación de principios. No es ésta la concisión del abogado. En primer término porque no queda circunscrita al terreno de las enunciaciones normativas ni al de la reconstrucción sistemática. En segundo término, porque ha de lograrse también una condensación de elementos concretos. Sin embargo, puede decirse con Jhering que la concisión «nace de la intensidad Je la expresión y del valor, alcance y fuerza de las ideas expresadas, no del número más o menos limitado con que la ley está hecha» *(El espíritu del derecho romano,* trad. esp., vol. III, pág. 50, Madrid, 1909).

Hay dos clases de concisión o dos campos de operatividad. Una es la concisión como tónica constante o armadura del discurso. Otra es la concisión como resumen. Esta última suele ser utilizada por quien antes tal vez se ha perdido en prolijidades y digresiones y pretende, al final, curarse de ellas, ofreciendo un panorama menos abigarrado. La concisión hace entonces el papel de la redundancia correctora de la dispersión. Exponente principal de la concisión me parece la primera. Quien está imbuido de ella encuentra siempre oportunidad para utilizarla. Es el paso de lo informal y difuso a lo mentalmente disciplinado.

En la concisión juega siempre un papel decisivo el sujeto, aunque su contenido no se nutre exclusivamente de ideaciones. Nada de lo ajeno a él la contiene por sí. Es predicable del que despliega una actividad narrativa o argumentativa. Implica la articulación de lo descrito o de lo razonado en términos de densidad o de concentración. Es, en fin, la ley de la economía del discurso.

En el orden usual-vulgar y, por tanto, en el lingüístico, no es infrecuente considerar la concisión como síntesis. «Se ha expresado de manera muy sintética», se dice, a veces, tras un discurso conciso. «Tiene el don de la síntesis», se comenta del abogado que informa en pocas palabras. Sin embargo, la consideración de lo conciso como sintético no es correcta desde los puntos de vista lógico-filosófico y metodológico. La síntesis, esencialmente, constituye el acto, la operación y el método de recomponer diversos elementos hasta lograr un conjunto. También significa la obtención de una verdad final a partir de proposiciones ciertas. Pone de relieve la idea de integración y en la dialéctica hegeliana es el modo de superar los elementos contradictorios. En términos muy amplios, la síntesis se contrapone al análisis. Frente a la composición, el conjunto o el todo representados por la síntesis, en el análisis hay descomposición, elementos o partes. Nada impone identificar la concisión con la síntesis y nada impide proceder concisamente también en el análisis. Me atrevería a decir que mientras el análisis y la síntesis son operaciones o métodos que tienen sus reglas lógicas, la concisión no pasa de ser una actitud. El estudio del análisis y la síntesis es parte principal de los tratados de lógica y ha servido de tema a múltiples estudios. «Concisión» es una palabra que no registran los diccionarios de filosofía. Queda en el campo de la retórica y el ensayo. De todas formas, cuesta trabajo creer que el uso vulgar de un término no tenga alguna explicación siquiera sea psicológica o metafórica. El sentido común es algo más que un simple creador de disparates. Parece comprensible la inclinación a poner en contacto la concisión con la síntesis y no con el análisis. El análisis tiende a diversificarse hasta el infinito. Es el reinado de los matices. Diversamente, la síntesis propende a poner término a algo. Es el reinado de la unidad. «Para un día de síntesis —se ha dicho— se necesitan años de análisis». Luego la síntesis es más comprimida o sucinta que el análisis. Este implica una labor de exploración previa a la refundición sintética. Por eso lo sintético, aunque no equivalga a concisión, ofrece mayor susceptibilidad para las formulaciones concisas. Responde a la idea de acabamiento o de meta frente a la idea de penetración ilimitada inherente al análisis.

Este intento de conciliar la concisión con la síntesis, en los términos expuestos, parece dar a entender que la concisión concierne a las formulaciones lingüísticas, en tanto la síntesis se aloja en el contenido mental de lo dicho. Es cierto también que la concisión se predica, con base en la raíz etimológica, de las palabras. Corominas, en su *Diccionario,* registra el significado siguiente: «Conciso: 'Expresado con las menos palabras posibles'». A mi juicio, la parquedad de las palabras no es lo únicamente representativo de la concisión. Por un lado hemos de tener en cuenta que no todo medio o procedimiento sucinto de captar una idea o una realidad es necesariamente desarrollo del método sintético. Este requiere el ejercicio de una determinada actividad discursiva —composición, deducción, integración, etc.— que no es la que se realiza siempre. De donde parece posible inferir que la actividad discursiva, en su interior, puede ser concisa en todos aquellos casos no comprendidos en la operación sintética. ¿Porque cómo llamaremos, por ejemplo, a un pensamiento parcamente configurado cuando no se atiene a las reglas de la síntesis? Por otro lado, la misión del lenguaje no es exclusivamente exteriorizadora. También nos dirigimos con él hacia nuestro interior. La función social del lenguaje es, en verdad, la comunicación, y ésta supone una extroversión; no solo ir de dentro a fuera, sino buscar a los demás y con ellos la relación y el intercambio de mensajes. Ahora bien, el lenguaje cumple asimismo una función intelectual. Lo pensado aparece indivisiblemente unido a las enunciaciones lingüísticas. Cuando considero que me falta la palabra para expresar una idea, me falta también la idea. La introspección, el poder inquirir en nosotros mismos un concepto o un juicio es, al mismo tiempo que una operación mental, una operación lingüística. Por todo ello, no me parece satisfactorio dejar la concisión únicamente en la economía de las palabras como exteriorizaciones disociadas de su contenido. Además, es muy difícil apreciar la economía de las palabras si no se ponen en relación con el contenido a formular mediante ellas. No se trata meramente de decir algo en pocas palabras, sino que lo dicho tenga la máxima comprensión con la mínima locución. Incluso en ocasiones antepongo la concisión del contenido a la de la enunciación misma. El Código civil ofrece muchos modelos de concisión. Por lo mismo, es difícil llamar la atención sobre preceptos determinados. Abro al azar el Código civil que tengo a la mano. La página de la izquierda y la de la derecha recogen los artículos 695 a 700. ¿Cabe prescindir de alguna palabra, condensar más sus expresiones sin cambio en el sentido? Difícilmente.

9. Rigor y razonamiento

Otro de los conceptos o criterios elegidos para aludir a la actividad discursiva del abogado es el rigor. La claridad, que tanto he encarecido, viene a constituir uno de los primeros pasos del rigor, o, si se prefiere, un presupuesto indispensable o el clima ambiental necesario para que pueda desenvolverse el rigor. ¿Qué es? ¿De qué se predica? ¿Cómo actúa? Inmediatamente salen al paso otras expresiones a las que unas veces califica o refuerza y otras resulta calificado por ellas. Así, a un primer toque, salen a escena el razonamiento, la lógica, la inferencia y la argumentación.

En principio, el razonamiento no es de suyo estrictamente riguroso siempre. Sería demasiado comprometido ensamblar ambos de manera indisociable e incorporar el rigor como cualidad necesariamente inherente al razonamiento. Muchas aserciones intuitivas o empíricas, no exentas de discernimiento, carecen de formulaciones rigurosas y no obstante pueden proclamar algo cierto. Hay, por el contrario, razonamientos bien elaborados que no conducen a resultados positivos. El razonamiento no equivale a la razón. Aspira a ella. Es una operatividad racional discursiva. Según los planos en que se desenvuelva, los medios que se utilicen y los fines propuestos, ofrece un grado mayor o menor de consistencia. Desde el razonamiento deductivo, formalizado y axiomático, que da lugar a las operaciones de cálculo, hasta la prospección de una probabilidad o la prueba de un hecho o de una proposición previamente establecidos, existen marcadas diferencias de rango. Claro es que sin ningún ingrediente de rigor también es difícil concebir y desarrollar el razonamiento. Cualquier arbitrio o ardid discursivo no es razonamiento. Luego en él puede aparecer más o menos acentuado el rigor, si bien precisa de la fuerza cualificadora de éste para erigirse en verdaderamente riguroso. Por lo demás, el rigor no es un atributo exclusivo del razonamiento. Podemos aludir, por ejemplo, al rigor del clima o al de la ley. Y vemos que en estas aplicaciones el rigor, dentro de su general valor semántico, adquiere matices significativos diferentes. Al clima le hace extremado; a la ley, dura, implacable o rigorista. En el razonamiento, en cambio, fortalece o subraya las cualidades de verdad o corrección. Y digo fortalece en vez de agrega o incorpora porque sin desplegar el rigor el cometido de un predicado analítico, ya existente o emanado del sujeto, de algún modo el razonamiento implica cierta contextura con algún sentido respecto del rigor, aunque en sí no lo conlleve necesariamente.

La lógica y sobre todo la inferencia como su prototipo aparecen en un plano contrapuesto. En vez de para afirmar de ellas el rigor sirven más bien de módulos configurativos o expresivos del rigor y precisamente del rigor del razonamiento. Sobradamente conocido es cómo después de muchos siglos de estancamiento de la lógica aristotélica —por lo demás nada despreciable— ha experimentado un cambio o proceso que podría llamarse de estrechamiento y depuración. En efecto: han sido establecidas las pertinentes separaciones de la ontología, la psicología, la teoría del conocimiento, la dialéctica, la tópica, etc.; ha arrojado fuera de sí residuos de tales disciplinas o saberes que, según una consideración purista, la hipertrofiaban y empobrecían al mismo tiempo; y dando un paso más, la lógica se ha hecho a sí misma una cirugía de reducción para (al menos en cuanto lógica formal) prescindir del tema de la verdad material y quedar circunscrita a la corrección de la inferencia como preocupación básica. La operación o el cálculo de la inferencia absorbe y resume a la lógica así entendida. Abstenerse respecto del problema de la verdad material significa que no cuenta cuál sea el contenido de la proposición o proposiciones a partir de las cuales se obtiene, como consecuencia, otra proposición. Sócrates y su mortalidad son indiferentes en sí mismos. La verdad, cabría decir, solo interviene en términos condicionales o hipotéticos y no forma parte de la operación en su sentido lógico. Cuenta, en cambio, de modo fundamental la corrección discursiva. Si la proposición o proposiciones previas son intrínsecamente verdaderas o falsas (lo que es indiferente o solo se establece en términos de hipótesis), la proposición derivada será, en consecuencia, verdadera o falsa. Ahora bien, sea verdadera o falsa intrínsecamente la proposición derivada o conclusión (lo que tampoco importa), su validez (o su verdad formal) estriba en que sea correcta. La corrección depende de que determinados enunciados hagan necesario otro enunciado. Y únicamente de tal validez definida a través de la corrección se preocupa la lógica de la inferencia, la cual, propiamente, empieza y termina en esa operación de inferir. La inferencia es una derivación necesaria de la proposición previamente establecida. Cuanto menor sea el recorrido desde aquello de que se parte a aquello a que se llega, mayor será la certidumbre de la corrección. Por eso el paradigma de ésta se encuentra en la tautología o la implicación, que en su grado máximo o propio es volver a establecer lo precedentemente establecido con las mismas o diferentes formulaciones lingüísticas. Si lo establecido o dado no está en una sola proposición, sino en dos o más, como ocurre en el razonamiento silogístico, entonces la corrección estriba en el rigor sintáctico de la combinación, derivación o enlace impuestos por las proposiciones precedentes. Esta lógica, que se formaliza en símbolos para abstraerse incluso de las enunciaciones hechas en el lenguaje natural, tiene su campo de aplicación propicio en el razonamiento o cálculo deductivo, mientras encuentra grandes dificultades en la inducción, que, en definitiva, resulta repudiada o relegada a la probabilidad. Por la máxima certidumbre paga así la lógica el precio de la falta de creatividad. No se equivoca en igual medida que evita los riesgos de equivocarse. Evitar tales riesgos trae consigo desenvolverse en unos límites muy estrictos. La satisfacción que produce la certidumbre se obtiene a cambio también de que las posibilidades de aplicación son menores. Por eso quizá junto al fenómeno de la restricción de la lógica se está dando paralelamente el de la elaboración de diversos modelos de lógica.

De cualquier manera, a nuestros fines solo interesa dejar sentado por ahora: que si el razonamiento ha de tender al rigor o completarse con él, y el rigor máximo se aloja en la inferencia lógica formal, ésta constituirá, por consiguiente, la expresión culminante del razonamiento riguroso.

La argumentación opera a escala inferior del razonamiento riguroso en cuanto lógico. No me siento atraído por la tesis, a que luego aludiré, según la cual el concepto o teoría de la argumentación se desenvuelve fuera del rigor de la lógica. Esta tiene también entrada en la argumentación. Acontece, sin embargo, que la argumentación desciende a peldaños no cubiertos por la lógica. Con vistas al discurso, y en particular al razonamiento del abogado, me parece oportuno anticipar lo siguiente: *el rigor máximo está en la lógica; no todo el razonamiento a utilizar en el tratamiento del derecho se desenvuelve en la lógica, si bien tampoco queda íntegramente fuera de ella; pero en todo caso ha de procederse con rigor, que también es un predicado de la argumentación.*

10. El rigor no es amordazamiento. Otras observaciones

En cualquier ámbito, ya sea el de la lógica o el del razonamiento, ya el de la argumentación o el del «discurso del abogado» (que es el concepto más amplio para comprender el conjunto de la actividad intelectual-lingüística impuesta por nuestra profesión), no hay rigor sin el dominio completo de la materia, obtenido mediante una preparación cuidadosa. Con ello no pretendo amordazar la imaginación ni cortar las alas de la intuición (que pese a todo se rebelaría), ni siquiera renunciar, en algún momento, a la chispa del ingenio. Trato de significar que la preparación rigurosa es, a veces, el fermento de lo que parece su antítesis: la repentización bajo el estímulo de los estrados. Muchos profesionales avezados confiesan la impresión que, no obstante la asiduidad, les sigue produciendo la actuación en las vistas y las limitaciones que creen experimentar. Es difícil ciertamente familiarizarse por completo. Obedece al sentido de la responsabilidad. Uno es siempre el mismo, pero el caso y lo que hay tras de él, es decir, las personas afectadas, su situación, las consecuencias morales o las económicas, todo ese conjunto implicado en la inquietud y en la zozobra, cambia indefinidamente. La responsabilidad, por lo mismo, es siempre nueva e intransmisible. Aquí radica también el riesgo y la fatiga que depara la profesión. El acierto se mide siempre respecto de cada debate. El del precedente no dice nada respecto del de hoy. Los abogados ponemos en juego a diario nuestro prestigio. Por todo esto no encuentro más fórmula que la del rigor. Doy por supuesta la probidad moral. De todos modos el rigor, aunque concierne a lo intelectual, tiene también sus dimensiones éticas.

Por lo demás, si los estrados aparentemente parecen privar de algo, es más lo que suelen conceder cuando se sube a ellos precisamente con preocupación.

CAPÍTULO CUARTO

EL DISCURSO O RAZONAMIENTO JURÍDICO Y SU UTILIZACIÓN POR EL ABOGADO. EL NIVEL LÓGICO

1. Razonamiento jurídico, dogmatismo, técnica y actitud del abogado

El razonamiento jurídico es una variante del razonamiento en general y el razonamiento del abogado una modalidad o especie y, en algún sentido, una fase del razonamiento jurídico. En ambos supuestos (el del razonamiento jurídico respecto del general o de otros tipos de razonamiento y el peculiar del abogado respecto del jurídico) la variación especificativa viene determinada principalmente por la materia y la función. No es tanto el razonamiento en sí el que cambia como las aplicaciones que se hacen del mismo. Bien es verdad que esas aplicaciones si no inciden necesariamente sobre el razonamiento en todos sus aspectos sí dotan de preferencia a determinados aspectos. Aunque no haya transmutación hay acomodación. Un razonamiento puro abstraído de la materia y del fin es el que encontramos en las teorizaciones lógicas. En terrenos próximos, como el de la metodología de la ciencia y de las diferentes ciencias particulares, el razonamiento experimenta tonalidades y canalizaciones influidas por la operatividad de que se trate.

El derecho no es materia de un conocimiento unitario. Si como ser u objeto es siempre el mismo en su estructura básica (que no excluye sino implica la transformación histórica que forma parte del propio ser del derecho como de todos los fenómenos sociales), los puntos de vista desde que se le contempla difieren, y aun cuando el derecho no cambie por obra solo de la perspectiva, es indiscutible que la posición del sujeto cognoscente —lo que éste demanda del conocer— trae consigo que inquiera y descubra estos o aquellos aspectos como relevantes. La normatividad queda en segundo plano para una investigación sociológica preocupada de la facticidad real, en tanto se ofrece en primera línea para el llamado conocimiento dogmático.

La división creadora de espacios más generales es la representada por el conocimiento filosófico, el científico y el técnico. Esta trilogía de saberes, muy acentuada años atrás, tiende hoy a reducir distancias. Es un hecho cierto que de manera coetánea con las especializaciones multiplicadoras de los saberes se están produciendo movimientos de aglutinación, bien por el pluralismo ínsito en cualquier área cognoscitiva, bien por el incesante predominio de las relaciones interdisciplinarias y de la configuración del saber como una obra de colaboración (que alcanza a la concurrencia de los investigadores) en lugar de como una actividad estrictamente subjetiva y aislada. El general fenómeno del acercamiento de la filosofía a la ciencia, tanto porque el saber filosófico precisa del rigor de la ciencia como porque no puede desentenderse de los resultados obtenidos por ésta, tiene sus versiones jurídicas correspondientes. En cierta medida cabe decir que la filosofía ha declinado buena parte de sus posiciones representativas de un saber previo al de la ciencia, recayente sobre un objeto distinto, para presentarse como un saber del saber, temeroso de las soledades de la metafísica o de las especulaciones de una axiología idealizada y sin contactos con la realidad. Ese otro saber sobre el que vuelve y al que problematiza y revisa la filosofía es predominantemente el de la ciencia, la cual, a su vez, cada día se ejercita más en hacer cuestión de sí misma, con lo que también en su seno se producen vibraciones filosóficas, porque, en definitiva, la filosofía es el reducto crítico de las disconformidades y de las exigencias inquisitivas. Si algún día se cansaran del todo los filósofos de su oficio (en parte parece que ya están hastiados), los científicos, también fatigados de un saber que se les hace rutinario, vendrían a reemplazarlos. La cosa es que la filosofía tiene siempre el sentido acogedor del refugio y en él puede encontrar calor y estímulo el científico. ¿Pero el filósofo mismo cómo se evade? Son, creo, peligrosas o defraudantes algunas evasiones representadas por ciertas formas de ensayismo o de especulaciones ideológicas. Una ciencia preocupada de sí, disconforme, y deseosa de nuevos horizontes, puede ofrecer quizá a los cansados de la filosofía un albergue decoroso.

La técnica como escala inferior en la jerarquía epistemológica de los saberes necesita ser siempre tributaria de un conocimiento científico a expensas del cual se nutre y evoluciona[39]. De lo contrario se identifica demasiado con los modestos empirismos. El saber que se traduce en un modo de actuar, que es lo propio de la técnica, incide en el mundo de la conducta y genera responsabilidades que justifican los criterios de objetividad y progreso facilitados por la ciencia. La subordinación a ésta de la técnica aparece quizá acentuada en los dominios del derecho. Este constituye una de las más antiguas y consolidadas manifestaciones de la técnica. La norma, la ordenación de la controversia y la intervención preceptiva del jurista en el tratamiento de numerosos conflictos de la convivencia ha sustraído del arbitrio, de la hegemonía del poder, de la política y de las mismas laxitudes incoercitibles de la moral, todo ese sector de la realidad social que aparece regido por el derecho. La subordinación se acusa, de un lado, porque el conocimiento científico toma en consideración por sí mismo la aplicación del derecho que es el objeto de diferentes técnicas y sobre todo de la judicial; de otro lado, porque la propia aplicación judicial del derecho tiende a servir y a servirse de la ciencia, como lo pone de manifiesto la penetración del conocimiento científico en el derecho jurisprudencial y la conversión de éste en objeto de aquél; y de otro lado, en fin, porque la técnica de elaboración de las normas es cada vez menos simple tradición o volición, no opera en el vacío ni constituye un compartimiento estanco y, consiguiente, precisa ponderar las aportaciones del conocimiento científico.

Pues bien, fijémonos en el que puede considerarse como conocimiento científico en sentido intrajurídico y en su dimensión técnica, porque, sin duda, en esta

[39] Este significado del saber técnico es el actual, no el originario. ELÍAS DE TEJADA, *Tratado de filosofía del derecho,* t. I, Sevilla, 1974, explica así su génesis y desarrollo: «En los comienzos la técnica fue la fuente de la ciencia, ya que las ciencias se constituyen cuando las conclusiones prácticas establecidas por las técnicas vienen a ser elevadas a saberes ciertos y seguros, superiores en calidad a las consideraciones sacadas de la acumulación de observaciones empíricas. Después, una vez constituidas las ciencias, la técnica es mera aplicación de los saberes científicos a la realidad del quehacer particular de que se trate» (pág. 24).

zona del saber aparece, si no todo el contacto que tiene el abogado con el derecho (el abogado se afirma a través de lo plural y proteiforme), sí el que pone en marcha principalmente en el ejercicio de la profesión. Llamo a este saber intrajurídico para expresar su máxima centralización en torno al derecho en cuanto tal. Según el criterio tradicional y todavía preponderante es el que cualifica al jurista como jurista y diferencia su cometido sin perjuicio de reconocer relaciones con otros tipos de saberes acerca del derecho que no constituyen el estricto del jurista, como acontece con el saber antropológico, el histórico, el sociológico, el lógico, etc., también científicos y objeto de las disciplinas correspondientes, aunque además puedan incidir en ese conocimiento primario o específico.

En el ámbito cultural europeo —en el sentido de la Europa continental, que si en lo jurídico no la comprende geográficamente por entero, alcanza amplias zonas de otro continente, como el americano— el conocimiento centralizado en el derecho y prototípico del jurista viene desde hace unos dos siglos desenvolviéndose en el ámbito de las disciplinas particulares referidas a los sectores más institucionalizados del ordenamiento, como son el derecho civil, el mercantil, el penal, el administrativo, el procesal, etc. Caracteriza esencialmente a esta actividad cognoscitiva lo que establece como jurídico y la utilización de un determinado criterio metodológico. Lo uno y lo otro queda comprendido en el conocimiento dogmático, que a la vez designa el cometido desenvuelto por las ciencias o disciplinas particulares, la explicación que se da del mismo y las traslaciones que se hacen en el proceso de aplicación. La dogmática se atiene a un positivismo normativo (y no al puro positivismo de génesis comtiana, que recae sobre una realidad mucho más extensa, tal y como ocurre en la investigación sociológica), sin perjuicio de lo cual se ha generalizado como el saber del derecho, sobre todo en su aspecto metódico, en cuanto muchos juristas, confesional o ideológicamente partidarios del iusnaturalismo, no por eso dejan de ser dogmáticos. La actitud dogmática, en principio, es la opuesta al criticismo. Implica la aceptación de algo como un *a priori* inconmovible. El dogmatismo del tratamiento del derecho no se atiene, en rigor, *a un a priori*. El conocimiento dogmático no preestablece una idea o un concepto del derecho (porque por algo es positivista), sino que acepta como inconcusos los datos suministrados por el derecho positivo a partir del cual se desenvuelve. Derecho es, pues, lo dado positivamente como tal, lo que se ofrece como punto de partida insoslayable para el jurista en cuanto que dado o puesto previamente. Solo en esta precedencia cabe ver cierto apriorismo (un apriorismo no idealista), ya que el derecho se ofrece al jurista en las normas de cada ordenamiento, o mejor, del ordenamiento al cual queda sometido y sirve. La consideración dogmática, por lo mismo que no intenta ninguna explicitación del objeto de su conocimiento distinta de la de reputar el derecho como un «conjunto de normas», vigente en tal o cual país (derecho interno) o ámbito (derecho internacional), reconoce la variación espacial y temporal de lo dado o puesto. Por lo tanto, el inmovilismo que entraña la sumisión a un dogma no se manifiesta en el contenido material de lo reputado como derecho, que es variable, sino en la actitud de sometimiento, que es invariable formal y necesariamente, pese a las ilimitadas variaciones materiales. La concepción dogmática acusa de modo muy claro la teoría de la división de los poderes; la creación de las normas corresponde por entero al legislativo y lo que incumbe al jurista es una labor de discernimiento (no creador) y de «subsunción», es decir, de ingreso del caso en el supuesto previsto en las normas. La ciencia jurídica efectúa un tratamiento de las normas con vistas a la «subsunción», la cual se produce de una manera rigurosamente controlada en la controversia resuelta jurisdiccionalmente. No obstante la contingencia de lo jurídico, con la consiguiente relatividad de los datos positivos y el carácter no creador atribuido por el normativismo al desenvolvimiento del derecho (por eso el «derecho libre» es un derecho del jurista frente al de la ley, como el «derecho jurisprudencial» es un derecho de los jueces más allá de la ley), lo cierto es que en el clima intelectual del dogmatismo se ha incurrido en hipertrofias constructivas. El derecho romano, sobre el cual se produjo inicialmente el conocimiento dogmático, con su múltiple casuismo, brindó a la pandectística un rico arsenal de datos singulares que tratados inductivamente desembocaron en grandes generalizaciones para integrarse en un sistema que luego constituiría la premisa básica para un desarrollo deductivo. La codificación del derecho supuso un cambio importante en la formulación de éste (en cuanto pasó a mostrarse normativizado y en cierto grado de generalización); mas no hubo un cambio equivalente en la actitud metodológica. Al contrario, ha habido exacerbaciones en la construcción y en la conceptualización. Precisamente el conceptualismo es la versión de la dogmática en un tono exagerado culminante. Del material movedizo del derecho positivo han surgido categorías que, olvidando su génesis, se han erigido en pretendidamente absolutas y con validez superior a la estrictamente derivable de su modo de obtención. En España, donde más que introducir el método dogmático para el desenvolvimiento del 'propio derecho positivo, hemos importado los resultados, es decir, los «dogmas» construidos sobre otros derechos, el dogmatismo ha terminado por constituir el *a priori* que en sí mismo no representa. Por eso cabría decir de nosotros que hemos sido más dogmáticos que positivistas. O bien, hemos visto el dogma no tanto en lo puesto como derecho cuanto en tomar como verdades absolutas ciertas construcciones, que si ya en su formulación se desentendieron o sobrepasaron el dato del derecho positivo que las determinó, al trasladarse a una ciencia recayente sobre un derecho distinto ganan en abstracción. La crítica que hace ya tiempo mereció el conocimiento dogmático colocaba el acento en el predominio de las preocupaciones lógicas sobre cualquier consideración de otro tipo. Después ha podido comprobarse que la racionalización jurídica llevada a cabo por los dogmáticos no responde siempre a una lógica propiamente dicha. No cabe pensar, claro está, en la lógica depurada que se designa como logística porque el conocimiento dogmático es anterior a este sesgo de la lógica; pero tampoco responde al estado de ésta en la época de irrupción y desenvolvimiento de la dogmática. El saber dogmático se inspira más en algunos criterios epistemológicos de las ciencias naturales (y en concreto de la historia natural) que en los modelos lógicos. Se atiene preferentemente a la lógica del concepto en vez de a la del juicio. Junto a factores más o menos lógicos abundan en ella ingredientes tópicos e ideológicos y criterios de autoridad. En ninguna otra ciencia, me parece, «la doctrina» (esto es, el cuadro de las opiniones) ha llegado a adquirir un *status* tan relevante. Por eso cuando hoy nos enfrentamos con la dogmática en un sentido crítico no todo consiste en efectuar una poda de la lógica, entonando un canto al vitalismo o a cualquier fórmula historificadora o socializadora del conocimiento. Todo no radica en prescindir de la lógica, sino en hacer la reimplantación de una lógica que lo sea en un significado propio para una estimación actual y que despliegue la operatividad que puede pretenderse de ella. Por otro lado, la dogmática no está exenta de historificación; lo que acontece es que no aparece controlada internamente por la ciencia. La dogmática, en fin, no es, en términos absolutos, exponente de un rigor que sea preciso evitar para que fluyan mejor los fenómenos jurídicos. En buena medida, la ciencia jurídica, que en el cultivo de las disciplinas particulares evoca todavía demasiado el dogmatismo, está necesitada de introducir en ella un rigor mayor y nuevo.

La técnica de aplicación, tributaria o dependiente del conocimiento dogmático e ilustrada por él, es —ya lo he anticipado— la que asume directamente la operación de subsunción mediante el ingreso del caso en el campo acotado por una norma o por un conjunto de ellas. La «subsunción», simplemente imaginada como hipótesis por la ciencia jurídica o contemplada a través de decisiones jurisprudenciales, es la que protagoniza la aplicación técnica del derecho. A ella coopera fundamentalmente el abogado. Uno de los grandes «dogmas» elaborados por la ciencia jurídica con importantes consecuencias prácticas (como puede verse en la configuración material de una demanda, en el objeto de la prueba y sobre todo en el recurso de casación) es la distinción entre los hechos y el derecho. La diferencia es innegable. Sin embargo, el dogmatismo ha recargado las tintas. Parece como si pertenecieran a dos mundos distintos y solo tuvieran un punto y un momento de tangencia o ensamblaje. La experiencia enseña que esto no es tan radicalmente así. La conveniencia y la oportunidad de distinguir entre el hecho y el derecho no puede llevar a convertirlos en compartimentos estancos, aunque cierta estructura diferencial sea indispensable, tanto porque a ella se atiene la ley como porque constituye un criterio para encauzar las argumentaciones. El ejercicio de la profesión de abogado me ha permitido comprender que los hechos son algo más que el «caso» o el campo que ha de cubrirse con preceptos traídos del mundo de las normas. Los hechos contribuyen a descubrir en las normas el sentido (o aspectos de él) que ellas mismas no proclaman. El grado de abstracción y generalidad con que aparecen enunciadas las normas encubren un misterio que solo con preguntas formuladas por la realidad se alcanza a comprender del todo. Por eso es tan difícil la figura del jurista desentendido de la experiencia que actúa no solo con alcance práctico, sino como elemento sensibilizador de las teorizaciones. Mientras el contrato de compraventa, por ejemplo, se nos ofrezca únicamente como el intercambio de una cosa por un precio en dinero o signo que lo represente, y desconozcamos el tráfico mercantil de la contratación en masa o la enajenación de un complejo industrial o simplemente la compraventa de un piso, nuestras teorizaciones pueden ser incluso científicamente menos valiosas. Sin embargo, tampoco es admisible esa degeneración no infrecuente del practicismo que, excesivamente replegado sobre sí, se desentiende por completo de la distinción entre el caso y las normas y cree que todo el esfuerzo del abogado ha de consistir en la hábil «presentación» o «fabricación» de los hechos.

2. Aproximación lógico-epistemológica al razonamiento jurídico

Los problemas epistemológicos y lógicos del conocimiento jurídico parece que actualmente tienen primacía sobre los metodológicos, antes tan florecientes, aunque resulten inevitables ciertas implicaciones de unos y otros y las demarcaciones y denominaciones no siempre son estrictas. Preocupados por tal clase de cuestiones suelen mostrarse los filósofos del derecho, algunos filósofos generales[40] y los juristas —no muchos— sin especiales apelativos. La causa determinante de esta preocupación observable en los filósofos hay que ponerla, creo, en muy directo contacto con las crisis experimentadas en las zonas altas de la filosofía, como la metafísica y la ontológica. La metodología del derecho ha distinguido con suma nitidez tres facetas: el método de la investigación científica, el de la elaboración de las normas y el de su aplicación[41], sin perjuicio de que bajo la etiqueta de la metodología se haya penetrado en temáticas

[40] Puede citarse, a título de ejemplo, R. BLANCHÉ, *Le raisonnement*, París, 1973.

[41] Obra muy característica es la de CASTÁN TOBEÑAS, *Teoría de la aplicación e investigación del derecho*, Madrid, 1947.

que, si bien la presuponen, la exceden ampliamente. De cualquier modo se tenía en cuenta la línea divisoria entre el conocimiento científico y el técnico. Cuando principalmente el florecimiento de la lógica ha sacado a flote el tema del razonamiento jurídico no está siempre muy claro en qué campo de operatividad se pondera: si el constituido por el conocimiento científico intrajurídico atendido por el cultivador de las ciencias particulares del derecho o, diversamente, el de la aplicación técnica, en donde las figuras principales son el juez y el abogado. Algunos hablan con cierta ambigüedad del razonamiento o del discurso jurídico. Otros aluden al jurista sin las pertinentes puntualizaciones, ya que el cometido y la posición de éste no son uniformes y ello influye en el modo de producirse. Nominalmente un letrado que vela sus primeras armas disponiéndose a promover un juicio ejecutivo es tan jurista como Castán entregado a elaborar su «Derecho Civil»; y, sin embargo, la falta de similitud, con solo pensar en circunstancias concernientes a la obra, es ostensible. Otros, en fin, se fijan sobre todo en el juez y en la sentencia. Acaso una de las tónicas de las reflexiones de signo filosófico en torno al derecho, dentro de nuestro tiempo, consiste en colocar en un plano preferente al juez. Este parece hoy el personaje central de la trama. En la revisión crítica del normativismo, la figura de la ley ha resultado en gran parte reemplazada por el encargado de aplicarla. El juez, que para el método exegético surgido a raíz del Código civil napoleónico y también para el propio método dogmático en sus inicios, no pasaba de ser la boca o la voz de la ley, ha adquirido luego un papel preponderante, un verdadero derecho de voto y quizá hasta de veto. Correlativamente, la anterior hegemonía del sistema como expresión de la ciencia, aunque existan hoy motivos para pensar en el resurgimiento, tiende a reemplazarse o al menos a rivalizar con la importancia atribuida a la *controversia.* La controversia atrae a los imbuidos del pensamiento dialéctico y del arte o artificio de la tópica en cuanto singulariza la tensión contradictoria que muestra al derecho como problema, muy alejado de la plenitud sistemática. Llama también la atención de aquellos que, combinando un clasicismo romano y escolástico con una dosis abundante de realismo, tienden a retornar a tiempos anteriores al de la constitución del saber jurídico como ciencia, en la que encuentran más obstáculos que ayudas para la diagnosis de lo justo en concreto.

En una vía antagónica se encuentran atraídos por la controversia, presupuesto de la función decisoria encarnada por la resolución judicial, los antiguos y modernos partidarios de la configuración silogística de la sentencia. A veces el atractivo quizá estriba en que a los no muy adentrados en el derecho, como les ocurre a los filósofos o lógicos no especializados, les resulta más fácil imaginar ciertas proposiciones de contenido jurídico (como la obligación de satisfacer la deuda, la pena como sanción del delito, etc.) que adentrarse en el análisis de las enunciaciones, definiciones, clasificaciones, etc., de la ciencia.

La figura y la función del abogado también suele merecer atención, aunque no con tanta generalidad. Cuando se examina el razonamiento del abogado predominantemente es para trivializar (o si se prefiere, relativizar) la entidad intelectiva del discurso jurídico, en el que parece verse una reflexión acomodaticia, al dictado de las circunstancias y con el fin esencial de mover a la persuasión. Hasta cierto punto es comprensible cierta predilección por el análisis de la función del juez que, en definitiva, elabora la solución. Sin embargo, desde otro punto de vista, si lo que interesa es el razonamiento, éste en sí mismo le ofrece quizá más abundantemente el abogado. Porque el juez está asistido de una función de autoridad. La sentencia no es únicamente un acto de razón. Es, a medias, razón y decisión autoritaria; autorizadamente autoritaria, quizá sea la expresión pertinente. Ello implica que el discurso del juez, las palabras mediante las cuales formula la sentencia, no dependen de modo exclusivo del razonamiento o, al menos, del razonamiento expresado, porque en último término lo que resuelve vale en cuanto resuelto por él y no estrictamente en función del valor de los razonamientos. El juez crea una solución que ha de estar fundada, si bien el contenido del fundamento y la decisión no se identifican necesariamente. Y ello porque, de un lado, cabría llegar a la sentencia a través de distintos fundamentos y, de otro lado, la fuerza vinculante radica en lo resuelto y no en los fundamentos. Cuenta más la resolución en el aspecto decisorio del fallo que en su sentido de fundamentación. Es un requisito formal de la sentencia que esté fundada, mas no que esté necesariamente bien fundada ni que, por consiguiente, dependa por entero de sus fundamentos. Por eso la impugnación mediante los recursos ha de tener entidad modificativa del fallo y no solo de los fundamentos. En cambio, la función del abogado es el reinado del razonamiento. Incluso del razonamiento exacerbado. La participación de los abogados en la controversia y a través de ella en la decisión se lleva a cabo mediante un diálogo dirigido al juez, en el que éste (dejando aparte algunas cuestiones interlocutorias) no interviene, sino que se limita a pronunciarse al final. El razonamiento como actividad sustentadora de toda la función corresponde, pues, al abogado. No, por supuesto, en exclusiva. Sí, en cambio, con evidente predominio. Las propias decisiones u opciones que incumben al abogado en el proceso —utilizar o no un recurso, proponer o no una determinada prueba— están siempre al servicio del razonamiento.

3. Visión panorámica del estado de la cuestión sobre el razonamiento jurídico y en particular el del abogado

Con las salvedades indicadas anteriormente acerca de una no siempre nítida determinación de qué se entiende por razonamiento jurídico, si bien comprendiendo en él en todo caso el aducible judicialmente, es llegado el momento de formular algunas preguntas acerca del mismo. ¿Es lógico y con qué alcance? ¿Meramente paralógico? ¿Por completo extralógico? Veamos solo algunas de las tesis sustentadas:

a) La corriente más imbuida de cientifismo y que reivindica para la propia lógica la condición de ciencia, aunque tenga una dimensión filosófica y una realización como arte, entiende que si bien no cabe trasladar sin más al derecho la lógica general, apofántica o del ser, sí es posible, en cambio, elaborar una lógica para el tratamiento de las normas —y en concreto las jurídicas—, llamada por lo mismo lógica deóntica, presentada como una rama de la lógica modal, con independencia de ésta o en relación de similitud, que replantea el problema de las normas y de su estructura y el juego de la imperatividad, para adentrarse luego en las posibilidades de un cálculo proposicional deóntico axiomatizado y en un cálculo deóntico funcional y de predicados. En esta línea, ampliamente entendida, son fundamentales las aportaciones de Von Wright[42], Castañeda[43], García Maynez[44] y Kalinowski[45],

---

[42] H. G. VON WRIGHT, *Logical Studies,* Londres, 1957; *Norm and Action,* Londres, 1963.

[43] H. E. CASTAÑEDA, *Un sistema general de lógica normativa,* Diánoia, págs. 303 y sigs., 1957.

[44] E. GARCÍA MAYNEZ, *Los principios de la ontología formal del derecho y su expresión simbólica,* Méjico, 1953. También puede consultarse *Lógica del raciocinio jurídico,* Méjico, 1964.

[45] G. KALINOWSKI, *Introduction a la logique juridique,* 1965; *Eludes de logique deontique* (1953-1969), París, 1972; *La logique des normes,* París, 1972.

entre otros. Por lo demás, la lógica deóntica, que propugna una configuración lógico-formal del razonamiento jurídico, no trata de irrogarse una exclusiva, salvo quizá en lo que concierne a la formalización, y deja abiertas las puertas a otras formas de razonamiento, si bien se observa, especialmente en Kalinowski, cierta inclinación a contraponer, fuera del intento representado por la lógica deóntica, lo propiamente jurídico a lo lógico.

Una lógica de las normas muy rigurosa es la formulada en términos aritméticos por Rafael Sánchez Mazas con vistas al tratamiento cibernético del derecho[46].

b) Frente a la anterior tesis propugnadora, dentro de ciertos límites, de una rigurosa formalización logística de las normas, aparece como contrapuesta la que, subordinando siempre lo racional a las exigencias de lo vital (según la fórmula raciovitalista de Ortega, a veces expresamente invocada) sostiene que el razonamiento jurídico no es considerable nunca como estrictamente lógico, sino a lo sumo paralógico. La lógica, con su indeclinable perfección, viene a reputarse, en lugar de como un instrumento realizable, como un peligro. Lejos de ayudar al derecho, que es vida y experiencia, le perturba. Tal es la doctrina, tan admirablemente descrita y explicada por Recasens Siches[47], del «logos de lo razonable». El logos para el derecho, según este punto de vista, no es nunca razón pura o estricta, sino una razón resblandecida y flexibilizada, «razonable». Buen sentido, diríamos, en vez de un impecable e implacable cálculo deductivo.

Los nombres de Juan Vallet de Goytisolo[48] y Alvaro d'Ors[49] es obligado recordarlos en cualquier alusión al realismo, sin perjuicio de que se aprecien variaciones de sentido respecto del raciovitalismo de Recasens, y entre sí.

c) Existe también un conjunto de corrientes que, si bien distintas en su procedencia y alcance, toman muy directamente en consideración el razonamiento del jurista y en particular el del abogado, para sostener que la lógica queda reemplazada por criterios dialécticos, retóricos o tópicos.

En esta línea es preciso reconocer primacía, por la entidad de la labor realizada, al Centro Nacional de Investigaciones Lógicas, de Bruselas, y especialmente a Perelman,

---

[46] SÁNCHEZ MAZAS, *Cálculo de las normas,* Ed. Tecnos, Madrid, 1973. También es de sumo interés su trabajo *Panorama general de la informática jurídica,* elaborado para documentar el V Ciclo de Mesas Redondas sobre «Teleinformática jurídica», patrocinado por la Fundación para el Desarrollo de la Función Social de las Comunicaciones, Madrid, junio de 1973.

[47] Una exposición muy completa de la concepción de Recasens puede verse en su obra *Experiencia jurídica, naturaleza de la cosa y lógica «razonable»,* Publicaciones Diánoia, Fondo de Cultura Económica y Universidad Autónoma de México, México, 1971. En la nota 14 del cap. X recoge los libros y publicaciones donde la expuso con anterioridad. Recasens circunscribe la lógica de lo racional o de la inferencia al estudio de las formas *a priori* de lo jurídico. En general, carece de aplicación para determinar el contenido de las normas. Solo cabe utilizarla limitadamente, dice, «cuando en un asunto humano se halle incrustado un problema matemático, como, por ejemplo, el de medir un predio, el de calcular unos réditos...». «La determinación de los contenidos del derecho, tanto de las normas generales como de las normas individualizadas, debe regirse por el *logos de lo humano y de lo razonable...*». «El cometido que cumple radica en la formulación de juicios de valor, que el legislador elabora en términos generales y el órgano jurisdiccional en términos concretos» (pág. 556).

[48] Entre sus numerosas publicaciones puede resaltarse como visión de conjunto el libro *En torno al derecho natural,* 1973.

[49] Cfr. principalmente *Principios de una teoría realista del derecho,* en «Anuario de Filosofía del Derecho», I, págs. 301 y sigs.

que con motivo de un Coloquio Internacional de Lógica celebrado en 1953 suscitó la idea básica, objeto de ulteriores desarrollos, cifrada en poner de manifiesto que fuera de la deducción formal y de las ciencias formales existen técnicas de razonamiento mediante las que se hacen aserciones relevantes para las ciencias naturales, el derecho y la misma filosofía, dignas de la atención de los lógicos[50]. La idea resultó particularmente fecunda respecto del razonamiento jurídico. Al propio Perelman se deben también muchos de los más importantes desarrollos. Considera, en síntesis, que el razonamiento jurídico no se elabora a expensas de la lógica, sino mediante lo que él llama una teoría de la argumentación, compuesta de ingredientes retóricos dirigidos a formular aseveraciones que distan por igual de lo estrictamente necesario y de lo arbitrario[51]. Perelman ha vuelto a traer a la actualidad el olvidado panacea retórico de la persuasión. Sobre ésta gira, según el punto ' de vista del filósofo belga, la total argumentación del abogado, pendiente siempre de convencer al juez no considerado en su individualidad, sino inmerso en un auditorio universal que encarna un conjunto de concepciones respecto de las cuales reina la unanimidad.

El movimiento patrocinado por Perelman ha sumado un considerable número de adeptos. Con especial simpatía ha sido visto por Villey, que, desde esa conocida posición de «historiador» en que se coloca para preferir el pasado (o mejor, el pasado lejano), busca el entronque de la teoría de la argumentación con su conocida tesis de que frente a la utopía de una ciencia del derecho axiomatizado, está la realidad de que el derecho reside más allá de las reglas, en la naturaleza, y se realiza a través de la controversia[52].

Acusando quizá más la preocupación por la ciencia jurídica que por los de la lógica del razonamiento, pero en línea si no coincidente, afín, conviene recordar la difundida obra de Viehweg, *Tójica y jurisprudencia,* traducida al castellano por Luis Diez-Picazo y prologada por Eduardo García de Enterría, dos abogados de singular relieve que han sabido aprovechar del doctrinarismo universitario lo prudentemente admisible.

En algunos medios ha adquirido carta de naturaleza la expresión «lógica judicial»[53]. Pese a la presencia del término lógica, lo que como tal se postula no pocas veces se aleja bastante de ella. El predicado «judicial» tiende más a la deformación que a la acomodación[54]. La gradación «lógica», «lógica jurídica» y «lógica judicial», empieza en la lógica para terminar en lo que deja de serlo. La «lógica jurídica» es una derivación no siempre auténtica. La «lógica judicial» no lo es siquiera.

d) También es pertinente recoger como otra de las posiciones en torno a la naturaleza del razonamiento jurídico la cifrada en considerar la presencia en él de la lógica, sin necesidad de apelativos, aunque no desempeñe un cometido absorbente.

---

50 Cfr. PAUL FORIÉRS, *L'etat des recherches de logique juridique en Belgique,* en «Etudes de logique juridique», vol. II, págs. 23 y sigs., Bruselas, 1967.

51 Como obra fundamental de Perelman puede citarse *Traité de l'argumentation,* 2.ª ed., Bruselas, 1970.

52 Muy interesante el trabajo de VILLEY, *Questions de logique juridique dans l'histoire de la philosophie du droit,* en «Etudes...», citados, páginas 3 y sigs.

53 A este respecto merece recordarse el V Coloquio de los Institutos de Estudios Judiciales, celebrado en París. Las aportaciones realizadas y las conclusiones figuran recogidas en el libro *La logique judiciaire,* Presses Universitaires de France, París, 1969.

54 En el coloquio antes mencionado, algunas observaciones formuladas sobre el debate en la Corte de Casación, a fuer de realistas («la falta de un control lógico en la casación y la influencia de la atmósfera ambiente»), disuenan de la tradición cartesiana.

55 La edición inicial en inglés es de 1937. Hay trad. al español por María Antonia Baralt, Editorial

Hace ya bastantes años que Clarence Morris publicó un libro con el título *Cómo razonan los abogados*[55]. Tiene por presupuesto el derecho anglosajón y el ejercicio profesional correspondiente. Refleja una experiencia personal. Pone de relieve un sentido práctico al que, en los países de los sistemas jurídicos codificados, no suele llegarse. Se inscribe en la tradición realista norteamericana en la que sigue siendo Cardozo el maestro supremo. Y, sin embargo, hace importantes concesiones a la lógica. Escribe: «En conjunto, la lógica tradicional es una ayuda crítica más que constructiva, una técnica para diagnosticar el problema reconocido más que un medio para empezar a trabajar. Naturalmente, el reconocimiento de las limitaciones de la lógica no es ninguna censura contra los lógicos»[56].

Particularmente bien centrado me parece el criterio desenvuelto por Pierre Hébrand[57]. «Para asegurar —dice—, como nosotros deseamos hoy, el curso regular de la justicia, es conveniente que hable también a la razón; una explicación construida lo más rigurosamente posible, hace inteligible la decisión del juez, la justifica tanto para la propia conciencia como para la opinión pública... Sin duda debe conservar el contacto con la equidad. Mas la logistización constituye un instrumento de investigación, de control, de justi¿cación. El progreso que .resulta de su perfeccionamiento se advierte así en el plano del derecho como en el de la justicia»[58]. Más discutible es quizá el intento de distinguir una lógica de la investigación (propia del abogado), de la apreciación (correspondiente al juez) y del control (puesta en práctica por la Corte de Casación).

No solo el tema de la lógica, sino, en general, el de la actitud del juez ante la aplicación del derecho, aparece tratado con suma ponderación en el excelente libro del magistrado Carlos de la Vega Benayas, *Introducción al derecho judicial*[59]. Después de aludir a lo que Holmes llamó «la falacia de la forma lógica», escribe: «Esto no quiere decir que la lógica, como instrumento de razonar, o explicación causal de los fenómenos, no sea también un elemento del juicio judicial. Es incluso el más común y generalizado, porque también es lo más común y generalizado el problema sin problemas; o, dicho de otro modo, la generalidad de los casos son comunes, o ya previstos, o ya estudiados, o ya resueltos por decisiones parecidas. El derecho se mueve en un ambiente de conductas y realidades bastante homogéneas, siendo justamente su generalidad lo que facilita una ordenación jurídica común. El uso de la lógica es necesario: los principios de identidad, contradicción, exclusión del término medio y de razón suficiente tienen... su reflejo en ciertas reglas de derecho»[60].

4. Contextura del razonamiento jurídico. Esclarecimiento terminológico

¿Qué decir como jurista y en particular como abogado acerca de nuestro razonamiento?

Limusa Wiley, S. A., México, 1966.

56 *Ob. cit.*, págs. 62-63.

57 Cfr. la relación introductiva al V Coloquio de los Institutos de Estudios Judiciales, antes citado, hecho por Hébrand, profesor de la Facultad de Derecho y Ciencias Económicas de Toulouse y director del Instituto de Estudios Judiciales.

58 *Loc. cit.*, pág. 26.

59 Editorial Montecorvo, Madrid, 1970. A este libro debería prestarse atención en las enseñanzas impartidas en la Escuela Judicial.

60 *Ob. cit.*, págs. 255-256.

61 Sin embargo, en la moderna lógica simbólica tiende a establecerse una equivalencia entre argu-

En primer término, sale al paso cierta duda terminológica. La palabra tradicionalmente utilizada por los juristas para aprehender la esencia, el ser o el consistir de los entes objeto de su conocimiento es, ya la he utilizado, «naturaleza». Acompañada del calificativo jurídico («naturaleza jurídica») constituye posiblemente la expresión más reiterada en las exposiciones atenidas al patrón de la ciencia dogmática. En tales exposiciones, si son de carácter general, como un tratado de derecho civil, aparece, sin duda, desde la pregunta acerca de la «naturaleza» del derecho (que si se parte de una concepción iusnaturalista remite a su vez a otras «naturalezas»: a la del hombre o a la del todo que es la Naturaleza sin metáforas) hasta la pregunta por la «naturaleza» del más ínfimo de los derechos subjetivos, de las prerrogativas, de las facultades, etc., pasando por la de las instituciones como la propiedad o el matrimonio. No cabría decir «naturaleza jurídica» del razonamiento jurídico porque la cualidad de jurídico ya acompaña al razonamiento en examen y entrañaría un pleonasmo. Mas eliminado el obstáculo, dejando solo el vocablo «naturaleza», no dejo de experimentar resistencia a su empleo. Veo en él cierto arcaísmo, como el flujo de una metafísica sobrepasada y, sobre todo, la reminiscencia de un saber jurídico enardecido por la fiebre del conceptualismo que convertía en apotegmas o dogmas apriorísticos la naturaleza de los derechos o de las instituciones. Trato de romper una lanza en favor de cierta dosis de lógica conformadora del razonamiento del abogado y, sin embargo, el logicismo de los conceptos no me atrae. Pienso, eso sí, en la lógica operacional de las proposiciones o del cálculo, en la discursiva y no en la especulativa. En la lógica del encadenamiento discursivo antes que en la del estatismo conceptual.

¿A dónde acudir? Hoy está al alcance de cualquiera la expresión «estructura». Es actual, suena bien. Cuenta con el beneplácito del neomarxismo sin pertenecerle en exclusiva. Sin embargo, no le faltan peligros y suscita prevenciones. Utilizada en sentido amplio y genérico (en ése que aparece todos los días en proclamaciones ideológicas y en proyectos de desarrollos agrarios o industriales), quiere decir tanto que no llega a significar nada y hasta parece fácilmente recambiable por la recusada de «naturaleza». En efecto, si cambian las denotaciones respectivas, lo mismo connotan una y otra cuando se alude a la «naturaleza» o a la «estructura» de un plan o de un régimen parlamentario. Si «naturaleza» es la esencia, «estructura» equivale al «esquema», y el esquema viene a ser también la esencia de las cosas articuladas o complicadas. Por el contrario, el uso del término «estructura», con el alcance específico que le comunica el estructuralismo, supondría una decidida entrega a esta discutida corriente. En el primer caso se abocaría a la vaguedad; en el segundo, a lo demasiado específico. Y, sobre todo, puestos a tomar en consideración el estructuralismo (que puede ser eficiente para cierto tipo de investigaciones llevadas a cabo por la lingüística, la antropología y, con timidez, en el ámbito del derecho), parece oportuno advertir que la estructura no es predicable del razonamiento mismo en cuanto actividad discursiva subjetivamente desenvuelta. La estructura, por una parte, tiene una existencia (inconsciente) condicionadora del comportamiento desplegado en la función discursiva. Por otra parte, la estructura se identifica a través de modelos conscientes creados para explicarla. Luego si nos importa conocer cómo se desenvuelve el razonamiento del abogado en cuanto operatividad, el problema de la estructura en su sentido profundo podemos dejarle en el fondo; en esa especie de subsuelo que subyace a lo que hacemos. Porque no trato de ver tanto cómo una estructura nos coloca en determinada situación y nos mueve como el hecho mismo de nuestra situación y nuestro comportamiento intelectivo. Ello no excluye que en alguna ocasión me permita el análisis estructural (o próximo a él) de una construcción dada. Por ejemplo, puedo preguntarme por la estructura de mi discurso, partiendo de un contexto ya producido. Pero no me atrevo a decir que la estructura de mi razonamiento, o más ampliamente del conjunto de mi discurso, sea la «estructura» (en términos generales). Constituirá, a lo sumo, una realización.

Todo ello me ha llevado a preferir la expresión «contextura» (del razonamiento jurídico y en concreto del razonamiento del abogado) que alude de manera menos comprometida a la composición o configuración del mismo en su conjunto.

Tras el esclarecimiento terminológico trato de formular en enunciados sintéticos (seguidamente desenvueltos) las tesis sustentadas.

5. El nivel discursivo lógico

El jurista y, en particular, el abogado pueden alcanzar el nivel discursivo lógico.

El derecho y el jurista no son unos exiliados de la lógica. Esta no se adultera, diluye o desaparece al tomar contacto con el derecho. No creo en los subrogados, es decir, en ciertos excipientes con algunas gotas de lógica; ni en la transformación acomodaticia de la lógica al tomar contacto con una materia y una actividad intelectual que, si por supuesto, no son íntegramente lógicas (ninguna materia lo es de suyo porque con uno u otro alcance la lógica es siempre formal), tampoco quedan por necesidad extramuros de ella. O algo es susceptible de tratamiento lógico o no lo es; si lo primero, hay lógica; si lo segundo, no. Trato de oponerme al término medio, a la mezcla interna. Cuando una cuestión jurídica es planteable lógicamente en un aspecto o hasta un punto, mas no en otros aspectos o puntos, hasta lo alcanzado por la lógica la hay, pero no cabe considerar el conjunto como una pseudológica.

No hay más lógica en las construcciones doctrinales elaboradas por el jurista científico y menos en el razonamiento del abogado dirigido a la aplicación práctica; o sea, la lógica no crece hacia la ciencia y decrece hacia la práctica. En la ciencia hay, sí, más conceptualismo dogmático, una lógica inmovilizada en los conceptos; pero no más lógica discursiva. Esta resulta fertilizada en la aplicación práctica por dos razones fundamentales: siempre se produce en ella la necesidad de reducir lo singular a lo universal (o ver lo universal en lo singular) y la necesidad también de obtener una solución. La investigación científica del derecho se detiene muchas veces en la mera formulación de criterios generales más o menos orientadores o deja márgenes a la opinabilidad o a la duda, mientras en la aplicación práctica es imprescindible proponer y obtener la solución.

La lógica —y singularmente las aplicaciones de la misma que se realizan en el razonamiento del abogado— es el procedimiento más riguroso para conducir la argumentación. Contraponer ésta a la lógica solo cabe en cuanto la argumentación puede tener un alcance más extenso[61]. No sirve, en cambio, para decir que la argumentación se obtiene sobre la base de prescindir del razonamiento lógico. Que cubre otras zonas, parece cierto; que no pueda albergar el razonamiento lógico, incierto. La lógica es la aspiración máxima —en uno u otro grado de consciencia—

mento y deducción en el sentido de que el argumento es una deducción. Cfr. GARRIDO, *Lógica simbólica,* Tecnos, páginas 17 y 71, Madrid, 1974.

[62] BLANCHÉ, *ob. cit.,* págs. 14-15.

del abogado y, consiguientemente, de sus argumentaciones. Porque entraña una simplificación que si no llega a ser como la de la cuantificación matemática, depura y afina las operaciones mentales.

En el uso forense es más frecuente imputar faltas de lógica que excesos, aunque la idea de lógica que se esgrime no se corresponde en todos los casos con un concepto estricto. Por lógico se toma, ante todo, lo consecuente y lo coherente. Por ilógico, sus opuestos. La actividad, en conjunto, del abogado precisa prevenirse contra esas tachas. Creer que la intuición o el golpe de vista campean solo en el terreno de lo arbitrario y oportunista me parece un error. A veces son repentizaciones lógicas no descritas como tales. A muchos abogados desprovistos por completo de preocupaciones de este porte les he visto llegar a la lógica sin darse cuenta, como cualquiera no se da cuenta de que multiplica cuando hace una operación simple o como tampoco es consciente de que realiza una compraventa —aunque sea jurista— tantas veces como las efectúa en la vida cotidiana. La lógica se manifiesta ya cómo tal en el correcto encadenamiento de proposiciones o en la atribución de predicados en operaciones realizadas al nivel de los hechos, del derecho o del enlace de aquéllos y éste. Propende a identificarse como esquema lógico esa combinación de hechos, derechos y conclusión. Este es, ciertamente, el esquema de la sentencia tantas veces explicada como un silogismo, y también el de la demanda o el de la oposición a ella, con la diferencia de que allí la conclusión es el fallo y aquí simplemente el suplico. Aunque el abogado, en definitiva, propone una sentencia —la preconfigura—, el comportamiento lógico no radica únicamente en el montaje o ensamblaje de esas premisas; tiene lugar también en el interior de ellas que pueden requerir internamente desarrollos deductivos, inductivos o reductivos. Hay, además, una lógica del conjunto o del contexto. Antes he aludido a una lógica de la actitud que también queda comprendida aquí. Esta es quizá la más rígida en el diálogo forense sujeto sobre todo a la crítica de la contradicción. Contradecir no es la simple elementalidad de sostener lo opuesto. Es también poner de manifiesto la no observancia del principio de la no contradicción. Se requiere, por tanto, la vigilancia autocrítica. Aquello que se sostiene respecto de un determinado punto, válido para él y en él, tiene que ser coherente con el conjunto, no contradecir al todo ni a lo sustentado en otro punto. Esta podría denominarse la correlación lógico-sintáctica del contexto. A ella tienen que subordinarse y hasta sacrificarse los elementos lógicos particulares. El abogado no defiende argumentos, sino *con* argumentos, y lo que pretende no es el triunfo de sus argumentos, sino lo pedido con base en ellos. Por tanto, la accesibilidad a la petición (aquello que intenta convertirse en sentencia) condiciona y limita los propios argumentos. La lógica, dotada de un carácter instrumental (su «materia» son sus reglas), lo tiene también respecto del derecho. Una fórmula muy utilizada para que los razonamientos lógicos particulares no rompan el contexto está constituida por el escalonamiento alternativo y subsidiario de los mismos. Esto ha de tenerse en cuenta incluso respecto de elementos o alegaciones que en sí no tengan el carácter de razonamientos lógicos. La lógica opera también en cuanto al modo de combinarse y correlacionarse hechos y asertos no elaborados lógicamente. La proposición «A es comprador de la finca X» puede establecerse sin ayuda alguna de la lógica. Esta aparecerá para obtener proposiciones derivadas, para encadenarla a otras o para demostrarla. Hay varias combinaciones de razonamientos lógicos o elementos arguméntales, a saber: — los que están en una relación de consecuencia directa y cumulativa (todos dependientes del mismo); —los que están en una relación de interdependencia (todos son recíprocamente dependientes sin que sea uno solo el que determine la dependencia de los demás); —los simplemente concurrentes o cumulativos (son independientes, pero compatibles); —los alternativos (uno excluye a otro), —y los subsidiarios (en defecto del aducido en primer lugar entra en juego el otro que si concurriera con el primero le contradeciría).

De lo indicado resulta que la lógica utilizada por el abogado desempeña un cometido constructivo y crítico. La construcción es la elaboración del razonamiento a nivel lógico con las correspondientes correlaciones. La crítica consiste en la revisión o reconsideración de los razonamientos o de los distintos elementos arguméntales, que puede atenerse a la lógica (a una lógica del contexto) o también a otros criterios. La posibilidad de excluir una determinada elaboración lógica y sobre todo algún elemento particular no puede llevar a la negación de la misma. Tampoco cabe estimarla como un mero revestimiento ornamental. Que la lógica sea un instrumento no significa que constituya un artificioso ardid con lo cual también se la niega. Puede caber la posibilidad de no servirse de un determinado criterio lógico (en nombre quizá de otra consideración asimismo lógica); pero esto no es menospreciarla ni rechazarla.

La opinión tan difundida, sobre todo a propósito de la sentencia, de que se accede al fallo por simple impresión (llámesela buen sentido, hábito de juzgar, intuición, etc.), y *a posteriori* se busca el revestimiento jurídico o lógico-jurídico (con lo que éste no conduce al fallo, sino que viene predeterminado por él), a pesar de presentarse como eminentemente empírica y práctica no me parece del todo real ni completamente generalizable. El hecho de que pueda procederse al establecimiento de una proposición en forma de conclusión que no sea el producto de una inferencia no quiere decir que el tratamiento subsiguiente sea un simple artificio o una apariencia de lógica.

Este modo de actuar nos sitúa en el terreno del razonamiento demostrativo, y el jurídico se presenta muchas veces con este carácter. Como observa Blanché, también hay aquí una inferencia en potencia. «La demostración —escribe—, una vez hecha, debe poderse leer como una inferencia; las razones invocadas en favor de una tesis deben permitir que se infiera la tesis; de lo contrario no habrá demostración y las pretendidas razones no lo serán»[62]. Consiguientemente, que se produzca *a posteriori* la elaboración del razonamiento no entraña que éste pierda todo contacto con la lógica y, menos, que haya de tomarse como lógico cualquier razonamiento que pretenda servir a lo establecido de antemano. Cuando la lógica no produce directamente por inferencia la conclusión, no deja de haber lógica. Su cometido pasa a ser el de la constatación o el control. Luego si preestablecida la conclusión no resiste el control lógico no quedan más que estas dos posibilidades: o atenerse a la lógica o negarla sinceramente. Decir que se hace lógica cuando a toda costa quiere sacarse a flote la conclusión, me parece un fraude.

6. La lógica en la enunciación de las normas

La lógica puede aparecer en la enunciación de las normas, y entonces resulta facilitado el desenvolvimiento lógico, si bien no es indispensable que se dé tal hipótesis para la utilización de esta clase de razonamiento.

---

[63] *Metodología de la ciencia del derecho,* vol. II, págs. 189 y sigs., Madrid, 1971.

a) La difundida aseveración de la entidad lógica de las normas que se ha sustentado por el normativismo y la impugnación de tal tesis hecha en nombre de criterios sociológicos y realistas, que parecen contraponer el derecho dominado por la lógica al dominado por la vida, no guarda mucha relación con el planteamiento que intento hacer sobre las posibilidades de un razonamiento lógico, que no queda subordinado a ver las normas como categorías o entidades lógicas. Si aludo a algunas normas configuradas en términos de enunciaciones lógicas, ya estoy suponiendo que otras no revisten igual característica. Y si digo que no es indispensable la enunciación lógica de la norma para llevar a cabo un razonamiento de esta clase (lo cual es una verdad indiscutible, porque el tratamiento lógico es susceptible de aplicarse a todo), ya estoy afirmando el carácter no lógico de muchas enunciaciones normativas y la posibilidad, sin embargo, de su tratamiento lógico.

Durante mucho tiempo, por una concepción logicista del derecho se ha tomado la que si puede considerarse como una manifestación de la lógica, no constituye su expresión principal. Por lógica de las normas se ha venido entendiendo principalmente (y todavía hoy ocurre así) la indiferencia por los contenidos albergados en las normas y la consideración de las mismas, bien como mandatos u órdenes —sin importar lo ordenado— o bien como juicios hipotéticos en virtud de los cuales al supuesto de hecho preconfigurado se subordina una consecuencia jurídica. Este modo de entender el derecho y la dirección que impone al conocimiento a él consagrado coloca en primer plano (el que cuenta para un análisis jurídico estricto) la normatividad, de la que queda abstraído todo lo no representado por ella misma. La norma es un *deber ser* tomado no en un sentido material (el derivable de consideraciones éticas, de justicia, de seguridad, de oportunidad o conveniencia), sino en el sentido «lógico-formal» (según suele decirse) de imputar una consecuencia jurídica a un determinado supuesto. He ahí lo que ha venido a considerarse como exponente de una consideración lógica del derecho. Sin duda alguna, solo Kelsen ha explicado en términos rigurosos y ha llevado hasta sus últimas consecuencias tal concepción. Únicamente él ha podido desenvolverse en el seno de un verdadero o total formalismo, y ello ha sido posible, aparte de por sus excepcionales dotes, porque se ha consagrado solo a una teoría general del derecho (entendida como una teoría pura de las normas) y no a la exposición de derechos positivos determinados. La ciencia de los derechos positivos, pese a los influjos normativistas, no ha podido llegar a igual grado de formalismo. Aun la atenida al descriptivismo (sin introducir criterios valorativos) necesita adentrarse en los contenidos materiales de las normas. Por eso la posición más generalizada respecto de la concepción kelseniana es que vale como una lógica del derecho, y que ésta constituye respecto de las ciencias particulares uno de sus componentes, sin llegar a la completa identificación. De todos modos, a uno y otro nivel, no hay tanto lógica, con todas sus secuelas, como predominio de la forma y la abstracción. O la lógica está más en la explicación que se da de las normas que en el conjunto del razonamiento jurídico.

No pretendo adoptar ahora un punto de vista sobre el problema de las normas así entendidas. Si todo el derecho está alojado en las normas o si éstas son momentos de condensación de lo jurídico, es un tema muy debatido. De todos modos, el derecho se muestra en un grado de heterogeneidad y complejidad que excede del simplicismo esquemático supuesto-consecuencia. Cualquiera sea el concepto que se tenga de la norma y de su entidad para ser la expresión del derecho, a nuestro juicio hay normas, o, si se prefiere, disposiciones jurídicas, que contienen enunciaciones lógicas (i) o que son especialmente aojas para convertirlas en ellas (ii). En la hipótesis (i) el razonamiento jurídico (y el del abogado) no representa una primera aportación al desarrollo lógico en cuanto la norma ya contiene una enunciación de tal tipo. En la hipótesis (ii) el razonamiento jurídico versa sobre lo que ya contiene cierta predeterminación que impone o facilita el desarrollo lógico. Como desarrollo lógico en este sentido entiendo algo más que convertir una norma en premisa de un silogismo, pues esta posibilidad se da con independencia del contenido del enunciado de la norma. El lenguaje del derecho es especialmente apto para las ejemplificaciones silogísticas, en cuanto la norma funciona como una proposición universal (afirmativa o negativa), respecto de la particular constituida por un hecho. Asimismo la esquematización de las normas en supuesto de hecho y consecuencia jurídica (que a mi modo de ver, como ya he apuntado, no constituye el único modelo de la formulación normativa) no es sino el uso en este campo de la relación antecedente-consecuencia. El carácter meramente hipotético o condicional de la relación es igualmente el propio de este tipo de razonamiento lógico que a través de la condicionalidad hipotética se desentiende por completo de la verdad o de la falsedad y de la afirmación o de la negación correspondiente. Para que en derecho la norma tome totalmente la cualidad del juicio hipotético hay que desenvolverse por entero en el seno del positivismo normativista. Cualquier otra concepción que se preocupe del contenido material de la condicionalidad y se pregunte intrínsecamente por el por qué, elimina, sin duda, la pureza lógico-formal de la combinación. Ello no supone, sin embargo, que en tal caso la norma haya de reputarse desprovista de toda expresión lógica. Pierde únicamente la pureza lógico-formal, ya que se introducen problemas concernientes a la verdad material. Claro es que esa pérdida, para la lógica moderna, equivale a salirse de sus dominios, porque se esfuerza en el empleo de condicionales irreales precisamente para asegurar la validez exclusivamente lógica del razonamiento. A tanto no parece que pueda llegarse en la aplicación de la lógica al derecho. Bien está con que sea indiferente la verdad o la falsedad de la condición; pero ya sería mucho llegar hasta los enunciados reconocidamente irreales o falsos. Claro es que las normas, en su aplicación, incorporan una condicionalidad que subsigue a la de su formulación. Esta segunda o subsiguiente condicionalidad solo puede ser entendida de un modo. Si el supuesto de la norma se configura como un *si es p,* ello presupone conocer *p,* aunque no lo afirmemos. En cambio, determinar qué hechos reales concretos hayan de estimarse comprendidos en *si es p,* implica una segunda condicionalidad, que equivale a decir: si es *p* y los hechos reales quedan comprendidos en *p,* se reproducirá *q.* La que me ha permitido llamar condicionalidad de la aplicación no puede independizarse nunca de la realidad material de los hechos.

b) En otra ocasión me he ocupado de las enunciaciones lógicas expresadas por los artículos 1.252 y 1.253 del Código civil[63].

Cuando el artículo 1.252 subordina la pertinencia de la cosa juzgada a que «entre el caso resuelto por la sentencia y aquél en que ésta sea invocada, concurra la más perfecta identidad entre las cosas, las causas, las personas de los litigantes y la calidad en que lo fueron», acoge el principio ontológico y lógico de la identidad. Los elementos constatadores de las identidades no conducen a una mera relación de igualdad, sino a la proclamación de una verdadera unicidad. Al pleito resuelto y al ulteriormente promovido les separa una distinta temporalidad, al paso que son distintos procesalmente. Sin embargo, desde el punto de vista del contenido no

[64] Con lo dicho aquí matizo y, en parte, rectifico lo dicho en *Metodología,* II, pág. 191, en donde parecía

solo son dos objetos iguales, sino más bien el mismo en dos manifestaciones temporales y procesales.

La aplicación del artículo 1.252 plantea un interesante problema acerca del alcance de la solución lógica. Si la identidad es exigida en los términos rigurosos expresados, cualquier falta de identidad la niega. En la práctica no es infrecuente introducir un cambio en el segundo pleito (relativo, por ejemplo, a la causa de pedir o al carácter con que se litiga) para evitar la identidad y la cosa juzgada. En una consideración exclusivamente lógica se habría de reconocer la no identidad total. ¿Ha de ser así necesariamente o se puede apreciar la identidad si la modificación introducida solo tiende a facilitar el planteamiento de la misma cuestión litigiosa? He aquí el problema. La lógica es ciega para los fines y las intenciones. ¿Hasta dónde ha de imponerse y cuándo sacrificarse? El discernimiento de los límites de la lógica ya no es una cuestión meramente lógica.

La configuración de las presunciones judiciales, con el alcance atribuido a las mismas, está basada en el razonamiento lógico. Este es utilizado entonces con una función específicamente probatoria. Cabe distinguir, dentro de cierto convencionalismo, entre la función constatadora y la probatoria. En la primera puede partirse de posiciones previamente establecidas y entonces el razonamiento tiene por objeto aducir lo que conduce a justificar algo que se ofrece como dado antes de acudir a la vía del razonamiento. Si el resultado es positivo, el razonamiento confirma o comprueba lo que no tiene que proceder exclusivamente de él. En cambio, la función es plenamente probatoria si el razonamiento mismo es la única vía utilizable para conocer aquello que no se obtiene de otra forma. Lo obtenido es producto del razonamiento. Si en algún sentido cupiera establecerlo antes de desarrollar un razonamiento completo o correcto sería en virtud de un razonamiento menos desenvuelto. Pero siempre actuará el razonamiento en una u otra forma de expresión.

Tal es lo que resulta del artículo 1.253 del Código civil cuando para atribuir valor probatorio a las presunciones considera «indispensable que entre el hecho demostrado y aquel que se trate de deducir haya un enlace preciso y directo según las reglas del criterio humano». El artículo 1.253 configura la presunción como el mecanismo por virtud del cual a partir de un hecho establecido se obtiene otro no establecido previamente. La obtención de ese hecho nuevo, distinto del conocido, se consigue mediante el desarrollo de una actividad discursiva, por obra, pues, del razonamiento. El precepto distingue entre el hecho «demostrado» y el que «se trate de deducir». Se llama hecho demostrado al que reúne las condiciones de certidumbre antes de utilizar la actividad discursiva. No se preocupa la ley de precisar cómo se ha accedido al hecho ya establecido. Indiscutiblemente puede ser un hecho reconocido como cierto por los contendientes en un pleito. Puede ser también un hecho que se ha probado con la utilización de cualquiera de los medios de prueba: la confesión, los documentos públicos o privados, los testigos, el reconocimiento judicial o el dictamen de peritos. Cabe que el hecho ya establecido, del cual parte la presunción pero no le produce, sea el hecho resultante de otra presunción que también es un medio de prueba. Entonces habrá un encadenamiento de presunciones. Pese a ello, las presunciones conservan su autonomía; el resultado de la primera o el hecho establecido como consecuencia de la misma pasa a ofrecerse como hecho inicial o demostrado para la elaboración de la segunda. Aunque se trate de un hecho presuntivamente obtenido, pierde ya su condición de presuntividad y toma el carácter de un hecho demostrado o existente. El no tener necesidad de una ulterior demostración por vía del razonamiento es lo que atribuye a un hecho el valor de punto de partida de una presunción; y como esta circunstancia concurre en el que aparece como hecho terminal en una presunción anterior, nada impide que pueda luego operar como hecho inicial en una nueva presunción. Las presunciones así enlazadas son presunciones distintas, es decir, no puede llamarse presunción al conjunto porque cada presunción se formula siempre en términos binarios. Juegan dos elementos y es un paso de un elemento a otro.

Si respecto del hecho inicial es indiferente el medio de prueba por el que aparezca establecido, para el hecho final o resultante es esencial que su establecimiento proceda del razonamiento discursivo. El carácter esencial de este modo de establecerlo solo cuenta en el seno de la presunción y a los efectos de la misma. Si el mismo hecho puede acreditarse por un medio distinto del discursivo tal medio de prueba queda fuera de la presunción. Entonces ésta no será necesaria, mas no quedará excluida la posibilidad de su empleo, que producirá una concurrencia de elementos probatorios. Porque lo normativamente exigido para la presunción es que se opere con un razonamiento discursivo y no que éste constituya el único medio probatorio[64]. Acontecerá, sin embargo, que en tal hipótesis no será necesario acudir a la presunción o se empleará con la finalidad de reforzar otros medios de prueba. Incluso es posible admitir que cuando lo que pueda establecerse por presunción resulte de una prueba directa, aquélla actuará más bien como factor argumental que como medio probatorio. Serviría, en definitiva, para poner de manifiesto que lo que es de un determinado modo en cuanto es tiene, además, que serlo por necesidad lógica. Esta es la que cuenta únicamente en el ámbito de la presunción. El conocimiento que en ella opera no es el sensorial, el perceptivo o el empírico. Es exclusivamente el obtenido en virtud de una operación intelectual de inferencia. Aunque el artículo 1.253 utiliza la expresión «deducir» para referirse al modo de obtener el hecho a acreditar por la presunción, no es indispensable que el razonamiento a desarrollar tenga el preciso carácter de la deducción. El empleo de este término obedece probablemente a que existe la tendencia recogida por el uso corriente del lenguaje de llamar deducción a toda actividad de cálculo preposicional; como también es observable la tendencia (en este caso no simplemente como una vulgarización, sino dentro de la tradición filosófica) a considerar el silogismo como el iónico exponente del razonamiento deductivo cuando ha dejado de ser así por lo menos desde Descartes. Consiguientemente, el razonamiento no tiene que ser exclusivamente deductivo; podrá ser también inductivo. Dado que el primero es el tránsito de lo general a lo particular y el segundo de lo particular a lo general, el uso de la deducción o de la inducción en las presunciones dependerá de cuál de los enunciados relativos a los hechos tenga un alcance más general. Si es más general el hecho de que se parte que el obtenido, habrá, en efecto, deducción; y si es más general el hecho obtenido, inducción. La mayor o menor generalidad actúa en términos meramente relativos o comparativos, con lo cual quiero decir que por hecho más general no ha de tomarse necesariamente una proposición universal. Entiendo que ha de concederse todo su valor lógico a que la ley considere a las proposiciones o enunciados como hechos. Por lo tanto, la fórmula, tan frecuente en la lógica tradicional, de que una proposición consista en una regla y otra en un hecho, no encaja en lo configurado como presunción. Si yo parto, por ejemplo,

---

dar a entender la necesidad de que la presunción opere como único medio de prueba.

65 Acerca de reducción y abducción, cfr. BLANCHÉ, *Le raisonnement*, cit. pág. 102, y FERRATER MORA,

de la regla de la prohibición del enriquecimiento injusto para afirmar un concreto enriquecimiento, el razonamiento utilizado, que será deductivo, no tendrá, sin embargo, el carácter de presunción, aunque pueda utilizarlo como un razonamiento lógico-jurídico. Si bien la ley toma en consideración solo dos proposiciones, ambas relativas a hechos, no hay inconveniente en emplear la fórmula silogística que introduce otra proposición, ya que esa otra proposición no hace sino cumplir una función mediadora y, en rigor, queda absorbida por cada una de las demás. El llamado razonamiento reductivo tiene diversas significaciones y no en todas puede cumplir las exigencias de la presunción, aunque sí en algunas, como cuando tiene lugar la llamada abducción[65]. Lo que importa es la inferencia que entraña una implicación, entendiendo como tal (parece necesario aclararlo, dados los diversos sentidos de la implicación) que el hecho enunciado (punto de partida de la presunción) presuponga el que tratamos de enunciar. Es fácilmente comprensible que no basta la compatibilidad, la correlación o la correspondencia entre un hecho y otro; ni siquiera que el segundo sea consecuencia del primero, salvo que sea éste el antecedente único que pueda tener. En definitiva, la presunción nos sitúa entre dos proposiciones. En otra ocasión he dicho que «una viene enunciada en virtud del conocimiento perceptivo, en tanto la otra es consecuencia del conocimiento discursivo»[66]. Ahora rectifico en el sentido de considerar que no importa cómo se haya .obtenido el hecho comprendido en la proposición a partir de la cual va a montarse la presunción. Basta con que ese hecho tenga que ser aceptado como tal sin que el modo de llegar a él cuente ya, porque se trata de un hecho establecido. Lo que importa es llegar al hecho enunciado en la segunda proposición o en la proposición resultante. Y para ello es necesario que el hecho de la primera proposición comprenda el de la segunda. Este comprender (y también comprehender) es el modo de llegar a él por necesidad lógica. En el fondo, como tantas veces ocurre, las diferencias son lingüísticas, con lo cual quiere decirse que no están en la realidad, sino en el modo de considerar la realidad desde el punto de vista del lenguaje. Porque si la primera proposición, que enuncia un hecho, el cual incorpora el que va a ser objeto de la segunda proposición, esto puede querer decir sencillamente que el tratamiento lingüístico de la primera proposición enuncia un hecho, que si comprende otro es porque de algún modo la formulación lingüística del hecho primero presupone la del segundo, que si no es designado en la primera proposición, pues entonces no sería necesario presuponerle, en alguna medida está aludido o implicado en la primera proposición, ya que, de lo contrario, no sería posible presuponerle.

La presunción, en cuanto medio de prueba a través del razonamiento y no solo expresión lógica de un razonamiento, requiere la verdad intrínseca de las proposiciones concernientes a los dos hechos. No basta, por lo tanto, con la correlación o la validez de la inferencia entendiendo a las enunciaciones lingüísticas sin tener en cuenta el contenido de verdad. Y como todo depende del hecho de la primera proposición, que da origen al razonamiento, es indispensable la verdad intrínseca de él para que la proposición resultante sea verdadera. La condicionalidad en términos de hipótesis puede tener un valor discursivo o argumentativo, mas no un valor probatorio. Esto no excluye que la propia condicionalidad no sea susceptible de operar como presunción, pero entonces lo probado será la condicionalidad

Diccionario de filosofía, 5.ª ed., Buenos Aires, 1963, voz «reducción».

66 Así *Metodología,* II, pág. 192.

67 Gomo lógica específicamente la designa SACRISTÁN, *Introducción a la lógica y al análisis formal,* Ariel,

misma, sin que quepa transformarla en una aserción de verdad. Por otro lado, las propias verdades materiales o empíricas pueden darse en términos de condicionalidad. Así cuando digo «si es de noche en el campo la visión es deficiente», enuncio una condicionalidad no arbitraria. No puedo transformar el «si es de noche» por un «es de noche». Sin embargo, el «si es de noche» no excluye una operatividad veritativa a los fines de la presunción en tanto no pierda la propia condicionalidad ni pretenda aseveraciones más allá de ella.

El artículo 1.253 permite muchos desenvolvimientos de orden lógico. He tratado de poner de relieve algunos para demostrar con ellos la directa formulación lógica de algunas normas que, consiguientemente, no solo permiten, sino exigen, un desarrollo también lógico.

c) El artículo 1.157 del Código civil, desde el punto de vista lingüístico-jurídico, es de una perfección impecable: «No se entenderá pagada una deuda sino cuando completamente se hubiere entregado la cosa o hecho la prestación en que la obligación *consistía»*. Junto a la fuerza descriptiva y aseverativa del conjunto hay que resaltar la pertinencia del pasado «consistía» referido a la obligación, ya que, en efecto, si ha tenido lugar el pago mediante la entrega de la cosa o la realización de la prestación, la obligación ya no existe ni consiste, se ha extinguido y, por tanto, compenetrado el léxico con la semántica jurídica, se produce el «consistía». También el artículo 1.157 es particularmente interesante para una consideración lógica. Hay en él una doble implicación expresable en el lenguaje natural con el giro «si y solo si...», frente al mero «si» de la implicación simple. La formulación simbólica será $p - q$. El carácter doble de la implicación está representado por este correlato: el pago como tal implica siempre la entrega de la cosa o la realización de la prestación; la entrega o la prestación implican, a su vez el pago. Luego «si y solo si...» recíprocamente.

En el párrafo 2.° del artículo 1.155 («La nulidad de la obligación principal lleva consigo la de la cláusula penal») hay una implicación simple o un condicional simple representado por un «si» y simbolizable en $p - q$ (es decir, si p q). O lo que es lo mismo, si p es nula q también lo es, pero la nulidad de q no es necesariamente (o solo) una consecuencia de la nulidad de p.

d) El artículo 348 del Código civil (que define el derecho de propiedad) no es convertible al esquema de la lógica de proposiciones, ya que en sí mismo es una proposición: atribuye varios predicados a un sujeto. El sujeto es propiedad. Los derechos de «gozar» y «disponer» son claramente predicados. En cambio, «sin más limitaciones que las establecidas en las leyes», puede dudarse si constituye otro predicado o tiende a completar los predicados anteriores. Para una consideración lógica atenida a las expresiones lingüísticas parece más bien un tercer predicado: también se dice de la propiedad que tiene o puede tener limitaciones. Introduciendo en el problema factores procedentes de la semántica jurídica se puede justificar tanto la tesis del complemento de los predicados como la de que constituye otro predicado como la de que se dan ambas funciones. En efecto, la más elemental reflexión pone de manifiesto que los derechos de «gozar» y «disponer» (los predicados) están sometidos a limitaciones legales; luego éstas contribuyen a configurar los predicados que no son simplemente goce y disposición, sino indisolublemente ligados a las limitaciones. Pero es posible otro punto de vista: hay limitaciones que no inciden directamente sobre el derecho de goce y disposición en tanto subsisten, sino que provocan la eliminación de la propiedad, como ocurre con la expropiación forzosa, y entonces las limitaciones adquieren una función predicativa independiente. Se dirá que la expropiación forzosa hace desaparecer la propiedad y no la limita meramente, por lo que no desempeña una función predicativa del sujeto, sino la negación de éste. No obstante, cabe responder: de un lado, la expropiación forzosa, en tanto no se realiza, limita potencialmente a todo derecho de propiedad, y de otro lado, la expropiación forzosa no entraña una negación del derecho de propiedad en general, sino el correspondiente a una determinada persona, ya que lo impuesto por ella es una traslación o enajenación forzosa de la propiedad, que de propiedad privada pasa a convertirse en pública, o también, propiedad privada de otra persona o ente. De donde resulta que las limitaciones legales pueden funcionar como complementos de los predicados o también como otro predicado. Siguiendo el análisis nos encontramos con que los predicados no tienen que ser atributos del sujeto y de solo un determinado sujeto. El predicado «blanco» lo puedo atribuir a un caballo, a una pared, etc., con lo cual solo lo aplico a un individuo, mientras a otros individuos de la misma clase les puedo asignar otros predicados. Sin embargo, el derecho de propiedad en el artículo 348 no aparece como un individuo. Es la propiedad en abstracto, universalmente entendida, y lo que pretende el Código es definirla y no solo atribuirle unos predicados, aunque la definición la efectúe mediante la fórmula de los predicados. Una elemental consideración jurídica nos dice: que los derechos de goce y disposición no se dan exclusivamente en la propiedad (existen otros derechos reales y de crédito que también confieren derechos de goce y disposición); que la propiedad puede presentarse sin la concurrencia del derecho de goce (como ocurre cuando éste se transfiere al usufructo), y que junto a las limitaciones procedentes de la ley hay otras derivadas de la voluntad. Siendo esto así nos encontramos con que la elemental regla lógica[67] de que lo definido sea convertible en lo que define no expresa una equivalencia completa, ya que la propiedad no se corresponde de manera exclusiva con lo que se predica de ella (ni a la inversa) y, además, puede mostrarse como propiedad sin la concurrencia de alguno de los predicados. Las limitaciones derivadas de la ley no sirven para explicar la modificación o la no presencia de los predicados (o de los otros predicados), ya que tal cambio puede proceder de la voluntad. Por tanto, únicamente cabe o señalar estos defectos lógicos o pensar que el artículo 348 ha querido referirse a un contenido normal de la propiedad sin pretender la fijación absoluta de su concepto. Luego sería posible establecer: P (propiedad) es tal que para algunos valores de P (los valores normales) es o constituye «el derecho de gozar y disponer de una cosa, sin más limitaciones que las establecidas en las leyes».

7. Ejemplo de reducción de un caso a esquematismo lógico

El esquematismo lógico silogístico es, como ya he apuntado, fácilmente utilizable. Referiré un caso particularmente expresivo.

Se trataba de un recurso de casación civil interpuesto contra una sentencia que, luego de desestimar la excepción de prescripción, estimaba la responsabilidad por negligencia de un notario contraída en el otorgamiento de una escritura pública. Aunque la negligencia apreciada era rechazable en el plano de una consideración jurídica general, el problema no se podía convertir en motivo o motivos de casación porque la jurisprudencia civil erige la negligencia en cuestión de hecho

---

págs. 275 y sigs., Barcelona, 1964, que prescinde de otras reglas metodológicas o didácticas.

[68] SACRISTÁN, *Introducción a la lógica*, cit., pág. 34.

solo susceptible de planteamiento dentro de los límites propios de estas cuestiones, que imponen la eliminación del hecho por obra de un acto o documento auténtico (en el pleito únicamente figuraba la propia escritura pública que no podía desplegar ese cometido, por tratarse del mismo documento determinante de la imputación) o mediante la transgresión de alguna regla probatoria, que tampoco era aducible. Quedaba como tema a tratar el de la prescripción. No estimarla o estimarla dependía de que la responsabilidad generada por el comportamiento reputado negligente hubiera de calificarse contractual, hipótesis en la que el plazo prescriptivo de la acción es el de quince años (artículo 1.964 del Código civil), o aquiliana regida por la prescripción de un año (artículo 1.968, apartado 2.°), ya que la puesta en marcha de la pretensión (o el ejercicio de la acción, hablando en términos civilistas) se produjo dentro del plazo de los quince años y después del transcurso del año a contar del hecho constitutivo del *dies a quo*. La sentencia del Juzgado había desestimado la demanda por no apreciar negligencia. La sentencia de la Audiencia, en cambio, acogió la demanda tras desestimar la excepción de prescripción aducida, por entender que el notario realiza al cliente la prestación de un servicio, que éste retribuye, y tal intercambio de prestaciones encaja en el tipo del arrendamiento de servicios atenido, en cuanto a la exigibilidad del cumplimiento y a las consecuencias indemnizatorias derivadas de la transgresión, al plazo de prescripción de los quince años.

Con los antecedentes indicados y frente a la tesis patrocinada por la sentencia recurrida pudo construirse silogísticamente, en el seno de un motivo de casación por infracción de ley, la tesis siguiente: 1.[10] La responsabilidad del funcionario público recibe en el Código civil el tratamiento de la responsabilidad extracontractual o aquiliana, ya que según el artículo 1.903, párrafo 5.°, le «será aplicable lo dispuesto en el artículo anterior», esto es, el artículo 1.902, constitutivo de la regla general. 2.° El notario tiene la condición de funcionario público a tenor de lo dispuesto en el artículo 1.° de la Ley del Notariado, que dice: «El notario es el funcionario público autorizado para dar fe, conforme a las leyes, de los contratos y demás actos extrajudiciales». 3.° Luego la responsabilidad contraída por el notario en el ejercicio profesional genera una acción para exigirla sujeta al plazo prescriptivo de un año, por lo que, habiendo transcurrido, es pertinente acoger la excepción de prescripción aducida y desestimar la demanda.

La tesis silogística es correcta no solo formalmente, sino en cuanto al contenido material de los hechos y los preceptos con que se forman las premisas.

Sin embargo, la argumentación, que también se nutre de lógica, puede desenvolverse en otros planos. ¿Y qué ocurre con la cuestión expuesta extraída del esquema silogístico?

Como posibles argumentos en contra figuran, entre otros, los siguientes:

- La amplitud del concepto de contrato de arrendamiento de servicios que, pese a los anacronismos e imperfecciones del Código civil (que designa a los ejecutores de los servicios como criados y asalariados, mientras se olvida de regular la retribución), ha sido desenvuelto por la jurisprudencia en el sentido de comprender en él todas las prestaciones de servicios profesionales no canalizables por el mandato o el contrato de trabajo.
- El hecho de que el notario presta un servicio retribuido por quien acude a él.

- El «dogma» de que la responsabilidad contractual y la extracontractual son distintas.
- Y la «doctrina»; porque, ciertamente, bastantes trabajos debidos a notarios se inclinan por el carácter contractual de su responsabilidad profesional.

¿Qué argumentos, distintos del puramente lógico-silogístico, abundan en la misma solución, la constatan o reafirman? Veamos algunos:

- Una consideración ético-social jurídica, es decir, la estimación valorativa de las consecuencias, pone de manifiesto que la dimensión temporal de los quince años resulta excesiva, desproporcionada, inadecuada y no conforme con la «naturaleza de las cosas» que siempre subyace a cualquier normatividad, para exigir la responsabilidad derivada de unos actos que se realizan por un funcionario público en el ejercicio de la profesión. Ciertamente, el artículo 1.964 del Código civil formula una regla general con el carácter de supletoria para evitar un vacío o una laguna e incluir en ella la prescripción de las acciones personales, «que no tengan señalado término especial». Pero las circunstancias concurrentes, como son la innegable condición de funcionario, el desempeño de una profesión y el actuar en cumplimiento de un deber explican que, en la duda, suscitada por la contraposición entre la norma relativa al contrato y la concerniente al funcionario, sea preferida ésta, ya que en otro caso el notario estaría contrayendo a diario posibles responsabilidades que transmitiría a sus herederos y podrían exigirse durante un innecesariamente amplio período de tiempo.
- Otro argumento es que la diferencia entre la responsabilidad contractual y la extracontractual o aquiliana, pese a que el Código civil se ocupa de una y otra en lugares distintos (artículos 1.101 y ss. y 1.902 y ss.), no debe convertirse en un dogmatismo rígido y cerrado, como lo prueba que otros ordenamientos jurídicos configuran un régimen unitario de la responsabilidad subjetiva o por culpa, y la jurisprudencia se ha hecho eco de la similitud por cuanto algunos factores diferenciales del contenido de una y otra responsabilidad los ha superado tendiendo a la integración unitaria de los preceptos correspondientes.
- Consideraciones relativas a la interpretación sistemática y también a la investigación integradora de las normas permiten elaborar el argumento acaso más rigurosamente jurídico. No hay que estar al significado aislado de los preceptos, como tampoco la lingüística obtiene el valor de los signos de la lengua aisladamente. Las normas y los elementos más singulares de que se forman, lo mismo que las palabras o los sintagmas, producen los significados en dependencia de la función, de sus relaciones y del conjunto o sistema. El «no», prototipo de la negación, puede combinarse de manera que afirme. Si una proposición normativa dispone que la acción para exigir la responsabilidad derivada del contrato prescribe a los quince años y otra que la acción para exigir la responsabilidad del funcionario público prescribe al año, y el notario es un funcionario público que, a su vez, realiza o presta un servicio calificable de contrato, hay un entrecruzamiento de elementos normativos. Una proposición normativa se atiene al contrato sin aludir a la cualidad de los intervinientes que no sea la

de contratantes. Otra proposición normativa menciona al funcionario público en el ejercicio de su profesión sin aludir al contrato e incluso presuponiendo su falta. ¿Qué ocurre cuando en la misma relación se yuxtaponen la condición de funcionario público y la de parte contractual? Cada norma toma una dirección. Si el caso se integra en una no se integra en la otra que tienen algún elemento que solo está en una y no en la otra, recíprocamente. Se plantea un problema concerniente a la coherencia, especialmente significativo para el sistema jurídico, la interpretación sistemática y la investigación integradora. La estricta versión lógico-matemática de la coherencia es la observancia del principio de la no contradicción, que se traduce en una disyunción absoluta: si es cierta A no es cierta B. En el razonamiento jurídico también cuenta la no contradicción. No obstante, la no contradicción en el curso del razonamiento no se identifica con la no contradicción en las soluciones. Quiero decir que la coherencia como requisito del sistema e incluso de la interpretación sistemática no se realiza solo a través de la no contradicción absoluta (donde la afirmación de la una es condición de la negación de la otra), sino a través también de la compatibilidad, que implica la opción por la solución de una norma sin que resulte negada ni vulnerada la otra. Pues bien, aplicando a la responsabilidad del notario en el ejercicio de su profesión como fedatario público la prescripción de un año, no se vulnera la norma relativa a la prescripción de los quince años: 1.° Porque la condición de funcionario público del notario es un presupuesto básico que cualifica la función desempeñada y ésta cualifica también a lo producido en el desempeño de la función. La función es pública en cuanto procede de un funcionario público y por el valor (público) que comunica a lo realizado. El documento dotado de la fehaciencia pública correspondiente no deriva del contrato, sino de la cualidad de uno de los intervinientes. 2° Porque, consiguientemente, solo la cualidad de funcionario público hace posible la intervención. Si el contrato contribuye a explicar ciertos aspectos de la relación entre el notario y quien acude a él, tal faceta, superpuesta o añadida, no excluye ni priva de su virtualidad esencial al presupuesto básico del funcionario público y la función pública desempeñada con reflejo en el valor del documento creado. 3.° Porque la diligencia exigible y la transgresión correspondiente no vienen determinadas por el contenido contractual, sino por las obligaciones legales que el notario ha de observar como tal.

– Por otra parte, enjuiciado el problema más allá de la interpretación sistemática, en el plano de la investigación integradora, tenemos que al ofrecerse dos soluciones como opuestas, si no se logra la compatibilidad, se crea el mismo problema que se produce cuando falta una solución directa y es preciso acudir a la fórmula analógica. La diferencia está en que cuando falta en absoluto la previsión hay que elaborar analógicamente la norma adecuada. En cambio, cuando hay dos soluciones, preferir una, entendiendo que ninguna contiene la solución pretendida, es decidirse por una ya preestablecida, aunque aplicada con cierto criterio analógico.

8. La contextura no exclusivamente lógica del razonamiento jurídico

No obstante la pertinencia del análisis lógico, el razonamiento jurídico no tiene una contextura exclusivamente lógica y se desenvuelve con el concurso de otros factores.

Únicamente hay solo lógica en la lógica misma. Y aun esto es problemático. Depende de cómo se la entienda. Una lógica circunscrita al cálculo axiomático formal deductivo deja fuera de sí la mayor parte de la lógica aristotélica, toda la lógica material y no digamos aquella que en alguna etapa histórica mostraba predilección por la moral o la prudencia en el discurso. Además, en el mejor tratado de lógica formal, todo lo que se dice para exponerla no se atiene siempre al razonamiento lógico. De un lado, porque para explicar el lenguaje de la lógica se utiliza un metalenguaje que en sí mismo no es lógico. Y de otro lado, porque buena parte de la lógica, pese a ser una ciencia susceptible de aplicaciones y desprovista de un objeto material propiamente dicho, se ofrece muy replegada sobre sí y preocupada de sus propios fundamentos. En gran parte, la lógica tiende a ser una lógica de la lógica o una teoría de la teoría de la lógica, porque duda acerca de lo que es y carece de convicciones dispuestas a perdurar. Esto refleja un fenómeno muy generalizado en el mundo presente, en el que se ha convertido en elemento concomitante del conocimiento su crítica y tiende incluso a introducirse en el inconsciente colectivo ver todo inmerso en un proceso de transformación. Ante el hecho del cambio incesante las ciencias parecen haberse distribuido así sus campos: unas lo producen, como ocurre con las ciencias de la naturaleza que acaparan el descubrimiento; otras, cultivan el pensamiento prospectivo, y otras, como la lógica, se atienen a lo dado como conocido y se limitan a ordenarlo y correlacionarlo con renuncia a una función propiamente creadora.

Son, pues, muchas las razones que impiden pensar en un razonamiento de contextura exclusivamente lógica. Sacristán, refiriéndose a la conquista máxima del conocer, que es el descubrimiento, dice: «En el acto del descubrimiento científico intervienen factores psicológicos —como la imaginación—, culturales —las ideas dominantes en el ambiente científico—, técnicos —los medios materiales a disposición del científico— y económico-sociales —el estado y la organización de los medios de producción, el modo de producción mismo—, los cuales no son, naturalmente, agotables por un análisis meramente formal»[68]. Por tanto, que el razonamiento lógico no represente la contextura total del saber acerca del derecho no es un síntoma de debilitamiento del mismo ni algo que le haga peculiar. Ocurre también así respecto de otros saberes más rigurosos, lo cual comprueba nuestro aserto de que si el rigor es lógica (y a la inversa) no se desenvuelve, sin embargo, exclusivamente por los cauces de la lógica.

9. La lógica deóntica y su alcance respecto del razonamiento jurídico

Aunque la lógica deóntica persigue una adecuación a las normas jurídicas, sustituyendo la lógica del ser o un conocimiento lógico general por otro que toma en, cuenta ciertas características del objeto y de las operaciones a realizar, no por eso permite convertir en deóntico todo el razonamiento jurídico ni puede tampoco eliminar otras formas de razonamiento lógico, sin perjuicio de constituir una aportación importante, en particular por lo que concierne al tratamiento cibernético del derecho.

Los propios cultivadores de la lógica deóntica —al menos algunos— tienen que reconocer que la totalidad del razonamiento jurídico no es normativo. En efecto, el lenguaje del jurista que interviene en la aplicación práctica del derecho es incomparablemente más rico y heterogéneo que el de las normas. El abogado des-

[69] Cfr. *supra*, 6.b).

envuelve por lo menos la mitad de su actividad —un «practicista» diría que las tres cuartas partes— en ese mundo, a la vez versátil y múltiple, de los hechos. El abogado no recibe unos hechos para buscar su acomodo normativo. Es él mismo un constructor de los hechos. Y aquí poco tiene que hacer la lógica deóntica, consagrada a las normas, aunque la razón para excluir los hechos de este tipo de la lógica no conduce a la total eliminación de la lógica respecto de los hechos. El medio de prueba constituido por las presunciones judiciales entraña la aplicación de la lógica en su manifestación más pura —la de la implicación— como procedimiento para establecer unos hechos[69]. No cabe duda de que fuera de esta hipótesis, preconfigurada legislativamente, la ordenación de los hechos, su entrelazamiento y su fluencia, constituye una materia no siempre propicia para el análisis lógico.

El propio razonamiento referido a las normas no es en todos los casos absolutamente normativo. Las normas, aunque no todas, contienen una parte descriptiva generalmente denominada supuesto de hecho. Es decir, también ellas representan un punto de vista sobre los hechos. Interviene en su composición un factor de esta clase[70]. La diferencia entre el factor de hecho de la norma y el de la aplicación estriba en que éste es un hecho o un conjunto de hechos singulares y concretos, que ofrecen facetas problemáticas en cuanto al acontecer o al sentido, mientras el hecho de la norma solo aparece a través de una designación genérica.

Veo cierta dificultad para la lógica deóntica en cuanto haya de tomar contacto con los hechos. Con los hechos reales y concretos, porque tienen una vida independiente de las normas. Y con los hechos aludidos por las normas porque, aparte de no tener en sí una configuración normativa aunque formen parte del contenido de la norma, su descripción es muy somera para atenerse estrictamente a ella. Por otro lado, la problemática del razonamiento jurídico no surge únicamente cuando ha llegado a instalarse en una norma que se va a utilizar como punto de partida discursivo. La empresa más difícil radica en el acceso a la norma. Suele ser un acceso fatigoso. Logrado, se produce una respiración profunda, como la del alpinista que llega a la cúspide, aunque esté pendiente el problema, no tan arduo, del descenso. No es extraño —ocurre todos los días— que incluso carezcamos de una norma enunciada como tal. Entonces nuestra tarea es más complicada. Porque —para seguir la metáfora del escalador— tenemos que empezar por construirnos la montaña. Esta labor de construcción no lo es en el sentido pleno de edificar o alzar lo que no existe. En su mitad es descubrimiento: el esfuerzo que representa llegar a conocer lo que, existiendo, se resistía a dejarse ver; y en su otra mitad es reelaboración, porque aquello que existía precisa ser completado, es decir, interpretado e integrado, hasta alcanzar una enunciación normativa que, implicada o subyacente, es preciso perfeccionar y sacar al exterior. Esta labor de descubrimiento y reelaboración la ha de afrontar el jurista con todas sus armas, entre ellas, la de la lógica, pero me parece que todas las aportaciones lógicas posibles (que, por lo demás, no son las únicas) no puede facilitarlas la lógica deóntica. Esta aparece en las normas dadas; permite un razonamiento a partir de ellas. Sin embargo, toda la cuestión precedente y también fundamental de elegir las normas y, en su caso, de lograr la reelaboración enunciativa, ¿queda dentro de sus posibilidades?

La lógica deóntica cubre un aspecto del razonamiento que si es más idóneo allí donde actúa (las normas dadas) deja fuera de sí zonas en donde aparece no solo todo lo que no es lógica, sino también otra operatividad lógica, aunque no deóntica.

---

70 Cfr. nuestra obra *Metodología de la ciencia del derecho*, vol. II, página 187, 1971.

71 El sentido propio escapa también a la adscripción de éste a una palabra determinada. Es el

El mejor servicio que puede prestar esta lógica, en cuanto tratamiento de las normas a partir de ellas, acaso consista en contribuir a perfilar su contextura y su funcionamiento para proyectar sobre ellas la técnica de la cibernética. Porque el derecho, lejos de constituir una excepción ante el proceso de automatización electrónica de los datos, las informaciones y las operaciones de cálculo, ofrece un campo de actividad especialmente propicio. La fase primaria de la recuperación de datos y obtención de informaciones facilita el cometido del jurista en términos que no se definen como una posibilidad o una conveniencia, sino como una necesidad. Es tal el volumen de las normatividades (legales, reglamentarias, jurisprudenciales, etc.) que escapa ya al tratamiento manual y mecánico. Los especialistas anglosajones consideran que la cibernética viene especialmente justificada en la estructura jurídica dominada por el precedente, generadora de un número inabarcable de datos a utilizar para obtener las soluciones. La verdad es que si nuestra jurisprudencia no tiene un valor equivalente, también es preciso servirse de ella (más aún tras lo establecido en el nuevo texto del título preliminar del Código civil) y si unimos los datos procedentes de la misma al ordenamiento jurídico formalizado en normas generales, el caudal es también muy crecido. Algunos piensan que si la cibernética (o la informática) hacen más asequibles y seguras las informaciones, todos los abogados —sin distinción de calidades o condiciones— van a tener a su disposición el mismo material. Es cierto. La socialización se va produciendo progresivamente en todos los sectores de las actividades humanas y también alcanza al del conocimiento. Si la automatización incorpora esta faceta socializadora, es una razón más para darle la bienvenida. Todas las posiciones privilegiadas carecen de justificación. El progreso no convertido en una homogeneización superadora de desigualdades siembra gérmenes destructivos de sus propias conquistas. También hay una homogeneización socializadora que opera a niveles intelectuales. La posibilidad de obtener una información cibernética aparece en la misma línea de socialización que apuntan desde antiguo el libro o el conocimiento a través de la lectura. Así como la codificación fue, entre otras cosas, una respuesta a la dificultad del conocimiento del derecho y pasó a mostrarle con la nitidez de un compendio formalizado y coherente, superando las anárquicas manifestaciones de unos derechos tan llenos de historia y de particularismo como faltos de una expresión ordenada y uniforme, así también ahora cuando el derecho codificado aun conservándose no puede alojar el cúmulo de normatividades existentes, la cibernética, que ya no se apoya en las simples técnicas de la escritura, la imprenta y la legislación, sino en la capacidad de almacenamiento, control y cálculo de los ordenadores electrónicos, viene a significar el paso más importante que se ha dado desde la empresa codificadora por el camino de la asequibilidad del derecho. No pretendo adentrarme en la ardua cuestión de si mediante el tratamiento iuscibernético o iusinformático se pueden obtener, además de informaciones, cálculos operativos con entidad para facilitar soluciones y no solo noticias. En todo caso no me parece oportuno entonar un canto humanista dirigido al menosprecio de la máquina. La superioridad del hombre no radica en prescindir de la cooperación electrónica ni siquiera en considerar —lo que posiblemente será cierto— que la última palabra tiene que pronunciarla el hombre desde su interioridad cordial e intelectiva. La verdadera exaltación del humanismo la encuentro, en cambio, en el hecho de que la inteligencia humana ha llegado a crear una inteligencia técnica. Este progreso, pese a su sorprendente novedad, evoca el tan antiguo de la mecánica creadora de la herramienta y del maquinismo al servicio de la producción y del trabajo. La máquina en todas sus manifestaciones, en vez de conducir al alejamiento del hombre, encierra la posibilidad de que éste llegue más allá. Pues bien, trasladando estas ideas a la demarcación de la abogacía, es claro que hemos de estar dispuestos a aceptar el concurso electrónico con todas sus consecuencias en cuanto conduzca a un perfeccionamiento y sobre todo en la medida en que éste se traduce en evitar diferencias cognoscitivas. Si pese a ello no podrán evitarse diversidades dependientes de la inteligencia y de la entrega al trabajo de cada uno, sí habrá unos comunes puntos de partida y desaparecerán diferencias provocadas por la disponibilidad o no de medios instrumentales. Sería equivocado que los profesionales del derecho pretendiéramos encerrarnos en el reducto de un quehacer doméstico y artesano. Las piezas de artesanía y los trabajos de este porte van quedando relegados a algunas tradiciones populares y a la expresión artística. Si algo tiene de arte nuestro oficio, no todo él es así. En el arte hay una grandeza estética y un primor de la pequeñez que, si de vez en cuando lucen en el trabajo del abogado, no pueden ser los exponentes de una actividad profesionalizada en función de las necesidades de la convivencia.

CAPÍTULO QUINTO

OTROS FACTORES INTEGRANTES DEL DISCURSO JURÍDICO

1. La actividad interpretativa

Puede afirmarse que el abogado está en disposición de servirse de todos los medios discursivos procedentes de la ciencia dogmática o en sentido intrajurídico (según antes hemos dicho), de las demás ciencias (como la sociología y la historia), de la filosofía y de la técnica del derecho, si bien prefiere algunos. El saber científico del derecho más cercano al del abogado y con el que mantiene mayores contactos está constituido por el llamado conocimiento dogmático. En lugar de referirme a tales medios de conocimiento con el nombre que en sí les corresponde, voy a aludir a ellos contemplados desde el punto de vista de su utilización por el abogado, con lo cual se producen, aunque no siempre, algunos cambios o traslaciones.

Con todo lo opinable y meramente aproximativa que es cualquier fórmula clasificatoria cabe proponer ésta: actividad interpretativa, argumentos de autoridad y criterios valorativos.

La interpretación es el medio de acceso, a la vez inevitable y específico, para la obtención del sentido de las normas. No se trata de cualquier aproximación a ellas o de cualquier clase de conocimiento, sino de aquel que tiende a captar precisamente los significados que incorporan en cuanto tales y dentro del sistema en que aparecen insertas. Todo contacto con las normas dotado de entidad para considerarle como un saber jurídico impone la necesidad de seguir un proceso interpretativo. La interpretación será más o menos reflexiva, sencilla o problemática, pero constituye un instrumento o medio indispensable para captar el sentido. Las normas no lo son por sí mismas o por sí solas. Aparecen en el conjunto formado por la intelección de las mismas lograda a partir de sus enunciaciones lingüísticas y con vistas a la función o funciones que desempeñan. No hay contradicción entre el principio de que la ignorancia de la ley no excusa de su cumplimiento y la pertinencia de una interpretación de las normas como requisito de su inteligibilidad y de su actuación como normas, porque el principio se refiere a la vigencia y general obligatoriedad de las normas que no puede enervarse alegando una falta de conocimiento acerca de su existencia, mientras la interpretación concierne a la determinación del sentido correcto de las normas. No poder aducir la ignorancia (que es tanto una falta de conocimiento como un conocimiento defectuoso) no quiere decir que se conocen ni siquiera que el conocimiento se presume, sino que su obligatoriedad no depende de la situación cognoscitiva de los destinatarios.

Hasta la reforma del título preliminar del Código civil por el Decreto 1.836, de 31 de mayo de 1974, sancionador del nuevo texto articulado, nuestro ordenamiento carecía de reglas interpretativas generales, aunque existieran y subsisten muchas de carácter particular. Tal falta no implicaba la no necesidad de la interpretación, ya que ésta se impone como medio indispensable para la determinación del sentido. Ocurría únicamente que no había una predeterminación legal de la interpretación ni de los criterios interpretativos. La jurisprudencia se había inclinado polla generalizada fórmula de Savigny, constituida por la utilización de criterios o elementos gramaticales, lógicos, históricos y sistemáticos. El artículo 3, apartado 1, del Código civil, según el nuevo texto, consagra una hermenéutica de la interpretación que resulta preceptivamente obligatoria, pues las disposiciones relativas a las fuentes del derecho y a su régimen de aplicación tienen el carácter de normas organizativas de marcada significación pública y están revestidas de la imperatividad del *ius cogens*. Es discutible la pertinencia de una hermenéutica de la interpretación, ya que si por un lado puede ser el medio de lograr cierta uniformidad, por otro lado restringe en algún aspecto la libertad discursiva. Sin duda por la ponderación de los factores favorables y adversos (según se infiere de la exposición de motivos) la hermenéutica interpretativa aparece enunciada en términos flexibles que, en el fondo, evocan la fórmula savignyana con algunos complementos, aunque quizá falta una más precisa discriminación entre los medios interpretativos y el resultado o meta a que ha de tender la interpretación. El elemento lógico y el sistemático no aparecen mencionados expresamente con estas denominaciones ya tradicionales. No cabe duda, sin embargo, de que son tenidos en cuenta. Para aludir a lo que usualmente se ha llamado elemento o sentido «literal» o «gramatical» se utiliza el giro «según el *sentido propio* de sus palabras». Haber procedido así parece que refleja el propósito de ponderar como elementos del sentido no solo los puramente literales, sino también factores lógicos o de otro orden que contribuyen a la precisión del sentido, que al ser el propio no depende de la exclusiva literalidad, en cuanto una misma palabra, según el lugar que ocupe o la aplicación que se haga de ella, puede tener uno u otro sentido reputable como propio[71]. En todo caso no se identifica con el sentido lo exclusivamente idiomático, como habría ocurrido en el caso de aludir a lo gramatical o literal. Se evita también tomar por literal lo gramatical o por gramatical lo literal cuando la verdad es que con el lenguaje no se crean solo literalidades, sino que incorpora toda decidibilidad. El elemento sistemático aparece claramente implicado cuando inmediatamente se dice «en relación con el contexto». Este es el conjunto, el todo, al cual tiende siempre la interpretación sistemática. Y como el factor primero del que se predica esa relación es el «sentido propio de sus palabras», parece claro asimismo que el sentido ha de obtenerse del contexto o ser armónico con él. Luego la referencia a «sus palabras», que podría suscitar el reparo de la alusión aislada a ellas, se salva a través de la relación con el contexto. También el elemento histórico (completado con los «antecedentes legislativos», que vienen a ser como la historia próxima o más inmediata) es objeto de reconocimiento como medio interpretativo. Si los antecedentes legislativos de algún modo cuentan como dato histórico, «la realidad social del tiempo a que han de ser aplicadas» las normas es la situación histórica —si bien

---

resultante de la combinación y de la función. Una misma palabra puede tener varios sentidos propios y es preciso elegir uno de ellos.

72 La ya citada obra de FRANCISCO PÉREZ DE ANAYA, *Lecciones y modelos de elocuencia forense* (1849), recoge

no considerada como pasado— en que en el momento decisivo de la aplicación se encuentra una realidad que, en cuanto social, se desenvuelve y transforma, es decir, se produce y precipita en el tiempo. Como la sociología se ocupa de lo social coetáneo o ponderado en su fluencia del presente hacia el futuro, aunque en cuanto objeto pertenece a la historia, lo que aparece tras esa invocación de la realidad social concomitante es una consideración sociológica. Decíamos antes que no se marca con nitidez lo que es medio interpretativo y resultado. Tampoco se demarca suficientemente del medio o procedimiento lo que es el objeto o campo de proyección del proceso interpretativo; y así ocurre con la realidad social, que si, en cuanto tal, es el campo de proyección de las normas, tenerla en cuenta para interpretarlas supone el empleo de criterios resultantes de la misma realidad. Como lo que principalmente muestra la realidad social es el cambio, su utilización con el carácter de elemento interpretativo introduce un factor de movilidad que se traduce en la posible variación, la cual, si bien impide los efectos de un estatismo rígido, no deja de suscitar problemas delicados al intérprete que precisa ponderar datos no tenidos en cuenta al enunciarse las normas, con la consiguiente labor de acomodación. La fórmula hermenéutica termina con un «atendiendo fundamentalmente al espíritu y finalidad» de las normas, que equivale a una sobreestimación («fundamentalmente») de lo intencional y teleológico. El espíritu se ha reputado siempre como una contraposición y superación de la letra. El fin es, en último término, una contemplación del espíritu en cuanto propósito, tendencia o aspiración. Si dijimos que los criterios son flexibles, cabe agregar ahora que son también amplios en cuanto a su número y alcance, con lo que viene resaltando el papel del intérprete y consiguientemente del conocimiento del sentido de las normas. El intérprete no se limita, pues, a repetir o reproducir la norma; o bien, hace esto con vistas a un conjunto de factores que no emanan siempre de la norma, sino que conciernen a la realidad, al espíritu y a los fines que han de considerarse no retrospectivamente, sino como la fluencia histórica concomitante con el tiempo de la aplicación. Realiza, por tanto, el intérprete, ya que no una tarea directamente creadora, sí recreadora y actualizadora de las normas.

En la interpretación confluyen el cometido del jurista teórico, del juez y del abogado. Es un campo que se distribuyen en común o en el que concurren la ciencia y la teoría del derecho. Jhering llamó a la interpretación «jurisprudencia inferior» para reputarla como una primera fase del conocimiento científico que tiene su fase superior o culminante en la «construcción jurídica». Si bien esta distinción responde a la metodología del conceptualismo, tan acerbamente criticada, aunque no superada en igual medida, es útil todavía para poner de manifiesto que la interpretación es una primera etapa del saber jurídico. Por ella ha de pasar necesariamente el abogado, que, en cambio, no precisa acceder por sí mismo a la construcción jurídica. Bien es cierto que también la ciencia le puede facilitar interpretaciones preestablecidas. En este caso, valdrán como argumentos de autoridad, mientras que la interpretación propiamente dicha es una obra directa del abogado. Difícilmente puede evitarse. De una parte, la aplicación del derecho pone de manifiesto aspectos y matices que no han sido objeto de un tratamiento previo. De otra parte, el abogado rara vez declina su quehacer interpretativo. Este se produce alentado por la fuerza reveladora de los hechos que brindan perspectivas, estímulos, exigencias e incluso razones que la mejor imaginación no puede reemplazar. El abogado no es un intérprete desapasionado, aunque tampoco es un calculador aséptico, y no siempre la asepsia, la indiferencia ante las vibraciones vitales, resulta el camino más seguro para captar el derecho en su plenitud.

Con la introducción en el Código civil de una hermenéutica de la interpretación ésta adquiere un significado de mayor relevancia. El artículo 3, apartado 1, podrá ser citado como precepto infringido a los efectos del recurso de casación civil por infracción de ley. Si conforme al apartado 1.° del artículo 1.692 de la Ley de Enjuiciamiento civil uno de los conceptos de las infracciones se tipifica como «interpretación errónea», el error en la interpretación vendrá determinado por el entendimiento no correcto del artículo 3, apartado 1. Si ocurre, en cambio, que al llevar a cabo la interpretación de un precepto no se tiene en cuenta para nada lo establecido legalmente acerca de los criterios interpretativos, se estará en una hipótesis de inaplicación con encaje en el concepto de infracción constituido por la violación. Claro es que por el doble juego que tienen en el recurso de casación el control del ordenamiento jurídico y los intereses de la parte, si pese a demostrarse la interpretación errónea o la violación del artículo 3, apartado 1, del Código civil, no se demuestra que el fallo haya de ser otro, el recurso normalmente no prosperará. De todas maneras, este precepto pasa a ser ahora objeto de censura en casación como lo son los artículos 675 y 1.281 y siguientes que regulan la interpretación del testamento y de los contratos. Respecto de la interpretación de actos o negocios jurídicos, la jurisprudencia, por una parte, ha rescatado como tema de derecho la determinación del sentido que no es un hecho en sí; mas, por otra parte, ha declinado el peso de la función interpretativa en los Tribunales de instancia, reservando la censura en casación para la hipótesis extrema de la interpretación absurda. El Tribunal Supremo no podrá proceder del mismo modo en cuanto a la interpretación de las normas jurídicas, que habrá de corresponder precisamente a él de un modo preeminente porque al desempeñar ese cometido produce la jurisprudencia.

2. Argumentos de autoridad

Considerados desde el punto de vista de su utilización por el abogado intervienen en su razonamiento con el carácter de argumentos de autoridad la doctrina y la jurisprudencia.

a) La doctrina en un sentido global comprende el conjunto del tratamiento científico (más o menos riguroso y en ocasiones solo pseudocientífico) proyectado sobre el derecho. Doctrina es, por tanto, principalmente, la todavía llamada dogmática jurídica, es decir, el desenvolvimiento teórico intrajurídico, a nivel general o monográfico, del derecho positivo. Cada vez es más frecuente el contacto del abogado con los libros y las publicaciones, como también lo es que él mismo se erige en autor. La consulta doctrinal es, si no el primero, uno de los primeros pasos que tienden a darse para la solución de un problema. Aunque en torno a él siempre sea posible encontrar criterios generales adecuados para la elaboración de las argumentaciones, el problema en sí, en sus detalles, no suele hallarse afrontado. Las causas determinantes de la no fácil asistencia de la doctrina son varias. Una ha de imputarse a ella misma. Nuestra ciencia jurídica (ahora se observa un cambio de rumbo) ha tendido a concentrar sus esfuerzos en torno a algunas grandes cuestiones de predominante carácter teórico o en la dilucidación de otras provocadas por la intelección de determinadas normas, pero no siempre lleva a cabo un desarrollo normativo en el sentido de proseguir a la ley por el camino de la previsión de supuestos. Pienso principalmente en el derecho civil y en el mercantil. Con relación a ellos es de notar que las obras exegéticas o de comentarios quedan un tanto anticuadas, aunque se hayan realizado estimables tareas de actualización. Otra de las razones por las que uno experimenta como sensación de desaliento cuando acude a los libros radica en que para el abogado el caso, antes de hallarse en situación de ingresar en esta o aquella previsión normativa, queda sometido a una delicada determinación de su facticidad (mediante la prueba) o de su sentido (mediante la interpretación), de tal manera que la controversia alcanza a la propia configuración del caso y no solo a las normas aplicables. Por lo tanto, mientras el jurista teórico parte de los supuestos genéricos de las normas o de hechos que él da por establecidos, el abogado se desenvuelve en un terreno más complejo y nutrido de mayores dificultades. De ahí que los libros, necesarios, también defraudan, sobre todo si se piensa que va a estar en ellos la solución. En ellos está, ciertamente, la formación del abogado en cuanto jurista, mas no están las respuestas a las innúmeras preguntas que se hace el abogado. Por eso, pese a mi faceta de teórico, la etapa de la compulsa me la he explicado no pocas veces como una simple pereza mental, el no empezar por decidirse a una consideración directa del problema, que es lo que, en definitiva, se impone hacer casi siempre.

El panorama no es siempre tan sombrío. Al abogado, si no para el caso en su totalidad, sí para determinados aspectos, puede brindarle apoyos la doctrina. Entonces ésta cuenta como un estado de opinión. Si hay una *communis opinio,* o una opinión dominante, tenemos a nuestro favor lo que se llama un argumento de autoridad. En consecuencia, puede distinguirse entre el contacto del abogado con el saber científico, que le sirve para construir y constatar su propio razonamiento, y la alegación por el abogado de opiniones justificativas de sus tesis, que es en sentido propio el argumento de autoridad. En términos generales acaso ningún saber se produce tan pendiente de sí mismo, o, si se prefiere, del saber de los demás, como el jurídico. Hay publicaciones nutridísimas de recuentos de opiniones. La «doctrina» ha llegado a «nublar» la realidad del derecho positivo. Parece que el movimiento tiende a remitir. ¿A dónde se llegaría si cada nuevo estudio tuviera que dar cuenta de los anteriores y así sucesivamente?

Bien que el abogado aduzca opiniones como argumentos de autoridad. Sin embargo, con cuidado, no indiscriminadamente. A mi juicio, el razonamiento del abogado, sin prescindir de nada de interés para la defensa, ha de propender a buscar en el caso lo que le individualiza en sentido favorable, en lugar de subordinar su suerte a la de construcciones o tesis generales. Porque también tales construcciones quedan sometidas al criterio del juez. Por lo tanto, la puesta del caso en contacto con argumentos de autoridad no debe de excluir el razonamiento personal ni constituir el único enfoque o fundamento de la solución sustentada. Comprensiblemente los Tribunales ven con temor o recelo las grandes generalizaciones. Jugarse la solución propuesta al todo o nada de una teoría no es prudente. Los matices individualizadores que no hagan imprescindible atenerse a esta o aquella posición doctrinal comprometen menos. Lo perseguido es un pronunciamiento en concreto; no la proclamación de una doctrina. Esta cuenta como instrumento solamente y con subordinación a los fines del pleito.

b) La jurisprudencia es, sin duda, la esfera del saber jurídico más explorada por el abogado. Aunque el español es un ordenamiento, en parte, codificado y elaborado principalmente a través de las disposiciones de carácter general contenidas en la ley (con el concurso de las demás fuentes del derecho) y la solución judicial de los casos no desempeña la función propia del precedente, característica del sistema anglosajón, es lo cierto que los pronunciamientos jurisdiccionales, sobre todo cuando alcanzan el valor de la jurisprudencia, constituyen una piedra de toque indispensable. Es útil para la elaboración del propio razonamiento porque, considerada en su conjunto, pone de manifiesto las inclinaciones, los hábitos y las modalidades que prepondrán *en* el enjuiciamiento judicial. La jurisprudencia, señaladamente en los últimos tiempos, ha buscado el contacto con la doctrina (facilitado por la tarea del abogado), así como la doctrina se ha servido de la jurisprudencia, por lo cual ésta ha adquirido una contextura que sobrepasa al estricto empirismo, aunque no falten en ella las vivencias humanas emanadas de la realidad latente en la controversia. Junto a ese cometido ampliamente esclarecedor e ilustrativo de la jurisprudencia aparece el más directo de que acerca de la cuestión sometida a consulta o a debate exista una posición jurisprudencial. Entonces es preciso afrontarla.

La reforma del título preliminar del Código civil ha introducido una disposición relativa a la jurisprudencia. Figura en el apartado 6 del artículo 1, consagrado a las fuentes del derecho, y dice: «La jurisprudencia complementará el ordenamiento jurídico con la doctrina que, de modo reiterado, establezca el Tribunal Supremo al interpretar y aplicar la ley, la costumbre y los principios generales del derecho». Sin duda, la jurisprudencia no se configura como fuente del derecho en sí misma y de modo directo. Aunque aparece incluida en un capítulo y en un artículo relativos a las fuentes del derecho, la razón derivada de la *sedes materiae* no basta para atribuirle tal carácter. El precepto evita la palabra «completará» y se sirve de la gramaticalmente más dudosa de «complementará» para poner de manifiesto que el ordenamiento jurídico está completo sin la jurisprudencia y por eso ésta no le «completa», sino le «complementa», lo que si bien equivale a dotarle de algo, este algo no es necesario para considerar formado de una manera completa o total el ordenamiento jurídico. Todavía queda más subrayada la idea de distinguir entre la jurisprudencia y las fuentes del derecho cuando se la configura como «la doctrina que, de modo reiterado, establezca el Tribunal Supremo al interpretar y aplicar la ley, la costumbre y los principios generales del derecho». Estas son las fuentes del derecho, y de su interpretación y aplicación por el Tribunal Supremo surge la jurisprudencia. Luego producida a expensas de la aplicación de las fuentes no lo es de suyo, aunque tiene respecto de las mismas (ordenamiento jurídico y fuentes se corresponden) un valor complementario. Por lo demás, el artículo 1, apartado 1, es rotundo cuando en términos exhaustivos dice cuáles son las fuentes y entre ellas no figura la jurisprudencia.

El valor atribuido a la jurisprudencia viene determinado: por la procedencia de las resoluciones (el Tribunal Supremo) y porque establezcan de modo reiterado una doctrina. Sin tales factores determinantes, y en particular sin reiteración, no se forma la jurisprudencia, o, si se prefiere, la doctrina con valor de jurisprudencia. Por tanto, ésta no designa solo a las resoluciones de un determinado rango, sino al contenido de esas resoluciones. Lo dispuesto en el Código civil no altera el valor específico que corresponde a la jurisprudencia, entendida como doctrina legal a los fines del recurso de casación civil. Al contrario, resulta más justificado ese efecto y valor dado el valor general expresamente atribuido a la jurisprudencia.

Siempre ha estado latente el problema de delimitar qué vale como jurisprudencia: si la resolución judicial en su conjunto y con estricta subordinación a todas y cada una de las circunstancias del caso o las formulaciones interpretativas o arguméntales utilizadas por el Tribunal Supremo. La duda suele convertirse en polémica en los debates forenses. El abogado asistido por sentencias del Tribunal Supremo que le favorecen trata de hacer de ellas un uso total. El colocado en la posición adversa muchas veces no tiene más salida que la de apoyarse en las diferencias observables entre los casos jurisprudencialmente resueltos y el debatido. No es fácil tomar una dirección completamente decidida y excluyente de la otra. De un lado, la jurisprudencia no opera como un mero precedente que requiere la completa acomodación entre los casos. De otro lado, las resoluciones jurisprudenciales no se pueden abstraer por completo de los términos del debate. Atribuir uno u otro significado a la jurisprudencia no depende tanto quizá de lo que ella sea como del uso que pretendamos o del alcance con que la utilicemos. Aunque la propia interpretación de las normas puede en algunos aspectos venir influida por los hechos, si acudo a la jurisprudencia para saber, por ejemplo, cómo se configura la nulidad radical (distinta de la anulabilidad), cuáles son los efectos de la posesión de bienes muebles o cuándo viene atribuida la condición de propietario al heredero, etc., no hay inconveniente en utilizar declaraciones contenidas en las sentencias sin que sea indispensable la rigurosa similitud en los términos de la controversia. Si la jurisprudencia ha llegado a acoger como principio general el ejercicio de los derechos la buena fe (ahora convertido en norma del Código civil) tal criterio es por completo independiente de que el poseedor o el contratante en el caso resuelto se comportaran o no de buena fe. La jurisprudencia no producirá los efectos pretendidos si no concurren los supuestos fácticos determinantes de la buena fe; pero ningún obstáculo hay en aducir las formulaciones del concepto o los rasgos característicos de la buena fe procedentes de las sentencias sin que sea necesario que se trate de sentencias estimatorias de la buena fe de los litigantes.

El abogado, que ha sido el más esforzado investigador de la jurisprudencia, tiene ahora nuevas razones (fundamentos legales) para continuar siéndolo.

3. Función valorativa

La ciencia jurídica se ha planteado de antiguo el problema de si en su seno encaja o no una instancia valorativa. Cuando se constituyó como un conocimiento sistemático del derecho positivo parecía que todo el tema valorativo quedaba remitido al derecho natural y había de correr la misma suerte que éste. Para los que le admitían, todo lo concerniente a la justicia (reconocida como valor por antonomasia) correspondía al derecho natural. Los cuidadores de la parcela del derecho positivo se encargaban de que en ella no asentara sus plantas ningún ideal de justicia perturbador del derivado de la estricta positividad de las normas y de su fuerza obligatoria. Para los que negaban *in radice* el derecho natural, la cuestión estaba zanjada en términos absolutos. No era ni es infrecuente una actitud intermedia que viene a ser otro modo de presentarse la que he mencionado en primer término. Un mismo jurista hace profesión de fe iusnaturalista; mas luego, al desenvolver las normas contenidas en los Códigos, rara vez demuestra aquella fe que ha proclamado. Así, el derecho natural, de constituir un confesionalismo más o menos sincero, un estar a bien con la ideología que lo incluye entre sus santos patronos, pasa a convertirse en un enigma.

Con el transcurso del tiempo, el panorama ha tomado otras tonalidades. La fenomenología y la filosofía de los valores, principalmente, brindaron perspectivas y justificaciones para obtener un fermento jurídico previo al representado por las normas y para hallar nuevos cauces a la valoración. Ni aquel derecho primario se corresponde necesariamente con el derecho natural, aunque coincida con éste en propugnar la liberación del positivismo normativista, ni el plexo de los valores se identifica con el iusnaturalismo, ni es un mero tributario de éste.

Así las cosas, volvió a replantearse el debate, o, mejor, se afrontó en los términos estrictos de si la ciencia jurídica puede ser o no valorativa. Hago esta aclaración porque en el momento fundacional de la ciencia jurídica, conforme al canon positivista, el abandono de la valoración no obedecía tanto a escrúpulos cientifistas cuanto al hecho mismo de no comprenderse en el objeto del conocimiento científico nada distinto del derecho constituido por un ordenamiento determinado. Más que eliminar la valoración, no se hacía problema de ella al partir de un orden jurídico completamente establecido. Después los matices cambiaron. El estricto positivismo de las normas había perdido su hegemonía dogmatizante, aunque solo fuera en razón de otros positivismos de bases más amplias, cuando no en virtud de ramalazos eticistas. Que el derecho ya está producido de antemano y que el contacto tomado con él, a través de la ciencia o a través de la técnica de aplicación, no tiene ningún alcance creador, experimenta señaladas quiebras. ¿Qué sucede entonces? Mientras unos, los más, consideran que la valoración corresponde a la axiología como parte de la filosofía del derecho (que no necesita ser, sin embargo, una estricta filosofía de porte iusnaturalista), otros entienden que en el seno de la ciencia jurídica, sin perjuicio de la axiología general y en mayor o menor dependencia con ella, hay también una instancia valorativa, que algunos, como Larenz o Cossio, proclaman abiertamente. No obstante, el cometido valorativo encuentra difícil encaje ante la consideración del conocimiento científico como rigurosamente descriptivo. Para cumplir con la valoración sin ofender a la descripción no queda otra vía que la de reputar que las normas consagran valores; son estimaciones de la conducta que responden a unos criterios (los valores) traducidos en prescripciones ordenadoras de la conducta. Luego el conocimiento científico, aunque no se dirige a establecer valores, versa sobre éstos en el sentido de describirlos e interpretarlos.

Ahora bien, no nos interesa la valoración en general en cuanto parte (o no) del conocimiento acerca del derecho. O, mejor, solo nos interesa como antecedente de lo que, en verdad y en concreto, nos importa, a saber: ¿Cómo irrumpe en el cometido del abogado? A mi juicio, no consiste en la mera proyección a nuestra escala de una temática más amplia. Nuestra escala no es aquí un peldaño en el escalonamiento jerárquico de las actividades jurídicas, sino una escala propia, con un punto de arranque y un fin, aunque no desconectada por completo de aquella temática. El abogado está dominado por el caso, y cuando éste trasciende jurisdiccionalmente, por la controversia. El centro de actuación para él no son las normas ni las instituciones; es el caso. El caso, cada caso, suscita la valoración y ha de ser objeto de ella. El conflicto de convivencia tiene lugar en el mundo de los hechos regido por el derecho. El caso, en contra de lo que muchas veces se piensa, no es un puro hecho que va a tomar luego contacto con el derecho. En cuanto tal caso o acontecimiento ya incorpora situaciones jurídicas. Cuando, por ejemplo, es preciso discernir sobre la validez de un testamento abierto o sobre la resolución de un contrato de compraventa, se han producido ya en lo que se enmarca como caso actuaciones con alcance jurídico. Ocurre, sin embargo, que aquello, que fáctica y jurídicamente ha acontecido, pasa luego a ser objeto de una reconsideración jurídica, que si bien entraña la configuración del caso con arreglo al derecho, no es la primera toma de contacto de aquél con éste. El caso es un todo individual que impone también el tratamiento representado por la valoración. Efectuarla presupone la utilización de unos criterios. ¿Cómo se obtienen o elaboran tales criterios para utilizarlos como módulos de valoración? Nótese que no pretendo definir el contenido material de los criterios. Doy por supuesto que se realiza una estimación ético-social que los abogados traduciremos en la solución propugnada como justa. Inquiero a dónde ha de acudirse y cómo se procede en la valoración; en definitiva, cuál es su génesis y su entidad o alcance. Cabe imaginar (utilizo esta palabra para poner de manifiesto que no trato de atribuir a nadie lo que digo) dos posiciones contrapuestas: o acentuar la valoración o mitigarla. Una posición totalmente excluyente de la función valorativa no me parece verosímil en el abogado ni en el juez que, con uno u otro alcance, enjuiciamos en la opinión y en la sentencia. Acentuar la valoración consiste en dotarla de autonomía o significación propias, viendo en ella una actividad superpuesta o complementaria, es decir, no absorbida por el proceso de interpretación de las normas que ya entraña un trato con los valores. Llamo valoración autónoma a la que inquiere el sentido ético-social del caso como conjunto individual-total. En términos figurados podría aludirse a la semántica del caso como mensaje, que no está elaborado por signos lingüísticos, aunque no faltan en los casos importantes contenidos de lenguaje, pero sí por signos sociales, entre ellos los lingüísticos, que expresan un comportamiento. Valoración mitigada sería la no autónoma y directamente estimativa del caso, sino la implicada en el proceso de interpretación de las normas.

Decididamente, para el abogado y en cuanto abogado, me inclino por la primera tesis. El peligro de pecar contra el descriptivismo propio de la ciencia no se da en la aplicación del derecho, que no es una ciencia, aunque se sirva de ella. Además, si lo que importa es describir, constatar realidades, creo que me atengo más a lo que hacemos los abogados acentuando la valoración que mitigándola. Aunque esta valoración acentuada lo es hoy en términos más moderados que la llevada a cabo por los abogados de hace uno o dos siglos. Entonces, la misión fundamental se centraba en elaborar un buen juicio de valor[72]. Los problemas lógico-sistemáticos importaban mucho menos. Posiblemente contribuía a determinar aquella situación la menor incidencia de la ciencia en la técnica, incluso la menor tecnificación de la aplicación y, posiblemente también, la existencia de una mayor fe en la identificación de los valores, que progresivamente se han ido convirtiendo en más cuestionables.

4. El problema de la valoración y las ideologías

En cualquier hipótesis, la estimación no es concebible como un acto puramente personal y formulado con una completa independencia de juicio. La imparcialidad del juez, que es actuar sin someterse a incitaciones o presiones de ninguna clase, no puede consistir, en orden a la valoración, en un enjuiciamiento completamente abstraído de todo lo circundante porque los valores se dan en el seno de una estructura social en la que él también se integra. Correlativamente, la parcialidad imputable a los abogados no puede ser por completo arbitraria en cuanto precisa buscar apoyos estimativos en el contexto social. El que valora, aunque no tenga conciencia de ello —o la tenga más o menos desarrollada—, se atiene a unos criterios que no los crea o improvisa ni tampoco los encuentra declarados en las normas. Tanto lo puramente personal o interno como lo puramente normativo o exter-

en los vols. II, III y IV diferentes informes de abogados de relieve que pueden servir para comprobar lo indicado. Un panorama más retrospectivo y amplio es el que se contempla en la curiosa obra de M*** (avocat au Parlament), *Causes célèbres,* XX vols., Paris, 1750.

[73] Así FERRATER MORA, *Cambio de marcha en filosofía,* Alianza Editorial, págs. 200-201, Madrid, 1974.

no aparece trascendido en el juicio de valor que incorpora una heteronomía transpersonal y transnormativa. No actuamos como rigurosas individualidades ni las valoraciones se nos sirven prefabricadas. No lo primero, porque siempre incorporamos una carga socio-histórica que actúa a través nuestro como parte del común «nosotros» que socializa las individualidades sin hacerlas desaparecer. Y no lo segundo, porque lo que dicen las normas no son las explicitaciones valorad vas de las mismas. Responden a valores que es distinto de formularlos.

Si no hay una individualidad completamente intrapersonalizada (elaborada solo desde su interior), ni una norma totalmente expresiva de un valor aunque encierre connotaciones de él, tampoco los valores son entes absolutamente abstractos y terminantemente definidos. Las conexiones de las personas, del jurista y de las normas con los valores, así como las concomitancias de éstos con la sociedad, todo aquello que contribuye a la conformación de los valores y a su hallazgo, bulle en ese entramado inaprehensible, latente y, muchas veces, enmascarado que se llaman las «concepciones del mundo» y las «ideologías». Deslindar las concepciones del mundo de las ideologías no es fácil. Puede a lo sumo decirse que la concepción del mundo es nebulosa y fluctuante, mientras la ideología «suele confinarse a creencias y evoluciones concernientes al contorno político-social»[73]. Sin embargo, nada impide colocarlas en relaciones de dependencia: una ideología responde a una concepción del mundo, con lo cual ésta parece aflorar en aquélla; o una concepción del mundo responde a una ideología, con lo cual ésta parece desempeñar una función genética. Aunque solo sea por el significado de las palabras, dentro de lo relativo de estas nomenclaturas, la concepción del mundo contiene un mayor índice de abarcabilidad, en tanto la ideología se circunscribe con preferencia al comportamiento, a la práctica y al medio social. Las concepciones del mundo parecen necesitar un impulso filosófico, al paso que implican grandes pronunciamientos y se producen de tarde en tarde, mientras que las ideologías, sin tantas ambiciones de totalidad, se desenvuelven con un ritmo histórico de mayor frecuencia, aunque no sean los episodios precipitados históricos de la incesante mutabilidad.

Es preciso reconocer que el abogado, por mucho que tecnifique y profesionalice su labor, indiscutiblemente cuando valora se adentra más en el mundo de las ideologías. He dicho antes que uno puede ser más o menos sensible a cómo actúan en nosotros ciertos condicionamientos sociohistóricos. Un condicionamiento de tal porte está representado por las ideologías. Nunca somos independientes del contexto sociohistórico. Sin embargo, esto no quiere decir que no sean captables reflexivamente algunas manifestaciones de las ideologías en cuanto tales. Porque no hay una ideología como un todo monolítico de la que seamos prisioneros. Yo puedo discernir en mí y en los juicios que formule aquello en que reflejo una ideología predominante y aquello otro en que trato de sobrepasarla. La ideología no se presenta con la solidez de un *status;* es también una aspiración. Y una aspiración ideológica puede presentarse como la negación de otra ideología ya establecida. En definitiva, si pese a todo no me puedo desentender de las ideologías, el reconocimiento de su presencia sirve para percibir la dimensión teórico-práctica de muchos problemas y para comprender que hay un fluyente relativismo impeditivo de buen número de pretendidos apotegmas. La mayor diferencia apreciable entre el mundo de hoy —digamos nuestra «concepción del mundo»— y el reflejado por otras concepciones es que el mundo de hoy es consciente de su historicidad. Esta forma parte de la ideo-

---

[74] JOVELLANOS, *Curso de humanidades castellanas,* t. XLVI de la Biblioteca de Autores Españoles, de

logía que, por tanto, se sabe a sí misma perecedera o, al menos, condicionada y sujeta a revisión. El aislamiento del concepto de ideología ha contribuido a la negación de muchos racionalismos intransigentes.

5. Módulos valorativos

Reduciendo a suma síntesis el cuadro valorativo —en el que, repito, no trato de adentrarme— creo que son estos tres los módulos fundamentales: —justicia, —seguridad jurídica, —corrección.

La justicia es el más atrevido y ambicioso de los valores. Todo el derecho es una pretensión de justicia unida al reconocimiento de la dificultad de alcanzarla. La abierta negación de lo justo, el propósito preconcebido de contravenirlo, carece de sentido jurídico. Otra cosa es que la justicia no pueda quedar sustraída por completo a los vaivenes ideológicos. El contacto es inevitable. No hay otra manera de desenvolverse en el mundo sociocultural, socioeconómico o sociopolítico o en el mundo total de la convivencia. Tampoco cabe descartar la existencia de las ideologías. Las propias teorizaciones contrarias a ellas representan una posición ideológica que suelen adoptar —diciendo que tienden a desaparecer las ideologías— quienes se sienten conformes con la o las establecidas en un momento dado y no experimentan la inquietud del cambio. Cuestión distinta es que la posición ideológica trate de apoderarse de la justicia, con lo que suele prestársele el flaco servicio de los peligrosos decisionismos, o, diversamente, que la posición ideológica aspire a una realización de la justicia con el reconocimiento en ella de un valor que no es fruto exclusivo de sus manipulaciones, aunque lo que recibamos no sea el valor en sí, sino las interpretaciones conducentes a captarle. El condicionamiento ideológico que acepto como inevitable es el que se da en la segunda hipótesis. Y creo que, pese a todas las contrapartidas del progreso, con señaladas excepciones y con saltos atrás, nos movemos más bien hacia esa dirección. El derecho penal de hace pocas centurias es triste arqueología, aunque la cultura de hoy no excluya demasiados ejemplos detonantes. El derecho del trabajo de hace pocas décadas no había pisado el más bajo umbral del humanismo. Es perceptible un avance notorio. Faltan no obstante muchas etapas por recorrer. Eso ocurrirá siempre. El día en que hubiera un ajuste perfecto entre la realidad y los ideales algo se habría detenido.

La seguridad jurídica y la corrección formal no actúan como contravalores o disvalores respecto de la justicia. Tampoco son axiológicamente neutros. Encarnan otros valores no por completo indiferentes al encarnado por la justicia. La seguridad jurídica sacrifica el posible acceso a soluciones más justas individualmente discriminadas ante el riesgo de la incertidumbre. Busca cierta objetivación de lo justo sin someterlo a ponderaciones individualizadas y variables. Estatuye un contenido éticamente empobrecido a costa de garantizar la certeza de un *mínimum* dispensado en términos generales. Mientras el valor de la justicia no se agota en las normas y sigue inquiriéndose en el proceso de aplicación —en él se presenta como especialmente alucinante—, la seguridad, en cambio, exige mayores predeterminaciones normativas.

La corrección formal no es solo operatividad —o «regimentación», como acaso diría un gran filósofo de nuestros días— lógica. Constituye asimismo un troquel estimativo. La lógica no es por necesidad la enemiga de lo justo, aunque tampoco sea por necesidad su exclusiva manifestación. Tiene, sin duda, un poder «normalizador» de los enunciados normativos y de las soluciones obtenibles a partir de ellos. Sirve para forjar encadenamientos discursivos. Por eso ella misma vale. Pero el valor no está exclusivamente en aquello para lo que sirve; se reencuentra luego, como valor propiamente dicho, en lo elaborado. Siempre ha habido la inclinación a ver en la lógica mera herramienta. Bien, mas pese a ese carácter instrumental que le corresponde al utilizarla para caminar discursivamente, desempeña un segundo papel acaso menos ostensible. Cuando para la fabricación de un producto se utiliza una buena maquinaria, en la estimación del producto cuenta la maquinaria, y entonces ya ésta ha dejado de actuar como instrumento. Eso mismo ocurre con la lógica. También es susceptible de estimarse como un valor, aunque funcione a modo de una buena maquinaria mental. Lo obtenido con el uso de esa maquinaria mental incorpora un valor al resultado. Saber que éste se ha obtenido con el concurso de la lógica y le comunica unas cualidades. Cuestión distinta es la de determinar hasta dónde alcanza la función valorativa de la lógica. Si la lógica no puede superponerse como valor omnímodo, tampoco es una tacha. La lógica no es por necesidad la contrafigura de la ética.

6. La valoración efectuada por el abogado

Retomemos el hilo del abogado en su función estimativa. Esta la desempeña, claro es, en relación con el caso. Se adentra en su interioridad. Configura sus perfiles. También le importa todo el entorno. La valoración llevada a cabo por el abogado consiste, en esencia, en constatar y resaltar las vibraciones justificativas de la solución pretendida, visto el caso en y desde el conjunto ético-social fundante y circundante. Equivale a contemplar nuestro problema no reducido a los concretos alojamientos normativos, sino además en el terreno de los fundamentos y de los fines, que no es un modo de eludir lo normativizado, sino un modo de comprenderlo en su profundidad y en su historicidad. Se trata, en definitiva, de buscar un sentido al caso y éste lo alcanza desde el punto de vista de los valores. Para ello es preciso verle en su plenitud concreta, tal y como ha irrumpido y se ha desarrollado, con sus implicaciones y adherencias, sin descuidar ninguna faceta de su peripecia humana. Solo entonces estamos en condiciones de comprobar cómo responde a los troqueles estimativos. Si los módulos de la justicia, la seguridad y la corrección resultan completamente coherentes porque concurren o no entran en fricción, el sentido total será satisfactorio. Cuando se produzcan fricciones o desvíos, aunque una determinada solución venga normativamente establecida, surgen problemas. En efecto: si la solución es justa, conforme también con las exigencias de la seguridad y está correctamente obtenida, podemos decir que nos encontramos en una situación óptima; si la solución es justa, la seguridad no cuenta y la corrección concurre, seguimos estando en muy buena situación; si la solución está fundada en la seguridad jurídica, pero no coincide con lo que resultaría justo en el caso concreto, y se obtiene correctamente, ya empezamos a entrar en el campo de lo problemático; si la solución es justa y la seguridad no cuenta, pero no es correcta, nos adentramos más en él; y si siendo correcta la solución falta el predicado de la justicia, estamos ya en las profundidades de lo problemático, en lo enigmático. Siempre que haya algunas disonancias será oportuno (si no es más oportuno el silencio) cargar las tintas en el sentido del caso desde el valor que resulte predominantemente justificativo. En ocasiones no basta. Se impone someter a reconsideración los propios valores. Porque éstos, en definitiva, no son definibles en términos absolutos ni insensibles a la transformación. Y un caso puede servir para poner de manifiesto cómo ciertas fluencias ideológicas interpretativas de los valores conducen a un sentido que no solo es distinto, sino contrario al propuesto. Porque el juicio valorativo es siempre un juicio actual. Luego todo no consiste en remitirse a un valor dado, sino más bien en inquirir cómo se da en la práctica el valor.

7. La persuasión

En cualquier libro que se elija, antiguo o moderno, siempre encontraremos colocado el acento caracterizador de la actividad discursiva del abogado en la misma palabra: persuasión. La retórica es persuasión; la oratoria, también. El abogado es retórico y orador. Luego... Pero aun en el caso de que el abogado pudiera desasirse de la retórica y de la oratoria, quedaría sometido a la regla de la persuasión.

¿Es así? No voy a contraponer a este pensamiento generalizado una negación rotunda. Sin embargo, parecen pertinentes algunas puntualizaciones.

La total actividad del abogado no la despliega como orador ante los Tribunales. Esta es una faceta, sin duda de importancia, incluso la faceta culminante de la actuación profesional, mas no la única ni tal vez hoy la más frecuente. La labor de asesoramiento, la de dictamen, la intervención en negociaciones y en buena medida el quehacer interno en los litigios, al menos de modo inmediato, no tienden a la persuasión. Cierto que cualquier opinión emitida o cualquier actitud adoptada —por ejemplo, en orden a los hechos a resaltar, a la articulación de la prueba, al uso que se haga de los recursos respecto de resoluciones interlocutorias, etcétera—, si se entabla un litigio o en el ya entablado, habrán de ser en su día objeto de estimación, lo cual presupone un juicio, y en la formación de éste incidirán de algún modo los términos en que se hayan producido el parecer, el consejo o la orientación. Como el abogado carece por completo de un poder resolutorio, en caso de conflicto, todo lo que pretenda precisa del refrendo jurisdiccional. Este refrendo, representado por la sentencia o por la resolución correspondiente, siempre vendrá influido de algún modo por la intervención del abogado. Sin embargo, conviene distinguir entre lo que es la cooperación del abogado a la realización del derecho, que puede llevarse a cabo al margen o a través de un pronunciamiento jurisdiccional, y lo que es la persuasión.

En la persuasión tiende a verse predominantemente la habilidad o el arte argumental para provocar la adhesión. Aun no exenta de un fondo racional —aunque para algunos lo está—, como elementos específicamente persuasivos suelen considerarse aquellos factores que, en un orden emocional, afectivo, personal o ampliamente humano, propician o estimulan el ascenso. Por el contrario, en la convicción o el convencimiento trata de verse el fin o el resultado de una argumentación centrada sobre bases racionales y objetivas. Las correspondientes significaciones de ambos términos fueron advertidas con agudeza por Jovellanos: «... Convencer y persuadir —escribe—, aunque algunas veces se confunden, son, sin embargo, cosas diferentes... La convicción es relativa solamente al entendimiento; la persuasión, a la voluntad y a la práctica. Oficio es del filósofo convencer de la verdad; oficio es del orador persuadir a obrar conforme a ella, inclinándome a su partido y empeñándome en él. La convicción no va siempre acompañada de la persuasión; ellas debieran, a la verdad, ir juntas, e irían también si nuestra inclinación siguiese constantemente el dictado de nuestro entendimiento; pero sucediendo muchas veces lo contrario, puedo yo estar convencido de que la virtud, la justicia y el patriotismo son laudables, y no estar al mismo tiempo persuadido a obrar conforme a ellos. La inclinación puede oponerse, aunque esté satisfecho el entendimiento, y las pasiones pueden prevalecer contra el juicio»[74]. Conforme a este criterio el rasgo diferenciador predominante se obtiene a expensas de dejar reducida la convicción a la actitud o a la situación, y llevar, en cambio, la persuasión a la acción práctica, al comportamiento. Así la figura del convencido no persuadido equivale a la del que, pese al convencimiento, no actúa en función de ese convencimiento. Ahora bien, actuar de manera no concorde con el convencimiento, ¿supone solo falta de persuasión o más bien una persuasión contradictoria de aquel convencimiento? Dada la similitud que establece Jovellanos entre la persuasión y la inclinación y el carácter volitivo que les asigna hay base para pensar no solo en una ausencia de persuasión, sino en una persuasión contradictoria. Tal vez cabría matizar así: el convencido, no persuadido al mismo tiempo, se abstiene de actuar; el convencido persuadido de lo contrario, actúa. El padre Isla, en *Fray Gerundio,* ya aludía a la distinción en el sentido que desarrolla Jovellanos: «Esto convenció —escribe— y aun esto persuadió, moviendo los corazones más duros a desear la imitación de sus reales virtudes»[75].

Perelman, sin apartarse de la que puede considerarse como línea dominante, pero dado el papel que asigna el auditorio en la argumentación, marca la distinción así: «Nosotros proponemos —dice— llamar *persuasión* una argumentación que solo tenga valor para un auditorio particular y *convincente* la susceptible de la adhesión de todo ser racional»[76]. La opinión de Perelman no es sino el traslado a otro plano de la diferencia entre el carácter predominantemente racional y objetivo de la convicción y el subjetivismo emocional de la persuasión. En cualquier caso hay una dosis muy acusada de convencionalismo y hasta un arbitrio verbal[77]. Es cierto que la adhesión de otros a lo sustentado por el mantenedor de una tesis o de una aseveración puede estar más o menos influida por los elementos racionales. Si convenimos en centrar la convicción sobre lo racional y la persuasión en todo lo demás que mueva o incline hacia lo sustentado, hay base para señalar algunas diferencias.

La convicción parece requerir mayor elaboración; es más disciplinada, depende menos de la propia personalidad y del ambiente. Es a modo de una rigurosa certidumbre. La persuasión tiene algo de don y de aventura. Es subyugante y atractiva. Provoca una captación, incita, cautiva. El persuadido cierra los ojos a todo lo que no quede comprendido en lo que es para él la evidencia; una evidencia más revelada que elaborada. La convicción, diversamente, no deja margen para las reservas mentales; se tiene cuando se han despejado todas las dudas. Uno se cree o se siente persuadido por la clarividencia y acaso por la alucinación. El convencimiento, en cambio, parece más bien el fruto de una dilucidación reflexiva y completa. La persuasión propende a irrumpir de pronto. El convencimiento presupone una madura gestación.

La convicción y la persuasión se presentan bien como un resultado (el estado de convencido o persuadido), bien como un medio: el camino recorrido hasta llegar

---

Rivadeneyra, pág. 131, reimpresión en 1951.

75 Cfr. t. XV, de la Biblioteca de Autores Españoles, pág. 218.

76 PERELMAN, *Traité de l'argumentation,* cit., pág. 36.

77 No parece verlo así GARZÓN, *Essai sur l'eloquence judiciaire,* París, 1947, cuando decididamente escribe: «El orador debe proponerse convencer, y el discurso pronunciado en las asambleas excluye la idea de persuadir» (pág. 28).

78 Cfr. CHAUVINEAU, *La logique moderne,* «Que sais-je?», Presses Universitaires de France, pág. 69, París,

a ese resultado. ¿Cómo se accede a él? Una consideración de la dialéctica forense quizá demasiado simplista lleva a considerar que la energía conducente a la convicción o a la persuasión viene impulsada por los abogados y que el juez es un receptor, en el cual se llegará a provocar o no el estado de convicción o persuasión pretendido por los medios utilizados al respecto. La distribución de los correspondientes papeles no es tan rígida. El juez no queda reducido a un simple receptor colocado en la posición de espera. En muchas ocasiones elabora su juicio sin seguir literalmente el dictado de una u otra de las aserciones que se le facilitan. Además, lo que se aduce no se recibe siempre en términos absolutamente coincidentes con aquellos en que es emitido. El receptor incorpora ideaciones que si le han sido suscitadas, acaso no pasaron por la mente del emisor. Por eso en la elaboración del convencimiento también desempeña una labor creadora el que juzga.

Ocurre, eso sí, que mientras en el juez el estado de persuadido o convencido tiene valor determinativo de la resolución, en el abogado no pasa de constituir un impulso tendente a patentizar y producir la convicción. Dado el carácter fundamentalmente intelectivo de ésta, requiere una articulación discursiva. La convicción no se traslada de uno a otro como tal convicción. Ha de ir montada sobre las razones que la justifican. Por eso en este aspecto tampoco me parece oportuno contraponer al razonamiento lógico una argumentación dirigida al convencimiento. Cierto que la lógica en sí misma no incorpora como preocupación suya el convencimiento. Está despreocupada de este problema lo mismo que las matemáticas. Si respecto del montón de trigo que tengo a la vista solo identificado como tal montón (mayor o menor) efectuó la correspondiente operación matemática de peso o medida, transformo un mero conocimiento perceptivo en un conocimiento exacto por lo que se refiere a la cantidad. El paso de un grado a otro de conocimiento, la deducción, la demostración, etc., no tienden al convencimiento ni están en función de él. Sus valores inmediatos son otros, como la verdad, la corrección o la validez. A la lógica como tal solo le interesa su propia justificación, o lo que es lo mismo, la certidumbre de las leyes y reglas del pensamiento. Las dos tautologías fundamentales, como las enunciadas por el principio de la afirmación (toda proposición equivale a su afirmación) y por el principio de la doble negación (toda proposición equivale a la negación de la negación)[78] son irrebatibles. No tiene sentido preguntarse si suscitan o no la adhesión. Su validez es independiente de ese efecto. Sin embargo, aunque las operaciones matemáticas y lógicas no se propongan el convencimiento, es claro que constituyen puntos de apoyo para producirle.

En suma, el abogado, aun cuando tienda a provocar la situación del convencimiento, no comunica éste como tal y al margen del razonamiento que elabora. La convicción, dada su entidad racional y objetiva, no se contrapone ni siquiera se aleja del razonamiento.

Queda pendiente la persuasión. ¿Qué decir de ella? Si negarla sería un desafío demasiado rotundo a las creencias, convertirla en instrumento por sí misma (con valor propio) no parece oportuno. Aunque la persuasión, por su significado extralógico, oportunista y dependiente de las circunstancias, no quede absorbida por entero en el razonamiento, tampoco tiene una vida por completo independiente. La intención, la habilidad o la gracia para persuadir pueden aflorar en el tono y en el sesgo de la exposición. Colocar el énfasis del discurso sobre los puntos váli-

1969.

79 Para lo dicho puede ser interesante la distinción de Bergson entre la percepción (que no es nunca un

dos; no dar sensación de duda o de debilidad argumental cuando se transita por los lugares menos propicios; compensar lo que sobre en un aspecto con lo que falte en otro; buscar la dimensión humana de los argumentos esgrimidos; no incurrir en la monotonía ni en la reiteración... Bien, ¿todas estas cosas y tantas otras por el estilo pertenecen a la persuasión? Parece que así es. Confieso —vuelvo a insistir— que me infunden temor los prescriptivismos retóricos. ¿Cómo pueden hacerse estudios, con una finalidad propedéutica, del gesto, del epíteto, de la imprecación, de la reticencia o, en fin, de la adecuada posición de la cabeza del abogado durante el informe?

De mí, en cuanto abogado, puedo asegurar que no pienso en una perspicacia de la persuasión distinta de una construcción bien hecha. A veces he actuado ante Tribunales compuestos por personas cuyas circunstancias psicológicas, inclinaciones o preferencias conocía. Sin embargo, no por eso varié en esencia la línea argumental. En las personas situadas en estrados he visto siempre al juez o al magistrado, y he pensado muy poco en lo ajeno a esa condición. No he tratado de halagar los oídos del propicio a los sentimientos emotivos ni me he adentrado más allá de lo prudente en temas conceptuales aunque pudiera suponer una buena disposición. Si uno, como abogado, no hace abstracción de las personas que juzgan para ver en ellas la función que encarnan, corre el peligro de convertir en farsa el tema, tan serio, de la justicia.

Por otra parte, la pertinencia de la persuasión se restringe en la medida en que el derecho se tecnifica y formaliza. Todo lo que en el derecho aparece cuantificado excluye la persuasión. El transcurso de un plazo de caducidad para el ejercicio de un derecho, la preclusión de un recurso, la cuantía predeterminada de una indemnización, etc., eliminan absolutamente las llamadas a la emotividad. Los procedimientos judiciales muy formalizados, como ocurre con el recurso de casación, automatizan en considerable medida las posibilidades de pedir y el hecho de juzgar. Si, pese a todo, la persuasión no desaparece radicalmente, queda como un eco lejano y sutil en el trasfondo de las argumentaciones. Muchos de los que exaltan en el discurso forense la persuasión están pensando todavía en el foro romano, en donde los papeles de orador y de jurista tenían encarnaciones diferentes, o en el juicio ante jurados. Una mirada más comprensiva y actualizada del tratamiento del derecho pone de relieve que, como todas las actividades, ha progresado hacia la racionalización. La persuasión pervive en el énfasis y en el sentido. El tópico persuasivo tiende a desaparecer.

8. La intelección previa al razonamiento

El razonamiento, pese a toda su importancia, no es el punto de partida necesario en la toma de contacto del abogado con un caso. El razonamiento es el camino y quizá no el camino en sus comienzos. Antes del desarrollo de la argumentación demostrativa se produce un discernimiento dirigido a la identificación y al enfoque. El razonamiento alcanza su elaboración completa en los escritos de alegaciones o de los recursos, en el informe o en el dictamen. Se emiten opiniones sin llegar a ese plano discursivo y no empieza en él la consideración de un caso, que luego puede ser objeto de cumplida argumentación.

Aunque haya sido obligado aludir en algún momento a la intuición o al golpe de vista, esto pertenece a la interioridad de cada uno y cualquier explicación racionalizadora corre el peligro de estropear esa a modo de revelación primaria y espontánea de algo. Entre la percepción intuitiva y el razonamiento aparece una zona intermedia que no es razonamiento porque significa más bien una actitud y que no es una simple aproximación porque implica una intelección en cierto grado de desarrollo. Es algo más que una impresión. Podría decirse que se trata de un bosquejo o boceto de razonamiento. Para llegar a colocarse y a ser consciente de la situación a que me refiero se requiere una experiencia profesional larga. Consiste en la dilucidación discursiva que actúa en dos direcciones de signo distinto y que alcanza su plenitud en la confluencia.

Una de estas direcciones está representada por la posibilidad de poner en contacto un caso concreto con otros. La expresión más acabada de la misma consiste en haber tenido ocasión de intervenir en casos semejantes. Entonces se establece de inmediato una relación de igualdad o de analogía. Sin embargo, la experiencia de casos precedentes no actúa solo con base en la igualdad o en la analogía. También cuenta mucho la comparación. El caso *b* es contrapuesto al caso *a;* luego el contraste o la contraposición se erigen con facilidad en factores de discernimiento. Esta es la dirección del casuismo y, por tanto, se desenvuelve en el plano de la individualización, aunque a expensas de individualidades se logran correlaciones que sobrepasan a lo estrictamente individual.

La otra dirección toma un derrotero antagónico. Así como la familiaridad en el trato con los casos crea unos puntos de vista individuales que sirven a modo de troqueles para la constatación de un caso nuevo, así también la familiaridad en el examen del derecho produce una capacidad discursiva que si en su origen procede de aquella experiencia de los casos y de la experiencia representada por el conocimiento de las normas, se transforma luego en generalizaciones, en principios jurídicos y en, diría, principios o modos de pensamiento que se desarrollan a un nivel superior al del representado por normas determinadas.

El abogado, a veces, en una tarde de consulta, tiene que afrontar temas muy heterogéneos. El profano piensa que desenvolverse bien en terrenos tan distintos equivale a poder memorizar o localizar rápidamente preceptos de los diferentes códigos y leyes. Aunque esto supone una facilidad indiscutible, el desenvolvimiento de este cometido descansa con preferencia en dos bases: la una constituida por la incidencia en la mente de casos similares o contrapuestos, y la otra, constituida por el acervo de ideas generales, más flexibles y comprensivas que las normas, que insensiblemente canalizan el encuadramiento y la orientación y abocan a la respuesta. Un síntoma de experiencia —no me atrevo a decir de sapiencia profesional— lo facilita el no tener que buscar este o aquel precepto para hacerse cargo de los problemas que plantean los casos. O bien, cuando el precepto esencial se presenta sin vacilaciones. De todas maneras los preceptos (llamo así a las articulaciones normativas contenidas en las leyes) tienden a dejar de ser los puntos de apoyo o los guías imprescindibles para operar con el derecho cuando la mente con el ejercicio, en el doble aspecto del casuismo y la generalización, ha elaborado sus propias categorías organizativas. A este propósito cuenta la memoria. Solo con su concurso dominamos el total horizonte de nuestro entorno. Aunque, claro es, no toda la experiencia se aloja en ella. La memoria del hombre no es, como la del ordenador, meramente conservadora de lo recibido; es, sobre todo, transformadora. Incluso puede decirse que introduce en nosotros lo que como tal memoria no conserva. O mejor, si bien el dato no subsiste y, por tanto, falta la posibilidad de evocarlo o reproducirlo, permanece una huella que no se habría producido sin el dato. Esa memoria transformadora o transformada en un elemento de comprensión crea respuestas. Estas las recibimos luego a través de percepciones o ideaciones, que no son recuerdos pero que no irrumpirían sin la presencia en nosotros de los datos captados y luego sobrepasados. La memoria muy desarrollada (o más gráficamente, muy despierta) mantiene con la vivacidad de los detalles todo lo que ha pasado por nosotros. Indiscutiblemente es un mecanismo importante para almacenar antecedentes. Ella, sin embargo, no es la generadora por sí sola de experiencia. Sin una memoria feliz se acumula también la experiencia. En ocasiones se reputa como falta de memoria lo que no es sino una falta de reconocimiento de su operatividad o el desarrollo de la misma en un nivel inferior al de la consciencia en donde las grabaciones memorísticas actúan sin revelarse como tales[79]. Por eso el abogado que al enfrentarse con un caso no recuerda en su individualidad aquellos otros en que ha intervenido y que pueden guardar relación con el nuevo, opera, sin embargo, con unos elementos de juicio de los que carecería de faltarle anteriores experiencias que no identifica con la memoria, pero que tiene. En efecto, tiene la huella, la marca, a modo de un acervo intelectual del que carecería sin la experiencia. La memoria puede ser infiel en orden a los datos. No obstante, de algún modo operan interacciones y reflejos.

---

simple contacto del espíritu con el objeto presente, porque está impregnada de recuerdos-imágenes que la completan e interpretan), los recuerdos-imágenes y los recuerdos puros; así como lo que sostiene acerca de la memoria en el espíritu de lo inconsciente (Cfr. BERGSON, *Matière et mémorie,* 50.ª ed., Presses Universitaires de France, págs. 145 y sigs., París, 1949).

80 Me he opuesto a esta tesis en el trabajo *La sentencia,* Madrid, 1972. En él pongo de manifiesto

CAPÍTULO SEXTO

EL PROCESO DISCURSIVO DEL ABOGADO CON RELACIÓN A LOS HECHOS Y AL DERECHO

1. Las tres etapas discursivas. la aproximación al caso

El conjunto de la actividad discursiva del abogado se realiza, cuando se desarrolla de una manera completa, en tres planos o sectores: el de los hechos, el del derecho y el de la conexión de los hechos con el derecho.

Si hay un sector en el que predominen los hechos, ello no quiere decir que en ningún momento el tratamiento de los mismos se realice al margen de toda normatividad jurídica ni que el primer contacto con el derecho tenga lugar en el momento de conexión hechos-derecho, que se denomina, quizá no siempre con propiedad, calificación jurídica. Los tres planos o sectores marcan, a su vez, tres etapas discursivas.

La conexión como punto de confluencia es el antecedente inmediato del *petitum,* en función del cual habrá de pronunciarse el *fallo.* Los radicalmente pragmatistas piensan (lo han dicho sobre todo a propósito de la sentencia) que la operación inmediatamente productora de una solución no es la resultante final de una progresión discursiva, sino a modo de una revelación lúcida que se justifica *a posteriori,* con lo que el razonamiento tiene a lo sumo cierto valor meramente demostrativo de algo que le precede en lugar de un valor propiamente constructivo y creador[80]. Perelman, dentro de los que él llama «argumentos basados en la estructura de lo real», considera como «argumento pragmático» al que «permite apreciar un acto o un acontecimiento en función de sus consecuencias favorables o adversas»[81]. Acaso sea ésta una catalogación muy específica de lo pragmático que tiene sentido dentro de la tipología clasificatoria utilizada por Perelman. Porque pragmático no es solo un argumento. La erección de lo pragmático en argumento no comprende todo el pragmatismo. Este se manifiesta sobre todo en la despreocupación por lo argumental. Pragmática es más bien cierta actitud escéptica respecto de lo racional. Aquella que antepone los valores resolutivos y prácticos de una decisión a los medios arguméntales para obtenerla. Los que conciben la sentencia como una revelación y luego buscan los elementos arguméntales no utilizan —o pueden no utilizar— argumentos pragmáticos, sino incluso lógicos o de otro orden. Entonces el pragmatismo no radica tanto en la naturaleza de la argumentación como en la falta de fe en ella.

también la paradoja de que en el mismo ámbito cultural se considere la sentencia como una premonición intuitiva y se trate de elaborar sentencias con ordenadores electrónicos.

81 Perelman, *Traité de l'argumentation,* 2.ª ed., págs. 358, Bruselas, 1970.

82 Cfr. Bredin, *La logique judiciaire et l'avocat,* trabajo inserto en *La logique judiciaire,* que recoge las

Viene a considerársela a modo de artificio. Tal criterio es más propicio a quien tiene poderes decisorios. Consiste en anteponer lo volitivo, lo autoritario y el propio y personal convencimiento a lo justificadamente discursivo. En cambio, el abogado, carente de poderes decisorios, es más difícil que pueda desenvolverse en ese terreno. Pese a ello, no desconozco que se hacen cálculos y previsiones por la vía rápida de las fugacidades mentales mezclados con las creencias que actúan antes y más allá de los encadenamientos racionales.

Quien tiene en su interior la preocupación por un problema recibe algo así como mensajes e insinuaciones que él mismo no inquiere reflexivamente. Son fruto del deambular por la mente las preocupaciones. La preocupación del juez está representada por la duda y el equilibrio. El tema a decidir abre ante él una interrogación. Aspira a la respuesta proporcionadamente justa, equilibrada. La preocupación del abogado es de signo distinto. No digo que carezca de dudas. También se alojan en su interior más bien en la forma de incertidumbre. Consiste sobre todo en no saber cuál será la solución, y no tanto en dudar, desde su punto de vista, acerca de ella. Al abogado no se le plantea el problema del equilibrio. Al contrario, pretende romperle a todo trance. El abogado en su actuación forense es asertórico, porque la tesis se le ofrece como predeterminada. Todo consiste en un caminar hacia ella, ahondando en los fundamentos que empujan hacia lo propuesto. De contrarrestar esta actitud ardorosamente encarecedora de un resultado ya se encargará su contradictor. El juez, en principio, duda cómo ha de resolver. El abogado sabe, desde el principio, que ha de apoyar por entero una solución. Aquello que en el juez es la preocupación encarnada por la duda y en el abogado la preocupación por justificar una solución, ambas situaciones, producen descargas, a la vez intelectivas y valorativas, que inclinan hacia la orientación y el enfoque. Sin embargo, con respeto para todas las opiniones y con las salvedades precisas especialmente para los que ejercen funciones judiciales, desde mi posición de abogado entiendo que no es exclusivamente en ese terreno en donde se desenvuelve el discernimiento del caso ni que todo lo demás sea un juego de artificio para explicar *ad extra* lo previamente conocido o resuelto. Acontece, claro es, que el adentramiento en un asunto comienza por una aproximación gradual. Ya en el ámbito de la misma se tienen ideaciones que no pueden ser resultantes de un análisis total todavía no desenvuelto. A través de la experiencia de los casos y por la transformación de la propia experiencia en hábitos de discernimiento el abogado puede formular juicios de conjunto sin seguir paso a paso todo el proceso discursivo. Tal posibilidad, sin embargo, no reemplaza ni se sobrepone al desarrollo discursivo completo. Simplemente le precede. Hay lo que en términos comparativos cabe llamar una actividad precognoscitiva preparatoria y encauzadora de la rigurosamente cognoscitiva. Esta, por tanto, no es meramente confirmatoria de lo ya conocido de antemano, sino la elaboración del conocimiento propiamente dicho. El abogado no sabe todo lo que tiene que saber de un asunto hasta que ultima todas las argumentaciones. A veces, terminada esa labor, se experimenta la sensación de que entonces se estaría en condiciones óptimas para emprenderla eficazmente. A veces también la visión retrospectiva pone de manifiesto errores que en su momento resultaron inevitables. Todo ello significa que el proceso cognoscitivo no es un caminar baldío.

2. Los hechos y el problema de la verdad

Los hechos en sí mismos, como fenómenos de la vida social, forman parte de un acontecer histórico. En ese acontecer los hechos pueden venir interferidos con actos dotados de una significación jurídica: los contratos celebrados, las escrituras otorgadas, los poderes conferidos, etc. Se llaman hechos, desde el punto de vista del proceso, no a los que lo son puramente por no haber en ellos presencia alguna del derecho, sino a un conjunto de acontecimientos cuyo valor jurídico depende de un pronunciamiento jurisdiccional. Ya en el seno del proceso, y singularmente en el proceso civil, la alegación y el tratamiento de los hechos aparecen enmarcados en determinadas limitaciones en cuanto al tiempo, al modo y al lugar de aducirlos y a los medios de probarlos. Así, en la demanda «serán expuestos sucintamente y numerados los hechos» (artículo 524 de la Ley de Enjuiciamiento civil). La misma regla rige para la contestación (artículo 540). En los escritos de réplica y duplica se «fijarán concreta y definitivamente, en párrafos numerados, los puntos de hecho» (artículo 548). Por medio del escrito de ampliación cabe introducir hechos posteriores en su realización o en su conocimiento, respecto de los escritos de réplica y duplica (artículo 563). La prueba versará sobre los hechos fijados definitivamente que no hayan sido confesados lisa y llanamente (artículo 565), etc. Estas y otras reglas ponen de manifiesto que la operatividad con los hechos no es completamente libre y que se hallan sujetos a un cierto control normativo incluso en cuanto tales hechos. Luego el derecho no actúa solo *a posteriori* para calificar o determinar las consecuencias imputables a los hechos; se preocupa también de cómo han de ser establecidos y probados.

Los que guiados de preocupaciones lógicas y metodológicas, muy frecuentes hoy entre los filósofos del derecho, llevan a cabo el estudio del razonamiento jurídico, generalmente sin base en un conocimiento empírico directo, tienden a conceder preferencia a la fase representada por la conexión hechos-derecho, partiendo de que ya hay unos hechos completamente esclarecidos e identificados y que todo el problema está en su revestimiento jurídico. Sin desconocer que, en efecto, el conjunto de la actividad discursiva tiende hacia esa conexión que constituye el momento culminante y final como medio inevitable para proponer o pronunciar una solución, no hay que omitir las fases o los sectores precedentes. En ellos la actividad discursiva o el razonamiento se presentan con características propias. Luego para emitir un juicio completo acerca de la labor del abogado es preciso atenerse a todas sus manifestaciones.

El razonamiento empieza con los hechos mismos. No hay que esperar a las normas para entrar en la zona de la razón. Hay también la razón emanada de los hechos que se hace fluir a través de su tratamiento idóneo. Dejo siempre aparte las meras fabulaciones arbitrarias o emotivas y hasta las lealmente ardorosas. Sin embargo, el abogado no elabora un relato estrictamente descriptivo, aséptico y desinteresado. Hay siempre una intencionalidad que apunta constantemente hacia aquello que en cada asunto propicia la solución pretendida, y esa intencionalidad se traduce en los acentos y las tonalidades que adquiere el relato en busca del fin que se patrocina. El abogado es un organizador de los hechos. Ni los ha producido ni los inventa. Los organiza y coloca en la mejor disposición. Antepone el rotundamente favorable; posterga o mitiga el que no lo es tanto. Algo tiene que hacer con el que resulta adverso, porque ningún pleito es un recorrido sin obstáculos. Busca los engarces más adecuados. Si algún hecho en su individualidad desentona es preciso readsorberle en el sentido del conjunto. Este sentido del conjunto no hay que perderle nunca de vista. Primero para encontrarle; después para acudir a su ayuda cuando sea preciso transitar por zonas tal vez escabrosas.

Es preciso distinguir entre los hechos con anterioridad a la práctica de la prueba en el proceso civil (o antes del juicio oral en el proceso penal) y los hechos tras la constatación probatoria. En el proceso civil, el debate más extenso sobre la fijación de los hechos corresponde al período de alegaciones anterior a la práctica de la prueba. No obstante, toda la argumentación en torno a los hechos aparece condicionada siempre por el problema de la verdad. En tanto las medidas del derecho son variables en cuanto no remiten a un valor absolutamente unitario (pues la justicia es objeto de diversas interpretaciones, al paso que puede venir atemperada por exigencias de seguridad jurídica, de corrección formal o de equidad), la medida de los hechos está invariablemente representada por un módulo único. Fuera del debate judicial no se produce un discernimiento vinculante ni definitivo acerca de la verdad. El abogado al que se facilitan determinados antecedentes pafa la emisión de un dictamen, en principio se atiene a los hechos tal y como le son relatados o según aparecen de los documentos que se le entregan. Podrá formular consideraciones o reparos sobre si los estima completos o insuficientes; le cabrá prevenir acerca de las dificultades probatorias que pudieran presentarse; pero de ahí no suele pasar su compromiso en el tratamiento de los hechos. Incluso si el tema mismo objeto de la consulta concierne a la prueba es difícil pronunciarse en términos concluyentes. La cuestión cambia en el seno de la contienda judicial. Son pocos los pleitos —y no digamos las causas criminales— en los que el coeficiente probatorio no es el más elevado de los factores determinantes de la solución. Cabría decir que en el proceso la verdad de los hechos equidista de lo que es en la lógica una verdad formal (convencionalmente admitida) y lo que es la verdad empírica como exponente de lo realmente acontecido. El criterio de la verdad ni se desenvuelve por entero en el ámbito del nominalismo ni está constituido siempre por la captación de las cosas tal cual son. Acaso sea la vieja fórmula aristotélica la más próxima a la dimensión procesal de la verdad. Conforme a ella, la verdad no puede desaparecer de los enunciados porque solo en cuanto se dice o aduce algo tiene sentido preguntarse por su verdad; pero ésta no resulta del enunciado mismo, sino de su constatación con la realidad. Incluso los enunciados reputados en sí mismos como verdaderos tienen siempre una dependencia de la realidad. La mortalidad de los hombres que proclama en la premisa mayor el más típico de los silogismos tiene una conexión con la experiencia, aunque por obvia llegue a pasar desapercibida. El estrechamiento que el tema de 3a verdad recibe del neopositivismo, y sobre todo del empirismo lógico, conforme al cual las proposiciones concernientes a los hechos son verdaderas (o falsas), según resulte de la verificación, también se aproxima bastante al modo de operar la verdad judicialmente, aunque aquí la verificación no tenga igual alcance. La intersubjetividad del conocimiento como condición de su certeza propugnada por el neopositivismo y en general por la filosofía analítica también encuentra, mejor que reminiscencias, anticipaciones en los dóminos forenses. En principio, ningún enunciado de hechos unilateralmente establecido se toma por sí como expresión de la verdad. Se requiere una labor de constatación más o menos explícita y desarrollada que incumbe en términos generales a quien introduce los hechos en el proceso, con las salvedades que luego indicaremos.

Hasta dónde ha de llegar la constatación y cómo se obtiene se halla en relación con el alcance de lo controvertido y con la actitud adoptada por la parte contradictora. La controversia está constituida por lo que es objeto de debate y cuenta a los fines de la decisión. Consiguientemente, solo importan aquellos contenidos de verdad que se integran en la controversia e influyen en la misma. Controversia y discusión no coinciden plenamente. Esta suele sobrepasar a aquélla. Por lo tanto, los hechos indiferentes respecto de la solución, aunque figuren como alegados y discutidos, no requieren en rigor de una constatación; si bien no es infrecuente que se extienda a ellos porque no resulta claro siempre dilucidar cuáles son exactamente los límites de lo controvertido y es problemático durante el debate establecer la divisoria entre lo influyente y lo no influyente.

Dentro ya de la controversia, el problema de la verdad de los hechos está siempre en función de la actitud de la parte contradictoria y en función de la prueba. Digo en función de la parte contradictoria, porque la actitud de ésta condiciona la carga probatoria. Y digo en función de la prueba y no más concretamente en función del resultado de la prueba, porque si bien el resultado es el efecto directo y propio de la misma, no constituye el único modo de incidir en la verdad ni de establecerla, ya que como verdad ha de aceptarse también aquello que resulta exonerado de la carga de la prueba, o, mejor, de la práctica de la misma. Por eso la prueba, en conjunto, condiciona todo lo concerniente a la verdad, mas la verdad no se ofrece en todo caso como el resultado positivo y directo de la prueba. La verdad no equivale por completo a lo acreditado por la prueba. Dejando aparte los hechos recíprocamente aceptados en toda su dimensión fáctica y jurídica y que, por tanto, no son controvertidos aunque operen como elementos del conjunto llamado controversia, hay otros hechos que no son controvertidos en cuanto tales, como ocurre cuando la discrepancia sobre los mismos deja a salvo su realidad y se contrae al significado interpretativo que haya de atribuírseles con reflejo en la calificación y en las consecuencias jurídicas. Los hechos no controvertidos en cuanto tales, bien porque no se discuten o porque expresamente se aceptan o reconocen, aunque susciten problemas concernientes a su significado interpretativo y jurídico, tienen el mismo valor que los resultantes de la prueba. Incluso un valor superior en cuanto no se hallan sujetos a apreciaciones probatorias que pueden hacer cuestionable si algo se ha aprobado o no y hasta qué punto. Es obvio que la falta de prueba en contrario determina que haya de estimarse como establecido un hecho amparado por una presunción *inris tantum,* con lo que la omisión de la prueba o el resultado desfavorable de la practicada produce una consecuencia probatoria con influjo en lo que haya de tenerse por verdad. Por otra parte, la carga de la prueba no puede extenderse a las verdades empíricamente admitidas con alcance universal que figuran como elementos de los enunciados de muchos hechos.

Sin perjuicio de lo indicado acerca de que la verdad no es solo el resultado de la utilización de los medios de prueba, sino también el exponente de lo que se acepta sin llegar a la prueba o por el resultado desfavorable de la misma, no cabe duda de que el efecto específico de la prueba es hacer posible la estimación de la verdad de los hechos. Porque en último término todo queda sometido al criterio del que juzga. El principio de la Ubre apreciación es preponderante en nuestro ordenamiento jurídico. Aunque las «reglas de la sana crítica» no se enuncian como módulos valorativos de alcance general, sino a propósito de algunos medios probatorios (artículos 609, 632 y 659 de la Ley de Enjuiciamiento civil), no cabe duda que la fórmula, muy flexible, tiene un campo de acción más amplio. Hay supuestos en que, pese a la general libertad apreciativa, es preciso atenerse a determinados criterios, sin posibilidad crítica, como el que impone atenerse a lo que resulte de las actas del Registro civil sobre el nacimiento o estado de las personas cuando no haya prueba contradictoria de su contenido. Es lo cierto, sin embargo, que la verdad se objetiviza o formaliza respecto de determinados datos o aspectos particulares, mientras que los hechos en su polifacetismo y en su conjunto difícilmente pueden quedar abarcados en un concepto de verdad por completo despersonalizado. Luego el abogado, junto al problema harto difícil de constatar la certidumbre en los términos de la mayor verosimilitud posible, se encuentra luego con el problema de la apreciación, que habrá de hacerse, sin duda, de una manera imparcial, pero subjetivamente, conforme a criterios discursivos y analíticos que cada uno utilizamos en función de circunstancias y consideraciones difíciles de presuponer. Lo que el abogado proclama como asertórico puede experimentar luego enfriamientos dubitativos. Cuando las razones pierden el soporte del fervor apasionado, si no se esfuman por completo, se resienten. El profesor y abogado francés Jean-Denis Bredin, refiriéndose a la lógica judicial y a la argumentación de hecho, escribe: «Un hecho se constata, o un hecho se verifica por su reproducción experimental. Mas el hecho, materia de un litigio —y, en realidad, esto le confiere una importancia y una originalidad esenciales— es un hecho histórico, es decir, un hecho que no puede ser directamente constatado ni puede ser experimentalmente reproducido. La confesión no es más que un relato particularmente digno de crédito en cuanto emana de aquel que pretende ser el autor del hecho. La reconstitución no es la reproducción experimental, es la investigación de una semejanza. El abogado está obligado, por tanto, a establecer el hecho y a utilizar los medios de prueba prevenidos en la ley que, en realidad, no consiguen más que hacer el hecho verosímil o probable sin que jamás, me parece, se alcance la demostración»[82]. No le falta razón a Bredin, aunque quizá se manifiesta en términos de excesivo rigor y toma como expresiones de lo veritativo medios de comprobación no idóneos de suyo para la compulsa de los fenómenos sociales y en particular del comportamiento humano que es el componente predominante de los hechos objeto de controversia. No obstante, los medios judiciales de prueba alcanzan un rigor superior al del testimonio histórico. Lo admitido como cierto en tal orden de ideas no es en todos los casos suficiente a los fines de un litigio. Sin embargo, de reconocer esto así a tomar como modelos de comprobación la constancia en el sentido de percibir directamente el hecho o de volver a reproducirlo, hay mucha diferencia. El accidente de automóvil origen de las víctimas y los daños no es percibido por el abogado o por el juez —salvo circunstancias excepcionales, que pese a todo en el orden judicial estricto no tendrían un valor probatorio irrebatible—, ni cabe tampoco reproducirlo experimentalmente en su realidad. Las actitudes adoptadas o las manifestaciones que hicieran determinadas personas en el curso de una negociación contractual es imposible traerlas de nuevo ante nosotros tal y como sucedieron. La prueba, de ordinario, se dirige a acreditar unos hechos partiendo de su realización, pero también de su irrepetibilidad. No consiste en volverlos a hacer reales. Lo que se intentara en ese sentido, por muy literalmente que quisiera plegarse a lo sucedido, no pasaría de ser una escenificación. Con todo, hay excepciones. Por ejemplo, la situación en que se encuentran dos fincas y el emplazamiento de los huecos abiertos en una de ellas a los fines de apreciar si existe signo de servidumbre y cuál es el alcance de ésta, constituye una realidad directamente observable en una prueba de reconocimiento judicial. El análisis de un producto intervenido como objeto de tráfico ilícito de drogas dota de un conocimiento acerca de la composición del mismo superior al que se tenía antes de la práctica de la prueba. La exhibición de los libros de comercio permite ver los

aportaciones y conclusiones del V Coloquio de los Institutos de Estudios Judiciales, celebrado en París, Presses Universitaires de France, pág. 98, París, 1969.

83 Cfr. BLANCHÉ, *ob. cit.*, págs. 177 y sigs., y FERRATER MORA, *Diccionario de filosofía*, cit., voz «analogía».

mismos datos contables tal y como aparecen establecidos. Diversas pruebas de adveración de documentos de las que se practican en archivos públicos y en particular en protocolos notariales tienen por objeto comprobar que la copia del documento utilizado se corresponde con su matriz. Aquí hay más que una reproducción experimental. En definitiva, en buena medida, la cuestión estriba en lo que entendemos por hechos. Si se trata de sucesos o comportamientos que se realizan en el tiempo y con él transcurren, captarlos en su propia fluencia, al margen de la huella que hayan dejado, es de todo punto imposible. En cambio, determinados datos, objetos y hasta algunos hechos, sí son susceptibles de la más exigente constatación directa.

3. La identificación del derecho

Antes de llevar a cabo la conexión o ingreso de los hechos en las normatividades jurídicas concernientes a los mismos, el abogado realiza una labor preparatoria proyectada sobre el derecho. Así como es un organizador de los hechos, así también es un organizador del derecho. Unos y otros preexisten, no proceden del abogado, si bien ha de someterlos a un tratamiento crítico y explicativo. El simplicismo esquemático «dados los hechos *b* y la regla *r*, la solución es *s*», exige, antes de llegar a *s*, establecer qué es *b* y qué es *r*. La tarea del abogado se despliega en el interior de cada una de las premisas para poder llegar luego a la conexión y con ella a la solución. La técnica o el arte no están en la llegada, sino sobre todo en el tránsito por los caminos conducentes. A veces hay quien sin saber cómo se encuentra en la meta. Entonces la fortuna suple al buen oficio, si no es el caso de una rapidez intelectiva privilegiada. En tanto los hechos son problemáticos en cuanto tales desde el punto de vista de su verdad, el derecho es problemático en orden a la elección de las normas pertinentes, a la determinación de su sentido y a la aplicabilidad de aquéllas al caso cuestionado. La determinación y el establecimiento del sentido de las normas se integran en la fase relativa a la operatividad con el derecho; la que para una consideración lógica se presenta como primera premisa o premisa mayor y para una consideración cronológica actúa más bien como segunda premisa, ya que, ante todo, están los hechos, porque solo en razón de ellos surge el problema jurídico. La aplicación corresponde propiamente a la etapa ulterior de la conexión, cuando hechos y derecho se refunden. Si mental e incluso metodológicamente todas estas actividades son sucesivas y separables, no se realiza ninguna de ellas sin estar pendiente del reflejo y de las implicaciones mutuas.

¿Guales son las normas y cómo son? He aquí lo que, sobre todo, queda en el interior de la actividad discursiva centrada sobre el derecho.

El cuáles son supone la investigación dirigida a identificar la norma o normas pertinentes. Mientras los hechos no son elegibles, aunque ofrezcan estos o aquellos aspectos dignos de atención preferente, en orden al derecho, a veces, existen posibilidades de optar. Puede no presentarse un enfoque como el exclusivo o una solución como única. Mientras el entregado a un saber puramente especulativo o científico se desenvuelve en un plano de generalidad en el que no aparecen todos los problemas, y si surgen, le basta con apuntarlos, al abogado le incumbe resolverlos, y no de cualquier manera, sino de aquella más conforme con los intereses que se le confían.

Referiré un caso con cierto valor explicativo. En una ocasión acudió al abogado un señor que había comprado mediante escritura pública una finca rústica. Iba un tanto perplejo. A raíz del otorgamiento de la escritura pública, el vendedor incumplió ciertas obligaciones concernientes a la entrega de la finca, que estaba ocupada materialmente por unos terceros sin título. El comprador, no muy interesado entonces por llevar a término la operación, pues juzgaba que no había hecho muy buena compra, promovió un acto de conciliación declarando la resolución del contrato por incumplimiento. No compareció el vendedor y así quedaron las cosas durante varios años. El transcurso del tiempo trajo consigo una revalorización de la tierra y una devaluación del poder adquisitivo del dinero —más bien esto último— y aquel señor que contemplaba con óptica distinta el dinero desembolsado y el valor de la finca, acudió al abogado, pretendiendo el cumplimiento del contrato tras haber efectuado la declaración de resolución por incumplimiento. Con solo el recuerdo del artículo 1.124 del Código civil y la jurisprudencia a él concerniente, el abogado comprendió que la acción de cumplimiento del contrato, como medio de obtener el disfrute de la finca, era impracticable porque, habiendo declarado la resolución del contrato, no podía instar después el cumplimiento del mismo, sino abundar en aquella resolución, por la que el comprador rescataría el precio y la finca seguiría siendo del vendedor (por llamarlos de alguna manera, ya que con la ruptura del vínculo dejaban de ser tales vendedor y comprador). Como habían pasado más de dos años, que es el tiempo de eficacia del acto conciliatorio como requisito para la promoción de un litigio, el abogado pensó si, transcurrido con exceso tal tiempo, habría de estimarse superado el obstáculo que impedía promover el cumplimiento después de haber declarado la resolución. Inmediatamente advirtió que aun cuando el acto conciliatorio hubiera perdido esa eficacia procesal, la declaración de resolución en él contenida continuaba viva y públicamente documentada. Luego la puerta entreabierta se cerró de inmediato. Recordó entonces el abogado algo en que le habían insistido mucho en la Universidad. Cuando estudiante no pasó de ver en ello más allá de un malabarismo académico o doctrinario. Era la distinción entre el derecho en su fase obligacional, como es la compraventa meramente perfeccionada generadora de derechos y deberes tendentes a su ejecución, y el derecho en su fase real, situación en la que se entra por la tradición simbólica o instrumental cuando media escritura pública. Hecho este esclarecimiento se dijo a sí mismo que aquel señor perplejo a causa de cierta precipitación y de las mutaciones económicas no era un mero comprador, sino el titular de un derecho real de propiedad derivado de la tradición instrumental. No tenía a su favor un simple título, sino también un modo de adquirir. Por su parte, el adquirente había satisfecho el precio y lo que le faltaba era la posesión material. El abogado, para corresponder a los intereses que se le confiaban (eran unos acusados intereses económicos, aunque no ilegítimos), se inclinó por obrar en consonancia con el derecho real de que estaba asistido su cliente. Nada de cumplimiento del contrato, porque esa vía abocaba a la contradicción con la anterior declaración resolutoria, sino ejercicio de una acción real de tutela del derecho de propiedad que había adquirido, aunque no se le hubiese realizado la entrega material de la finca. Esa entrega sería el cumplimiento obligacional de la obligación de dar; como no se había efectuado no surgió de ella el derecho real, mas como se había otorgado la escritura pública, el nacimiento del derecho real resultaba antepuesto al cumplimiento de la obligación de entregar. Acción, pues, tuteladora del derecho real. ¿Pero cuál? Prototípica es la acción reivindicatoria. Concurrían todos los requisitos. Desde el punto de vista de la legitimación pasiva, bastaba con demandar también a los terceros poseedores o detentadores de la finca. Sin embargo, el abogado tenía miedo a formular una petición de entrega de la finca, porque aunque tal entrega era la consecuencia de la reivindicación y ésta la consecuencia del derecho real adquirido, guardaba materialmente semejanza con la entrega como cumplimiento del contrato, aunque las causas de pedir fuesen claramente distintas. El abogado consideró preferible el ejercicio de una acción declarativa del derecho de propiedad, menos drástica, sin petición de entrega, y sí completada con la de inscripción en el Registro de la Propiedad del título de adquisición. La acción prosperó y el logro de la posesión material de la finca fue objeto de un ulterior procedimiento del artículo 41 de la Ley Hipotecaria, que vino a suplir en este caso la falta de ejecutividad de la sentencia declarativa. En el curso del pleito ni siquiera se suscitó el problema que quizá, pese a todo, podía derivarse de la declaración de resolución del contrato. La estrategia discursiva no tuvo ocasión de salir a la superficie. Acaso fue lo mejor que pudo ocurrir. Porque no hay mejor argumento que aquel que no llega a esgrimirse. De todas .maneras, al abogado le quedó en su interior la duda de si había levantado una tempestad en un vaso de agua.

Hay algo de signo distinto en lo siguiente. El mismo abogado se iniciaba en las lides profesionales. Había formalizado un recurso de casación ante la Sala 1.ª del Tribunal Supremo. Abordaba el tema de la situación jurídica anterior y la subsiguiente a la declaración de ratificación en un contrato concertado por quien carecía de poderes o de representación para ello. Los recursos de casación en aquella época permanecían largo tiempo pendientes de resolverse. El abogado autor del recurso tenía a su cargo los comentarios de jurisprudencia en una conocida revista jurídica. Por esta circunstancia llegó a sus manos, antes de que fuera publicada en las colecciones al uso, una sentencia de la Sala 1.ª del Tribunal Supremo favorecedora de la tesis sustentada en el recurso. El abogado en cuestión no pudo escindir por completo su personalidad, y en cuanto comentarista de la jurisprudencia, dentro de cierto tono discreto, resaltó cuanto pudo la doctrina de la sentencia, con las miras puestas en el recurso que pendía ante el Tribunal Supremo. Señalado el día de la vista, la primera sorpresa que experimentó fue encontrarse como letrado de la parte contraria al más famoso de los que por entonces ejercían la profesión. La segunda sorpresa fue comprobar que aquel letrado, además de eminente, cuidadoso y hábil, había seguido la pista a la sentencia y al comentarista. Entre los papeles de que era portador figuraba un ejemplar de la revista. El letrado recurrente pensó que el recurrido haría, si no una crítica de la sentencia, sí del comentario deslizado a propósito de la misma, y que incluso proclamaría cómo estaba muy condicionado por el deseo de apoyar lo sustentado en el recurso. No fue así, sin embargo. El ilustre letrado recurrido (he dicho que era hábil, así como también noblemente polémico) se las había ingeniado para encontrar en el comentario elementos de apoyo que justificaban, no la posición del recurrente, sino la de la parte recurrida. Para el abogado que se iniciaba a la sazón fue también una sorpresa que el recurso fuera desestimado. El adentramiento en el ejercicio profesional le hizo menos sensible a este tipo de sobresaltos. La consecuencia ilustrativa que se obtiene es cómo una norma tan escrupulosamente estudiada y fortalecida, en el recurso y fuera de él, no es siempre suficientemente propicia para el éxito de la tesis defendida.

En efecto, la solución pasa por las normas; mas no se halla completamente preconfigurada en ellas ni se obtiene a sus expensas de un modo exclusivo. Lo mismo que al determinar cuál es la norma idónea o el encauzamiento adecuado hay cierto margen de iniciativa, lo mismo también al establecer cuál es su sentido respecto de un caso no dejan de concurrir un conjunto de factores que no son totalmente intranormativos o no están por completo normativizados ni son en absoluto invariables. Por eso el abogado, al mismo tiempo que se complace en las más depuradas filigranas lógicas, no puede confiarse del todo a ellas. No soy de los que creen que la vida y lo lógica habiten en mundos separados o se muevan siempre de espaldas. Sí veo, en cambio, cómo la vida tiene unas fluencias no sometidas por entero a las conformaciones lógicas. La lógica es solo necesidad racional; y la vida es una mezcla de necesidad y de libertad, de efímera contingencia y de infinito.

Comparando las proposiciones concernientes a los hechos, al derecho y a las que sobre la base de la adecuación de unos y otro se transforman en pedimento, no ofrece duda alguna que las proposiciones concernientes al derecho son de alcance más general que las otras. Aunque en la composición de los hechos figuran elementos tan generales como la vida, la muerte, el tiempo, la buena fe, etc., tienen siempre unas adscripciones individuales, son predicados de sujetos y objetos ilimitadamente variables. Lo que se pretende de la conexión de los hechos con el derecho es, en todos los casos, algo concreto, porque lo es de suyo o, al menos, respecto de quien y por quien se pide. Si además se tiene en cuenta que las proposiciones concernientes al derecho se enuncian en forma de reglas expresivas de un deber ser, tal característica introduce en ellas una mayor carga de generalidad. Esta no procede solo del carácter abstracto de las normas; deriva también de que no enuncian hechos (aunque haya en las mismas genéricas previsiones), sino «leyes» conformadoras. Esto determina que las proposiciones relativas a las normas, en cuanto más generales que las concernientes a los hechos, sirven de punto de partida a un razonamiento de tipo deductivo que tiene por objeto convertir las proposiciones generales en singulares o concretas. Si bien la marcha de lo general a lo particular es deducción, no toda deducción queda absorbida por el silogismo, aunque siga siendo la fórmula más frecuentemente aplicada por el jurista. Cabe asimismo la deducción cartesiana, la transformación tautológica, la identidad, etc. Ahora bien, el que las normas sean y hayan de reputarse como generales no significa que, por necesidad, contengan previsiones comprensivas de todos los hechos ni de todas las peticiones articulables como realización práctica del derecho. Naturalmente, la entidad comprensiva de las normas está en función de su generalidad; a mayor grado de generalidad, mayor capacidad de comprensión. No obstante, unos determinados hechos o el problema que suscitan pueden escapar de las previsiones normativas directas. Entonces se plantea la cuestión de inquirir cómo se alcanza la generalidad requerida. En nuestro sistema jurídico, los procedimientos a seguir están representados por la interpretación extensiva, la analogía (ahora expresamente recogida en el artículo 4 del Código civil como medio de investigación integradora) y los principios generales del derecho. Fácilmente se comprende que teniendo éstos el carácter de fuente subsidiaria (salvo cuando actúan a través de las demás fuentes, como dice el artículo 1, apartado 4, del Código civil, en cuya hipótesis no funcionan como verdaderos principios) es preciso agotar anees los mecanismos interpretativos e integradores y la propia escala de la subsidiariedad en la que aparece antes la costumbre. En el fondo, los principios generales del derecho suelen ser exponente de una normatividad expresada en términos de mayor generalidad que la contenida en la articulación normativa de los códigos y las leyes. Luego cuando se acude a ellos el descenso deductivo subsiguiente viene acusado. Una operatividad discursiva distinta es la que se produce con motivo de la interpretación extensiva (en la que predominan los factores sistemáticos y teleológicos) y en la analógica. En ambas se logra una generalización tomando como punto de partida datos que, al menos en su enunciación, se ofrecen como particulares o menos desarrollados que en la generalización resultante. Por la interpretación encontramos o descubrimos lo que, estando latente, no aparece suficientemente enunciado y requiere, para elevarlo a un nivel de expresión, una penetración analítica hasta llegar a la correspondiente reconstitución sintética. En la analogía necesariamente intervienen dos datos o factores, uno establecido y otro hipotético. La combinación es muy curiosa; porque el establecido es sencillamente el preconfigurado o previsto en la norma, que no es totalmente coincidente con el dato real, constituido por la situación de hecho necesitada de tratamiento jurídico. Este dato, si por una parte es real en cuanto existe, por otra parte funciona como hipotético en cuanto hacemos cuestión de la normatividad a él correspondiente. Luego desde el punto de vista de la existencia es más efectivamente real el llamado dato hipotético, que es solo hipotético en el aspecto de no conocerse la configuración a él correspondiente. En definitiva, la diferencia radica en que el dato normativamente establecido es completo en su significación fáctico-jurídica, mientras el dato hipotético, real en cuanto a su significación fáctica, precisa de una significación jurídica que ha de obtenerse por la analogía. Sin perjuicio de lo que pueda sustentarse en torno a si en la analogía hay inducción o si constituye un tipo de razonamiento distinto del deductivo y del inductivo, que va de lo particular a lo particular[83], por lo que se refiere a la analogía en su función integradora del derecho, parece cierto que está montada sobre un razonamiento por virtud del cual una determinada proposición normativa alcanza un campo de aplicación más amplio en el cual quedan comprendidos los casos no integrados directamente en una proposición normativa determinada. Ese mayor poder comprensivo supone, sin duda alguna, una inducción en cuanto que, partiendo de la proposición normativa establecida y ascendiendo a la razón o fundamentos justificativos de la misma, se obtiene la conclusión de que el fundamento justificativo es válido también para la clase de los casos carentes de previsión normativa. Mientras cuando se opera solo en el plano de la interpretación (extensiva) lo que se hace es dotar a la proposición normativa interpretada de un alcance por virtud del cual se comprende en ella el caso cuestionado, en cambio si se lleva a cabo la investigación analógica el efecto resultante es la creación de otra proposición normativa que, por la igualdad en la razón o en el fundamento, debe de representar la regulación de lo no previsto en la proposición investigada analógicamente. Si bien es cierto que entre la proposición investigada analógicamente y la obtenida por el tratamiento analógico puede haber una similitud en el sentido también de que no sea ninguna de ellas más general que la otra, esto no es indispensable, pues puede haber diferencias en cuanto al alcance de una y la otra sin que por ello falte la relación de analogía. Sin embargo, la analogía presupone como punto de partida un razonamiento inductivo por el que la proposición normativa así tratada obtiene un alcance más general que permite, a expensas de esa generalidad, obtener otra proposición normativa no enunciada como tal. La proposición normativa obtenida analógicamente no representa solo la búsqueda de una solución para el caso individual de que se trate. Antes que solución de ese caso individual, entraña la elaboración de una norma con entidad para comprender a los casos de la clase del controvertido. Consiguientemente, el descenso de la norma analógica hasta el caso individual da entrada también al razonamiento deductivo; pero tal deducción no figura ya en la investigación o conocimiento de la norma, sino en el tránsito de la misma hacia los hechos concretos. Y el estableci-

---

[84] Cfr. ULLMANN, *Semántica. Introducción a la ciencia del significado,* trad. esp. de Juan Martín Ruiz-

miento de un punto de partida deductivo a estos fines se ha logrado con una inducción previa combinada con un razonamiento analógico.

4. La conexión hechos-derecho: Interpretación, calificación y consecuencias jurídicas

En el seno del proceso cognoscitivo seguido por el abogado la conexión hechos-derecho no es la mera operación de ensamblaje de aquellos, ya establecidos, y éste, el derecho, ya determinado. Al mismo tiempo, con motivo de la conexión, los hechos y el derecho reciben tratamientos complementarios. En su conjunto, se realiza una labor de aquilatamiento y de precisión. Las piezas han de ser puestas en disposición de integrarse. La acomodación presupone el reajuste. El derecho no es un troquel uniforme. Los hechos han de ser condensados y definidos en su dimensión jurídica. Este ensamblaje o conexión (lo que la dogmática tradicional ha concebido como un «subsumir») no es el primer encuentro de los hechos con las normas, aunque sea, ciertamente, el decisivo; y no es tampoco un mero encuentro —un choque o una tangencia— porque la acomodación de los factores supone una última y definitiva decantación al nivel de la correspondencia que, a su vez, se desarrolla en diversas fases, que llamaremos de *interpretación,* de *calificación* y de establecimiento de las *consecuencias jurídicas*

Los hechos en cuanto tales plantean, según hemos visto, el problema fundamental de su verdad. Esta ya es discernida mediante la utilización de ciertos criterios jurídicos. Sin embargo, la verdad de los hechos, que concierne a éstos en sí mismos, no constituye propiamente una faceta de la conexión que requiere una consideración de los hechos no en cuanto a su realidad, sino en orden a su significación. Lo que haya de estimarse como probado depende de la pertinencia de la prueba, de la distribución de su carga y del resultado que arroje. La prueba en su alcance total —es decir, carga, exoneración, presunciones y resultado— deja ultimados los hechos como hechos. El derecho, en este orden de cosas, no tiene más intervención que la de articular los medios de inquirir la certidumbre de los hechos sin llevar a cabo ningún cometido que concierna todavía a su significación jurídica. La actitud del abogado respecto de los hechos, en cuanto a su exclusivo valor de verdad, depende del marco procesal en que se desenvuelve. Cuando promueve una demanda, como falta todavía el discernimiento contradictorio de la verdad, se limita a suponer la certeza de lo afirmado. Esto le confiere una gran libertad argumentativa, si bien el alcance de la misma adolece de márgenes de eventualidad. No está comprimido todavía por el resultado de la prueba, mas no viene tampoco fortalecido por él. Diversamente, cuando el abogado formaliza un recurso de casación y no articula ningún motivo de impugnación de la apreciación de la prueba, la verdad viene constituida no por lo que el abogado entienda como resultado probatorio, sino por lo sustentado acerca del mismo por el Tribunal, bien con la fórmula de «hechos probados» expresamente fijados con ese carácter (como ocurre en el recurso de casación penal y en el laboral), bien por una apreciación de la que aparece qué se entiende como probado (como ocurre en el recurso de casación civil). En esta hipótesis, frente a la libertad argumental concurrente en la hipótesis de la demanda, el abogado experimenta una considerable restricción. Dados unos hechos como ciertos, solo puede discreparse en orden a la interpretación, la calificación o las consecuencias jurídicas. Así las cosas, todo el problema del abogado estriba en hacer girar, en sentido contrapuesto al del Tribunal, las dimensiones jurídicas de los hechos que no se pueden negar, eludir, sustraer ni completar.

a) Los hechos no considerados en su estricta cualidad de tales, sino con vistas a su dimensión jurídica, reciben como primera impronta significativa la derivada de la *interpretación*. Mientras la interpretación es un modo necesario y uniforme de acceso a las normas, no ocurre exacta y paralelamente otro tanto en orden a los hechos. La interpretación, en sentido propio o estricto, es solo un tratamiento necesario respecto de una clase de hechos: los que contienen manifestaciones de voluntad. El Código civil restringe todavía más la interpretación. Dicta normas acerca de ella a propósito de los contratos (artículos 1.281-1.289) y del testamento (artículo 675). Dentro de la restricción, esos preceptos contienen las reglas interpretativas de más amplio alcance. Existen otras normas interpretativas que pueden considerarse como especiales y hasta excepcionales por estas dos razones: porque predeterminan una interpretación, como ocurre con los artículos 346 y 347 del Código civil cuando, con relación a determinadas expresiones, si bien refiriéndose a una gama de actos más amplia que la de los artículos 675 y 1.281 y siguientes, por cuanto comprende tanto la «ley» como la «declaración individual» u «otra disposición», dicen cómo han de entenderse en ellos las expresiones «bienes inmuebles», «bienes muebles» y «muebles», con lo que no establecen una hermenéutica interpretativa a utilizar en la aplicación del derecho, sino que imponen una interpretación legalmente preestablecida; o porque refiriéndose a determinadas manifestaciones de voluntad sustraen la interpretación de las mismas a las reglas más generales de hermenéutica, como puede verse en el artículo 785-1.° cuando subordina la validez de las sustituciones fideicomisarias a concretas exigencias de expresión de la voluntad, y como sucede con el artículo 1.204 al subordinar la novación extintiva a una declaración terminante, con lo que resultan excluidas las reglas generales relativas al testamento y a los contratos. No obstante el limitado alcance con que el Código civil configura la interpretación, ésta se extiende a todas las manifestaciones de voluntad. No basta con que el acto responda a una voluntad; es preciso que sea relevante para el derecho precisamente en cuanto manifestación de la voluntad. La jurisprudencia ha solido servirse de la categoría del «negocio jurídico» para fijar el ámbito de la interpretación. Con esta fórmula, si bien sobrepasa los más reducidos esquemas legales, acaso no llega hasta donde debe alcanzar la interpretación. Aunque el origen volitivo del acto no es suficiente para dar entrada a la interpretación, tampoco parece indispensable que se trate de un negocio jurídico. Así tenemos que los actos contrarios a derecho, como el delito civil o el penal, no quedan sometidos de suyo a la interpretación, pese a la voluntariedad, y, sin embargo, algún delito determinado, por su específico significado intencional, como ocurre en el de injurias, requiere una interpretación.

Las manifestaciones de voluntad sometidas a interpretación suelen venir exteriorizadas mediante el empleo del lenguaje a través de la palabra oral o escrita. Es evidente que hoy predomina la expresión escrita. No es, sin embargo, indispensable referirla a las manifestaciones de voluntad que se producen a través de la palabra. La conducta actúa también de medio emisor. Aunque el Código civil toma en cuenta el comportamiento (actos anteriores, coetáneos y posteriores, según el artículo 1.282 y los desarrollos jurisprudenciales) como criterio interpretativo, nada se opone a que el propio comportamiento, en cuanto manifestación de voluntad, sea objeto de interpretación y no mero instrumento de la misma.

Por medio de la interpretación las manifestaciones de voluntad vienen fijadas o establecidas con vistas a su ulterior calificación jurídica. Lo que hayan de ser al cabo de una mayor penetración en el campo normativo depende de cómo se haya entendido la manifestación de voluntad a través de la interpretación. Se interpretan los hechos —o más exactamente, cierta clase de hechos— que antes se constatan desde el punto de vista de su verdad. Y luego esos mismos hechos, ya interpretados, se califican. La interpretación equidista de la prueba, como determinación de la verdad, y de la calificación jurídica como introducción del contenido resultante de la interpretación en las catalogaciones o modelos normativos. Es un paso subsiguiente a partir de la prueba y un paso precedente respecto de la calificación. No se limita a ver los hechos como realidad. Tampoco alcanza a definirlos jurídicamente. Los predispone para esa definición o calificación jurídicas. Ella misma es una operación jurídica no solo en cuanto se encuentra sometida a ciertas normas, sino porque requiere unos conocimientos acerca del derecho. Mientras cualquiera pueda pronunciarse sobre la verdad, no es posible decir otro tanto respecto de la interpretación que, aun cuando parte de unos datos, ha de considerarlos bajo el prisma de sus dimensiones jurídicas. Interpretar es, sin duda, entender; un entender resultante de hacer problemático cómo algo haya de ser comprendido. Por un lado está el entender; por otro, aquello sobre lo cual recae: el objeto. Este se ofrece como una comunicación. La comunicación es, al mismo tiempo, un modo de dar a entender y de ser entendido. Interpretar no es la mera percepción auditiva o visual, sino una reflexión respecto de aquello a que remite lo percibido. En tanto leo las cláusulas del contrato, las percibo. Percepción no es, naturalmente, el puro acto sensorial de recibir esas cláusulas. Sin embargo, entender el «sentido» —el sentido, diría, decisivo, o esencial o terminante— sobrepasa la percepción y da lugar a un entendimiento alcanzado mediante la reflexión interpretativa.

He hablado precisamente del «sentido». ¿Por qué? Tres palabras están siempre muy próximas, discutiéndose el mismo territorio o simplemente distribuyéndosele: «significado», «significación» y «sentido». La fenomenología, la filosofía analítica, la semántica como parte de la lingüística, y la semiótica, con preocupaciones de diferente alcance, han removido la temática de la significación, sus derivados y correlatos, que en buena medida reemplaza a la metafísica del ser.

¿Interpretar es determinar el significado o determinar el sentido? No sin ciertas concesiones al convencionalismo derivado del juego de las palabras, de su sinonimia y su polisemia, y de los matices que uno mismo insensiblemente incorpora a las denotaciones, me permitiría decir que el proceso interpretativo sitúa a lo interpretado en el ámbito de la significación. El ser de algo consiste en significar; y este significar, si bien tiene su impulso en el sujeto emisor de la comunicación, es preciso recibirlo. ¿Recibir qué? ¿El significado, el sentido? A mi modo de ver —que no pretende irrogarse ninguna exclusiva de acierto—, determinar la significación no es tanto hallar el significado como, más precisamente, determinar *el sentido del significado.* Aunque hay diversas concepciones del significado, desde la analítica o referencial, que trata de encontrarle en los componentes de las palabras, hasta la concepción operacional para la que solo cuenta cómo opera el significado[84], con lo que éste adquiere una mayor flexibilidad, me parece preferible dar entrada al sentido. Porque en tanto los significados, aunque puedan ser varios y reversibles, parece que están subordinados a los valores de las palabras, el sentido incorpora mayores dosis de singularización al paso que su campo predicativo es más amplio, pues lo mismo se infiere de las palabras que del mismo silencio o de la conducta.

Werner, Ed. Aguilar, pág. 63, Madrid, 1972.

85 ULLMANN, *ob. cit.*, pág. 65.

Esta predilección por el «sentido» es muy personal. No creo siquiera que venga influida por el hecho de que el Código civil, en materia de interpretación, se refiera precisamente al «sentido». El «sentido literal», dicen los artículos 675 y 1.281; «el [sentido] más adecuado», dice el artículo 1.284; «el sentido que resulte del conjunto», dice el artículo 1.285. Alguno de estos «sentidos» son reemplazables por el «significado»: el «sentido literal» es precisamente un «significado» gramatical. No ocurre otro tanto con otros empleos del «sentido». Lo cierto es que el Código civil busca un sentido como relevante. Y la relevancia del sentido la subordina a la intención. El Código civil, salvo cuando por razones de certeza o de seguridad predetermina él mismo un sentido, que entonces equivale a un significado elegido —como cuando dice qué ha de entenderse por «muebles»— concibe la significación desde el punto de vista del emisor. No cuenta tanto lo dicho cuanto lo querido decir. Hay que extremar, consiguientemente, la búsqueda de la intencionalidad. Interpretar es más colocarse en el lugar del emisor que actuar en el papel de receptor. Es un esfuerzo por comprender. En cuanto se trata de comprender algo que recibimos no podemos prescindir de nuestra posición de receptores. Pero el sentido, desde el punto de vista de la interpretación como proceso del conocimiento jurídico, no consiste en decir cómo yo recibo lo emitido. El «sentido» definido como «la información que el nombre comunica al oyente»[85] no es una fórmula válida para el jurista que interpreta. No puede abandonarse al papel de oyente. Partiendo de la percepción, desempeña una tarea muy superior a la de percibir o recibir. La percepción es sobrepasada con un doble alcance; por un lado, porque es preciso volver al acto de la emisión y de las circunstancias en que se ha producido, y de otro lado, porque hay que convertir la percepción en fenómeno de la comprensión jurídica. El intérprete, dado su conocimiento del derecho, encuentra en la emisión, en la percepción y en lo emitido y percibido problemas y facetas cooperadoras en la determinación del sentido. Precisamente del sentido. Cuando me encuentro con una palabra perteneciente a un idioma que no conozco pregunto qué significa. El que me responde me facilita una correspondencia lingüística por la que el significante de la palabra en la lengua desconocida se convierte en otro significante para mí conocido a través del cual encuentro el significado. La traducción no va de significante a significante directamente, sino a través del significado. Esta operación no es para mí de simple percepción, porque lo que se me ofrece como significante carece para mí de significado. En una operación de tal clase, aunque sobrepase o complique la mera percepción, no hay todavía interpretación propiamente dicha. Porque ésta requiere hallar precisamente el sentido del significado. Es decir, partiendo de unos significantes conocidos y de diferentes significados posibles, determinar el sentido, que no es tampoco la mera elección de un significado, sino la comprensión de aquello que se interpreta, su sentido.

Aclararé las ideas refiriendo someramente un caso de interpretación. Dos cónyuges sujetos al régimen del Código civil se proponen otorgar testamento en forma ológrafa y recíproca. Uno redacta de su puño y letra la disposición testamentaria diciendo: «Se lo deja el uno al otro todo lo habido y por haber para hacer y deshacer». Con ello configura una institución de herederos a título universal, que es recíproca porque entraña una disposición mutua respecto de ambos. Ya he dicho que el texto es autógrafo. Se completa con la fecha y la firma del propio cónyuge que suscribe la disposición. El otro cónyuge no sabe escribir. En nombre de él, el que escribe, dice lacónicamente que igual disposición es querida por el otro y en

86 Ortega, *Miseria y esplendor de la traducción,* «Obras completas», tomo V, págs. 433 y sigs.

prueba de su conformidad estampa su huella dactilar, que es adverada por dos testigos. Fallece el cónyuge que escribió, firmó y fechó el documento, y éste logra protocolizarse como testamento ológrafo del fallecido, el marido, en virtud de lo cual el otro cónyuge, la esposa, pasaba a ser heredera universal del marido. Se impugna en juicio de mayor cuantía por los herederos intestados del causante la protocolización del documento y respecto del mismo se plantea el problema de si aquel documento puede valer como testamento ológrafo del marido. La tesis de la validez se hacía descansar en que si bien el Código civil prohíbe el testamento mancomunado (artículo 669), en el presente caso resultaba eludida tal prohibición, porque el documento solo podría valer como disposición testamentaria del marido, ya que, en cuanto a la de la mujer, faltaba el indispensable requisito de la autografía (artículo 688). La nulidad, pues, de la disposición testamentaria de la mujer permitía la validez del acto como testamento del marido. La tesis así configurada acerca de la validez del acto está basada en la directa aplicación de normas concernientes a la calificación jurídica. Omite por completo el proceso interpretativo. Llevando a cabo éste, lo primero que ha de preguntarse es lo siguiente: ¿Cabe cercenar la manifestación de voluntad del marido y, estando expresada en términos recíprocos, puede quedar reducida a la sola voluntad testamentaria de él? No, porque si el marido instituyó heredera universal a la mujer lo fue en la medida en que ella, al mismo tiempo, quería instituir al marido. En el plano volitivo ambos se consideraron como beneficiarios mutuos de sus disposiciones. No hay voluntad unilateral del marido. Las disposiciones testamentarias fueron configuradas en términos recíprocos e indivisibles. Si la reciprocidad no puede darse porque únicamente tiene validez formal una disposición y, si se diera, se infringiría la prohibición del testamento mancomunado, la voluntad expresada por el marido no vale como testamento ológrafo a favor de la mujer. Quizá el referido sea un caso límite en orden a la interpretación. De todas maneras pone de manifiesto cómo es algo más que recibir mensajes o información o encontrar significados. Es eso tan difícil que consiste en la determinación del sentido de las manifestaciones de voluntad.

b) La *calificación jurídica* es la operación de adentramiento de los hechos en el derecho. Subsigue al proceso interpretativo cuando éste es pertinente. En cambio, se lleva a cabo de un modo más directo si los hechos, por no tratarse de manifestaciones de voluntad, no se hallan sujetos a una interpretación previa y autónoma. La interpretación deja al acto completamente decantado en orden a su sentido y a partir de él entran en juego las normas que lo califican. ¿Falta por completo la determinación del sentido de los hechos cuando respecto de éstos no procede la que he llamado interpretación previa y autónoma? Entiendo que no. Lo que ocurre en tales casos es que no hay una regulación legal de la interpretación con la consecuencia procesal de que, a los efectos de un recurso de casación por infracción de ley, no podrán citarse como normas infringidas las relativas a la interpretación que se contraen a las manifestaciones de voluntad. No obstante, aun faltando una interpretación configurada como tal, el llevar a cabo la calificación de los hechos no sometidos al régimen legal de la interpretación, impone también una determinación del sentido de los mismos —o de algunos de ellos— como actividad concomitante con la propia operación de calificación. Porque hay hechos que solo tienen un sentido, al menos para el derecho. Por ejemplo, la muerte. Podrá debatirse cuándo se produjo, a los fines de la premoriencia con efectos sucesorios, la conmoriencia, la declaración de fallecimiento, etc.; pero la muerte en sí la reciben las normas que la presuponen como algo dado en términos unívocos, aunque en el orden biológico y en el médico surjan importantes problemas en orden a su determinación y definición. En cambio, si pasamos la vista sobre los diversos preceptos que consagra el Código civil a la accesión respecto de los bienes inmuebles (artículos 358-374), encontramos muchos hechos que proceden de la naturaleza (como la mutación de cauce, la formación de isla, el acrecentamiento de las heredades confinantes con las riberas de los ríos, etc.), y, pese a su condición de hechos naturales, es preciso inquirir su sentido. Claro que está en función de la norma; mas, de todos modos, y esto es lo que trato de decir, se requiere un análisis crítico del propio hecho que no es la mera expresión de la verdad del mismo. No digamos cuando, como tantas veces ocurre, las normas toman en consideración un determinado «animus» o subordinan ciertos efectos a la buena fe. Entonces se hace indispensable un análisis del comportamiento y hasta una penetración psicológica en la interioridad de las personas. Esto no es, sin duda, calificar en su significado estricto. La jurisprudencia remite todas las cuestiones sobre el «animus», la buena o la mala fe al mundo de los hechos. Bien, aceptémoslos, pero sobreentendiendo que se trata de unos hechos no meramente resultantes de la prueba, sino de la determinación de su sentido.

El ordenamiento jurídico contiene un conjunto de sistemas {o de subsistemas dentro del sistema en su significación general) ordenadores de todo lo que, dándose en la realidad social, es relevante para el derecho. La realidad social está formada por el total complejo de la convivencia, por las personas y los entes intervinientes en ella y por los objetos del mundo exterior. Si bien el derecho entraña siempre un punto de vista respecto de la conducta, no todo lo en él dispuesto es reductible a la conducta misma por cuanto también toma en consideración los agentes de esa conducta y los bienes en su aspecto material, económico e incluso ideal. Cuanto establece el derecho engendra un efecto o una consecuencia ligada a la situación productora de la consecuencia o el efecto. La situación está formada por un campo de previsión normativa. Según mi criterio, *calificar* es insertar un dato de la realidad social en la situación que le corresponda dentro de un sistema particular y en el conjunto del sistema. Acaso este concepto parezca demasiado amplio. La amplitud ha sido buscada de propósito. Muchos tienen un concepto más restringido de la calificación. Piensan o, al menos, resaltan como temas propicios de la calificación decir que algo es, por ejemplo, contrato de compraventa, testamento abierto, delito de hurto, etc. Entonces como calificación tiende a considerarse preferentemente la inclusión de un dato en un determinado modelo o tipo normativamente preconfigurado. También es frecuente considerar como propio de la calificación lo relativo a la «naturaleza» o «esencia» de los derechos o de las instituciones. Si bien la determinación de algo por referencia a un tipo es un cometido muy característico de la calificación, no cubre el completo alcance de ésta. Indiscutiblemente el derecho es rico en descripciones tipológicas. Todo el derecho penal predetermina lo ilícito a través de tipos. También en el derecho civil existen grandes áreas tipificadas, con la diferencia de que en éste lo no incluido en los tipos no deja de ser lícitamente posible, mientras para el derecho penal lo no tipificado no es ilícito; es decir, no es posible lo ilícito general, en tanto en el derecho civil es posible tanto lo lícito general como lo ilícito general. Si nos fijamos en los contratos vemos una marcada organización de tipos o figuras, que no tiene, sin embargo, pretensiones de exhaustividad porque pueden crearse figuras de nuevo cuño y modificar las tipificadas. El contrato en general es un tipo demasiado abierto y, además, no todos los contratos en particular son configurables como subtipos, porque mientras el Código civil configura el contrato como la refundición de los requisitos del consentimiento, el objeto y la causa, de antiguo se conocen los contratos sin causa y cada día están más en boga los contratos impuestos y los de contenido no determinado por obra del consentimiento. El campo de la llamada responsabilidad extracontractual es el reinado de la ilimitación no tipificada. Respecto de los derechos reales, es vieja le cuestión de si hay un *numerus clausus* (y consiguientemente una tipología) o bien hay un *numerus apertus*. En cualquier caso, los tipos son de gran laxitud y fácilmente modificables. En definitiva, no todo el ordenamiento jurídico organiza las normatividades mediante modelos o tipos, aunque sea importante su concurso. Una regla de tanta aplicación práctica como la de que las acciones personales, si no hay disposición especial, prescriben a los quince años, es aplicable a muy diferentes actos al margen por completo de su tipificación. La nulidad radical derivada de la falta de un requisito constitutivo o de la pugna con una prohibición legal, o se concibe ella misma como un tipo, o es aplicable a actos entre sí heterogéneos. Y, sin embargo, cuando hemos de establecer los efectos de la prescripción o de la nulidad radical llevamos a cabo una calificación. Calificar es, en suma, determinar la situación antecedente de un efecto jurídico. Todo efecto tiene un presupuesto normativo en cuyo ámbito es pertinente. Determinar si concurre o no el presupuesto es calificar.

c) Por *consecuencias jurídicas,* como última fase de la conexión hechos-derecho, hay que entender las derivaciones y los efectos ligados a una calificación determinada. De ordinario, las consecuencias representan aquello que se persigue cuando se insta un pronunciamiento jurisdiccional. La entidad de las mismas es variable y dependiente de la sentencia. En el proceso penal, del lado de las consecuencias quedan la pena y, en su caso, la responsabilidad civil, o la restitución que haya de hacerse. En el orden civil, la pretensión modificativa de una situación dada, constitutiva de un derecho o de un efecto jurídico, es la que, si se acoge, incorpora consecuencias jurídicas de mayor entidad. La mera declaración de existencia y atribución de un derecho es más pobre en efectividad jurídica, aunque no carece de ella por cuanto crea una certidumbre no existente con anterioridad. Así, la reivindicación instada sobre la base de la calificación de propiedad incorpora como consecuencia la restitución o la entrega de la cosa con la devolución de los frutos. En cambio, en la declaración de propiedad o de otro derecho, no hay más consecuencia que la certidumbre. Lo mismo ocurre si, por ejemplo, se insta la declaración de extinción de un contrato de arrendamiento sin pretender el lanzamiento del arrendatario. En la absolución, las consecuencias están representadas por la exclusión de las mismas, su no pertinencia.

5. El influjo de la controversia en el proceso discursivo

La relevancia de las diferentes fases del proceso discursivo judicialmente desenvuelto está en función de la controversia. Esta puede afectar a todo el recorrido: hechos, derecho y conexión (y dentro de ésta, interpretación, calificación y consecuencias). Si la controversia se centra en los hechos, lógicamente repercute sobre los demás términos. La controversia en punto al derecho exclusivamente es más circunscrita. Si la controversia se da en la conexión alcanzará a ésta de una manera total cuando, por ejemplo, se sustenta una interpretación distinta. La discrepancia en orden a la calificación traerá consigo la relativa a las consecuencias. Una controversia limitada a las consecuencias, es decir, no procedente de la calificación creadora de aquéllas, solo es posible sobre la base de un entendimiento distinto de las propias normas reguladoras de tales consecuencias.

La conexión es siempre el antecedente inmediato del *petitum*. Y cuando se formulan peticiones relativas a una modificación jurídica, las consecuencias como última parte de la conexión son el antecedente más próximo del *petitum*. No hay, sin embargo, necesariamente plena identidad porque las consecuencias son todas las normativamente posibles, mientras el *petitum* se nutre de aquellas que, dadas las circunstancias concurrentes, interesa exigir. No interesa exigir las consecuencias ya obtenidas o satisfechas.

La actividad profesional más delicada es, sin duda, la relativa a la configuración de los términos de lo pedido. Lo incorporado al «suplico» puede transformarse en fallo íntegra o parcialmente, o ser rechazado. En cualquier caso, aquello que insten cada una de las partes condiciona la actuación jurisdiccional por el principio de la congruencia. Decidirse o no por el pleito corresponde al interesado. Al abogado le cumple un cometido de asesoramiento o consejo. Por el contrario, la articulación de lo pedido dentro de la línea de intereses del promotor de la litis o del llamado a soportarla, corresponde al abogado. Su función a este respecto no es argumentativa, aunque sí reflexiva, eminentemente reflexiva. Matizaría: el pedimento no desenvuelve una argumentación; es dependiente de los argumentos desarrollados sobre los hechos, el derecho y la conexión; pero además de estos razonamientos exteriorizados como justificativos del *petitum,* en la propia articulación de éste hay un razonamiento no desenvuelto al exterior que concierne al concreto contenido de las peticiones, a su alcance, al orden o escalonamiento, etc. Sin duda, el suplico más comprometido es el de la demanda. En la misma medida en que se está asistido de toda la iniciativa que supone la articulación pertinente de lo pedido, en la misma medida, también, incide sobre el abogado la preocupación y la responsabilidad inherente. El trámite de la demanda es, a la vez, el más libre y el más comprometido. Supone una delimitación del debate y un acotamiento del tema o de los temas. Porque no es infrecuente que sean diversas las opciones posibles y es preciso seleccionar, preferir, prescindir. El abogado suele resistirse a prescindir. Sin embargo, experimenta la sensación de incertidumbre. ¿No estaría en lo omitido la faceta principal o simplemente una posibilidad estimable? A veces el trauma de una cirugía puede convenir más que arrastrar posiciones tentadoras pero arriesgadas.

CAPÍTULO SÉPTIMO

UNA REFLEXIÓN ESTRUCTURALISTA

1. Esbozo de análisis estructural del propio razonamiento

No me he atrevido a considerar todo lo expuesto acerca del razonamiento jurídico como un análisis de la estructura de éste. En su momento aduje como explicación el doble problema de la banalidad de cierto significado de estructura en contraste con otro significado muy específico. Contemplando ahora las formulaciones alcanzadas, creo que si en un aspecto sobrepasan el análisis estructural, en otro aspecto no llegan a él.

En cambio, me atrevo a servirme de la palabra estructura para exponer las constantes ordenadoras y organizadoras que creo descubrir en el modo de llevar a cabo la propia operatividad discursiva. Naturalmente, esta estructura no la he elaborado previamente, como una creación o un método, para luego acomodar a ella el razonamiento, aunque ahora, una vez conocida, logre explicaciones que incluso van más allá de la constatación de la estructura. Estoy seguro de que la estructura se ha fraguado de una manera inconsciente. O dicho con más claridad: los desarrollos discursivos, las formas intelectivas de afrontar los problemas, se me han ofrecido como algo consciente. La estructura, por el contrario, ha existido y ha condicionado el comportamiento discursivo antes de ser descubierta como tal estructura. Identifico como estructura, estructural o elementos de la estructura a esto que descubro *a posteriori,* o que se revela, luego de haberme movido entre sus coordenadas durante mucho tiempo. La captación o revelación la consigo mediante la elaboración de un modelo que si puedo lograrle lo es en la medida en que existe esa estructura, que sigue subyaciendo, respecto de la cual el modelo contiene una explicación y representa el paso de la inmanencia inconsciente al campo de la construcción mental identificadora. Si esta identificación que efectúo de la estructura a través del modelo la refleja o no, es evidente que no depende de la estructura, sino exclusivamente de mí. Pero si yo no puedo dar cuenta de otro modo de ser la estructura, habrá de reputarse como tal, al menos en el plano del conocimiento, aquella que descubro. Este descubrimiento no queda sujeto a proclamar un modo de proceder introspectivamente inquirido. Porque realizo, en efecto, una introspección, si bien acompañada de la prospección de lo ya salido de mí y elaborado; no miro simplemente al pensamiento, sino sobre todo al comportamiento; y no solo al comportamiento en cuanto procedimiento, sino también al reflejado en lo ya producido con el valor de obra o de resultado. Estoy completamente seguro de que sin un apoyo en lo hecho, en cuanto ya hecho, terminado y reiterado, no identificaría ahora la estructura. Por obra u obras o, más generalmente, por ya hecho, entiendo el conjunto de una labor intelectual que ha alcanzado realizaciones escritas o simplemente orales. Este mismo libro que estoy escribiendo tendrá, al final, la consideración de obra. Consiguientemente, la identificación que intento de la estructura no es una mirada interior hacia la subjetividad, sino una mirada desde y en el interior de lo producido. Lo producido me revela el modo de proceder, y no a la inversa. En lo producido están los elementos del modelo que remite a la estructura.

¿Cómo es el modelo correspondiente a la estructura del razonamiento discursivo tal y como se manifiesta en lo producido? Cabe reducirlo a tres constantes conformadoras (una de tantas expresiones triádicas), llámense coordenadas o direcciones, a saber: afirmación, negación de la afirmación y afirmación contrapuesta.

Por afirmación entiendo —sin duda un tanto convencionalmente— la representación de aquello que precisa ser negado. La necesidad de empezar negando (o si se prefiere, la tendencia regular a proceder así) determina la inclinación a establecer un opuesto que va a ser negado. Como el modo más radical de negar es presuponer lo negable, de ahí que el punto de partida lo configure como una afirmación. Sin embargo, no es indispensable que sintácticamente esté expresado en términos de afirmación. Porque la llamada afirmación no es sino una manifestación refleja del hecho de negar. Y de negar en términos de contradicción, o sea, estableciendo antes lo que se niega y estableciéndolo para negarlo.

La afirmación puede estar constituida por algo que efectivamente se sustenta, en cuanto opinión o tesis. Mas no es indispensable. La afirmación de aquello que he de negar es posible que aparezca meramente como presupuesto. La efectiva realidad de la afirmación no es necesaria. Precisamente que la afirmación no cuente solo en cuanto hecho o realidad, el que pueda estar representada por una hipótesis, pone de relieve el carácter esencial constitutivo con que opera en el modelo estructural. Si falta la afirmación, hay que conjeturarla.

Como afirmación realmente establecida opera la demanda respecto de la contestación, la réplica respecto de la duplica y la sentencia o la resolución recurrida respecto del recurso. La contestación, la duplica y el recurso parten de las afirmaciones constituidas por la demanda, la réplica y la sentencia. En estos casos hay siempre afirmaciones antepuestas que pasan luego a negarse. El hecho de ocupar las posiciones recíprocamente distintas encubre la denominada afirmación, la hace desaparecer externamente, si bien no queda eliminada del juego dialéctico. Repasando diversos escritos de demanda compruebo que no obstante sostenerse en ellos, como es obligado, una tesis positiva —no negada— figura siempre implícita una afirmación conjetural o hipotética utilizada como presupuesto para negarla y subsiguientemente afirmar la negación. Esa afirmación hipotética suele representar la oposición que puede formularse, desde el punto de vista contrario, a lo que en la demanda se niega y se afirma. En la posición de recurrido sucede que la afirmación (a negar) de estar representada por la sentencia, que es donde aparece cuando se es recurrente, se desplaza a lo alegable y/o alegado en impugnación de la misma. Este es un ejemplo muy claro de que lo que en el orden argumental actúa como afirmación en cuanto es lo que va a negar el recurrido, en sí, al ser una impugnación de la sentencia, es la negación de ésta efectuada por el recurrente. Con lo cual quiere decirse que un mismo objeto cumple papeles recíprocamente inversos: la sentencia es la afirmación que niega el recurrente; y la impugnación de la sentencia (lingüísticamente representada en términos de negación, pero argumentalmente reputada como afirmación desde el punto de vista contrario) es la afirmación que se niega al ocupar la posición de recurrido. Comprendo que esfuerzo un tanto el lenguaje al tratar como afirmación lo que en sí es una negación. Ello obedece al propósito de señalar lo opuesto en términos rotundos. En los casos en que lingüísticamente la llamada afirmación es una negación cabría decir negación de la negación —que es una de las fórmulas características de la dialéctica de signo hegeliano—, pero tiene más fuerza de contraposición la negación de lo entendido como afirmación.

La negación de la afirmación canaliza el contingente discursivo con entidad para excluir la afirmación establecida o presupuesta. Es, sencillamente, el no ser, la no realidad, la no verdad o la no validez; la negación es pura cuando se efectúa como tal negación y dentro de los límites de lo afirmado, sin necesidad de penetrar en una afirmación opuesta a la afirmación inicial. La afirmación contrapuesta a la afirmación inicialmente establecida, que es también una forma de eliminarla, no procede directamente de la negación, sino del paso subsiguiente. Por supuesto, la negación no es meramente la destrucción crítica de los argumentos en cuanto tales. Se trata de la necesidad de excluir la hipótesis (la tesis o la solución) a que responden los argumentos o es patrocinada por ellos. Dicho con mayores matices: la destrucción de los argumentos o la negación en cuanto crítica argumental puede ser un modo de excluir la afirmación; mas también cabe que la crítica argumental, la destrucción correcta de los argumentos, no excluya la afirmación misma o la solución propugnada en nombre de determinados argumentos. La reiterada jurisprudencia de que los recursos y en particular el de casación no se dan contra los considerandos (que son los argumentos), sino contra el fallo, que es la solución, no envuelve una de tantas limitaciones formalistas establecidas por el Tribunal Supremo para reducir los márgenes de la impugnabilidad. Tiene verdadera consistencia dialéctica y lógica; porque lo afirmado no cuenta solo en función de los argumentos; cuenta por sí. Y para negar lo afirmado (es decir, lo resuelto), puede no ser suficiente desmontar los argumentos; es necesario negar la afirmación misma. Cuando más fácilmente destruibles son los argumentos, más liviano es el alcance de la negación. Ahora bien, el hecho de que la negación no quede reducida a una crítica de los argumentos concernientes a la afirmación, no quiere decir que la negación quede desentendida de los argumentos. La negación está, claro es, en función de sus argumentos; porque es una construcción llevada a cabo para desmontar otra. Lo que pasa es que tal desmontaje no depende solo de la crítica de los argumentos aducidos o aducibles para afirmar, sino también, y sobre todo, de los justificativos de la propia negación.

Lo que llamo afirmación es un punto de partida del razonamiento. Si está en la demanda y ocupo la posición de demandado o está en la sentencia y ocupo la posición de recurrente, es algo que se me ofrece como dado frente a lo cual construyo mi razonamiento. Si la afirmación es solo una conjetura o un presupuesto para proceder a negar, emana de mí mismo y de mi razonamiento. De cualquier manera el razonamiento propiamente dicho está representado por la negación de la afirmación. Distinguiría entre fases discursivas y bloques discursivos. La primera fase o etapa está representada por la afirmación, la segunda por la negación de la afirmación y la tercera por la afirmación contrapuesta. Sin embargo, los bloques discursivos serían dos: los coincidentes con la segunda y la tercera etapa. Hasta la negación de la afirmación y la afirmación contrapuesta no hay bloques discursivos completos.

La afirmación contrapuesta es, por tanto, la tercera etapa o escala con la que se forja el segundo bloque discursivo. En principio, parece que la afirmación contrapuesta constituye la reversión positiva de la negación. Negado lo afirmado podemos convertir lo negado en afirmado, buscando a la negación su dimensión positiva, que siempre la tiene. Sin embargo, entendida así la afirmación contrapuesta, no se obtienen todas las consecuencias. Se cubre una tercera etapa; mas no se obtiene un nuevo bloque discursivo. Hay una más acentuada divisoria. Aunque la negación de la afirmación no consiste meramente en la destrucción crítica de los argumentos amparadores de la afirmación, ya que representa la exclusión total de la hipótesis, aquí, en esta segunda fase creadora del primer bloque discursivo, campea siempre la negatividad: el no ser de lo que se afirma o conjetura. En cambio, todo el campo de lo positivo se integra ya en la tercera escala, creadora del segundo bloque discursivo. Lo negado es, además, afirmado. De una parte, queda su valor como negación; de la otra, su valor como afirmación. Y afirmar lo negado, siempre que para negar no se utilicen elementos procedentes de la ulterior afirmación, no es la simple vuelta, la reversión, el colocar o ver de otro lado, en su vertiente positiva, lo negado. En la afirmación subsiguiente a la negación no hay solo lo que ya había en la negación. Contiene elementos que si presuponen la negación no forman parte de ésta; proceden de la afirmación misma. En la medida en que la afirmación contrapuesta no queda constituida por los elementos de la negación, sino por los incorporados al afirmar, su contenido discursivo se enriquece. Mientras la negación de la afirmación termina en un «no es esto», la afirmación contrapuesta termina en un «es esto».

No siempre la división es tan nítida como la presento. En el desarrollo de la actividad hay entrecruzamientos. En algunas ocasiones el no ser de lo afirmado es completamente independiente del ser establecido en la afirmación contrapuesta, mientras en otras ocasiones los elementos para negar la afirmación inicial se obtienen de la afirmación contrapuesta. Si puedo decir «no es esto» (primer bloque discursivo), «*sino* que es esto otro» (segundo bloque discursivo), y el primer bloque discursivo es completamente autónomo, quiere decir que en él no figuran interferidos elementos del segundo bloque. Si solo puedo decir «no es esto *por cuanto* es esto otro», ello significa que preciso colocarme en el plano de la afirmación contrapuesta para llevar a cabo la negación de la afirmación. Sin duda, argumentalmente es más rica en el «*no* esto, *sino* esto otro», que en el «no es esto *en cuanto* es esto otro», porque esta segunda fórmula supone la inexistencia de una negación completamente independiente de la afirmación contrapuesta. Cuando todos los elementos con valor para negar la afirmación inicial proceden de la afirmación contrapuesta, en realidad la negación como bloque discursivo se omite y, sobre todo, no se encuentra entre la afirmación inicial y la contrapuesta, sino que es simplemente una consecuencia de ésta.

2. El recurso de casación como modelo estructural

El recurso de casación (y más concretamente, el civil) ofrece unas características especialmente aptas para poner de manifiesto el modelo estructural enunciado. Acaso el propio modelo acusa la influencia del esquematismo del recurso y viene a ser una generalización de éste. En el recurso, el primer paso de la escala constituido por la denominada afirmación se presenta en términos muy radicales. La afirmación es la sentencia. El recurso, en tanto se justifica como impugnación en todo o en parte de la misma, necesita negarla. La posibilidad de la impugnación condiciona el ser mismo del recurso. Esta impugnación, que es la negación, constituye el segundo paso y representa el primer bloque discursivo. Comprende lo que tiende a poner de manifiesto la imposibilidad de llegar a la conclusión propugnada en cuanto la misma incorpora una contradicción, bien por figurar en ella factores que implican la negación de lo establecido, bien porque se han dejado de considerar factores que también conducen a la negación. El tercer paso, equivalente al segundo bloque discursivo, representa la afirmación de la negación en cuanto barajando elementos distintos de los utilizados para negar se establece una afirmación coherente o compatible con lo antes negado. Tanto la negación de la afirmación como la afirmación ulterior son impugnaciones en sí mismas independientes, aunque conduzcan a igual finalidad impugnatoria.

Dentro de la técnica procesal del recurso no es indispensable utilizar ambos bloques discursivos. Tampoco se presentan siempre como totalmente independientes. Veamos algunas de las posibles combinaciones. Ejemplos de impugnación en el sentido de negación suelen presentarse en los motivos fundados en el error de hecho o de derecho en la apreciación de la prueba (número 7 del artículo 1.692 de la Ley de Enjuiciamiento civil). El error se da esencialmente cuando algo *no es* como lo establece la sentencia. Hay siempre necesidad de negar. El error puede quedar reducido a negar, como ocurre cuando el hecho establecido es eliminado, y la sola eliminación ya tiene alcance impugnatorio. Pero caben también estas otras dos hipótesis: que el error constituido por el no ser de lo afirmado y la eliminación del hecho erróneo se complete con la introducción de otro hecho; o que directamente el error proceda de no haber introducido un hecho que, por la vía de la subsanación del error, haya de introducirse. En la primera hipótesis tenemos la negación de lo afirmado por la sentencia seguida de una afirmación que subsigue a lo antes negado; y en la segunda hipótesis tenemos que la invocación por el recurrente de un hecho, la afirmación del mismo, actúa directamente como impugnación, con lo que propiamente solo opera el segundo bloque discursivo, porque el recurrente no niega simplemente; niega una afirmación, la de la sentencia, mediante otra afirmación, la del hecho cuya omisión constituye un error. La combinación de motivos de error (del número 7 del artículo 1.692) con motivos del número 1 del mismo artículo suele propiciar situaciones en las que, sin perjuicio de lo que ocurra en el interior de los motivos, aparece como primer bloque discursivo el representado por el o los motivos del número 7, y como segundo bloque el constituido por el o los motivos del número 1. En efecto, si aduzco error y en virtud de él queda eliminado un hecho afirmado por la sentencia, niego la afirmación, y si, eliminado tal hecho, llevo a cabo la calificación jurídica correcta, doy el paso positivo de llevar a cabo una afirmación. Dentro de los motivos del número 1 pueden combinarse también ambos bloques discursivos. Si frente a la calificación jurídica sustentada por la sentencia respecto de un acto sostengo, con elementos de juicio correspondientes a ese solo acto (es decir, citando como infringidos únicamente preceptos que le conciernan de modo directo) que no es correcta o pertinente tal calificación, sin formular ninguna otra, la impugnación consiste en negar lo afirmado. Así ocurre cuando, por ejemplo, se aduce que no es correcta la calificación de usufructo, o la de sustitución fideicomisaria, etc. Si, además de negar una calificación jurídica se formula otra, como si sostengo que en lugar de un usufructo hay un arrendamiento o en vez de una sustitución fideicomisaria una sustitución vulgar, entonces se introducen elementos de juicio con los cuales se lleva a cabo una afirmación contrapuesta, que habrá de quedar amparada en los preceptos reguladores del acto jurídico que se predique como existente.

La técnica del recurso responde a este doble juego de elementos discursivos dirigidos unos a la negación y otros a la afirmación. Sin embargo, no es indispensable su empleo para cumplir las exigencias procesales. El recurso puede quedar reducido a demostrar que no es lo afirmado, con lo que queda inserto en el primer bloque discursivo y con solo él la sentencia se combate. Puede asimismo ocurrir que la negación y la afirmación subsiguiente no sean completamente separables e incluso que los elementos concernientes al bloque discursivo de la afirmación del recurrente actúen como directamente impugnadores de la afirmación de la sentencia. Así sucede, ateniéndonos a los ejemplos anteriores, si la exclusión de la calificación de usufructo y de sustitución fideicomisaria se efectúa desde las calificaciones de arrendamiento y de sustitución vulgar reputadas como correctas. A veces, en efecto, los principales elementos para negar provienen de la afirmación de algo contrapuesto. De todos modos, el recurso en su plenitud se da mediante la concurrencia de ambos bloques discursivos. Porque si utilizo únicamente el primer bloque, lo que hago es demostrar el error intrínseco de la tesis de la sentencia sin elaborar otra; mientras que si, además, empleo el segundo bloque, construyo otra tesis, que no es simplemente la resultante de quedar eliminada la sustentada por la sentencia, sino que es una tesis positivamente elaborada y representativa de una solución distinta completa.

CAPÍTULO OCTAVO

LA EXPRESIÓN ESCRITA

1. Los escritos forenses y el estilo forense

Todo lo dicho acerca del discurso del abogado no va referido de modo exclusivo a su emisión oral. He querido tomar en consideración la expresión en su conjunto, tanto en orden al razonamiento como al lenguaje, si bien he aludido de modo concreto a su emisión oral. Por eso parece oportuno aludir ahora a la formulación escrita del discurso. Aunque desde una perspectiva estructuralista o a tenor de la gramática transformacional e incluso conforme a la filosofía del lenguaje, la expresión hablada de la lengua ha adquirido extraordinaria hegemonía sin duda porque sirve de un modo total e intersocial al fenómeno de la comunicación, no hay que olvidar la escritura. El alcance de ésta es mucho más restringido si se la compara con el habla. Los antropólogos pueden poner una fecha relativamente cercana a la civilización de la escritura, mientras el habla forma parte del propio fenómeno de la hominización. Es evidente que no se habla a partir de la escritura; se escribe a partir del habla. No obstante, por mucho que se comprima la dimensión de la escritura, es manifiesto que tiene un señalado valor en nuestro ámbito cultural, porque en ella la lengua se hace literatura, ciencia y técnica.

El abogado despliega gran parte de su actividad por medio de escritos. Ya sean los integrados en los pleitos y en las causas, ya los dictámenes, todos se engloban bajo el calificativo de forenses.

¿Existe un estilo forense? Indudablemente, existe.

El estilo forense, contemplado a través de los escritos, no radica en la forma; y menos cuando por forma no se entiende lo que es ésta en su acepción aristotélica de causa formal, sino el mero revestimiento externo de algo. Tampoco emana por manera exclusiva del fondo o de la materia; de aquello de que se trata. El estilo forense no está exclusivamente en la forma ni en el fondo. Radica en la combinación de ambos. Cuando ante un escrito relativo a materia forense estoy en condiciones de decir quién es el abogado, ahí, en esa encrucijada, en la posibilidad de discriminar e imputar, radica la definición del ente indefinible que llamamos estilo.

El estilo forense no consiste tampoco en algo tan limitado como el empleo de una determinada terminología. Ortega puso de manifiesto la diferencia que media entre lo que él llamó la «lengua auténtica» y una «pseudolengua formada por términos técnicos», es decir, una terminología. Fingiendo un diálogo, dice: «—...

Una lengua es un sistema de signos verbales merced al cual los individuos pueden entenderse sin previo acuerdo, al paso que una terminología solo es inteligible si previamente el que escribe o habla y el que lee o escucha se han puesto individualmente de acuerdo sobre el significado de los signos. Por eso la llamo pseudolengua y digo que el hombre de ciencia tiene que comenzar por traducir su propio pensamiento en ella»[86].

Acaso el afán de contraponer le conduce a Ortega más lejos de donde puede llevarse la distinción. Porque la lengua auténtica no es por completo independiente del consenso entre los que la comparten. Ocurre, eso sí, que tal consenso, por su alcance ampliamente colectivo formado a través de una larga diacronía, no aflora a la superficie de la interlocución. Los que nos comunicamos y entendemos mediante el empleo de una lengua no somos conscientes de que antes ha ido generándose un consenso sobre la lengua misma. Tal consenso termina por desvanecerse. A cada uno, la propia lengua nos parece natural, cuando sin duda alguna es un proceso de la cultura en el que nos introducimos y en el que participamos sin darnos cuenta. Por otra parte, lo que llama Ortega terminología se aproxima mucho a un lenguaje artificial, como lo es el de las matemáticas o el de la lógica simbólica. A tanto no se llega, o no se ha llegado, en el campo del derecho. En él se encuentran, ciertamente, giros y expresiones que le son peculiares aunque no constituyen, en su conjunto, un lenguaje artificial. La lengua natural sigue siendo la predominante. La morfología y —sobre todo— la sintaxis experimentan pocas modificaciones. Las variaciones no se dan de un modo acusado en los significantes. Se presentan principalmente en el área de los significados; en definitiva, en la semántica. Las peculiaridades lingüísticas y léxicas advertibles en los escritos forenses proceden en cierta medida de la técnica. Esta, a su vez, sobre todo actualmente, se nutre de la ciencia. Expresiones o conceptos como, por ejemplo, los de «negocio jurídico», «legitimación», «litisconsorcio», etcétera, tienen, sin duda, ese origen. No todo son, sin embargo, exigencias o proyección de la técnica. Hay también cierto *usus fori* lingüístico fruto de lentas sedimentaciones, de no fácil diagnóstico. Insensiblemente hemos ido repitiendo expresiones y modismos que siguen en pie aun cuando hayan desaparecido las circunstancias de su génesis. La técnica y la tradición como factores coadyuvantes a las peculiaridades del estilo forense dan lugar a curiosos conglomerados. Mientras la técnica tiende a modernizar, la tradición termina por agotarse en el arcaísmo. Claro es que, en definitiva, lo que hoy contemplamos como tradición es en no pocas ocasiones la propia técnica con varios siglos sobre sí.

En cualquier caso, no se dice la última palabra respecto del estilo forense, viendo en él tan solo ciertos modos privativos de expresarse. En otras zonas discursivas, como la de la Física o la Medicina, todo estriba principalmente en el empleo, a la vez riguroso y convencional, de una terminología. En el discurso del abogado hay algo más. No constituye un círculo cerrado, o bien, lo que pueda haber en él de círculo cerrado no es lo que por sí solo le define. Siempre me ha sorprendido que uno de los escritores españoles que más han cultivado la preocupación por el estilo, después de leer una colección de dictámenes sobre derecho mercantil y derecho internacional privado, obtuviera como única conclusión su difícil inteligibilidad por el influjo oscurecedor de la técnica. No sé quién sería el letrado dictaminante ni si esta circunstancia podría explicar, siquiera en parte, ese juicio. Por la época, pienso en los dictámenes de Díaz Cobeña, de Maura, de Bergamín,

[87] G. MOUNIN, *Claves para la lingüística,* Ed. Anagrama, pág. 126, Barcelona, 1969.

de La Cierva... Dudo que resulten impenetrables para el profano, y menos aún que tal sea lo que principalmente quepa decir de ellos. Acaso la nota dominante en el discurso del abogado radique en el amplio y plural espectro de su proyección. No queda circunscrito al análisis de las normas que, en último término, pese a su multiplicidad y heterogeneidad, tienen siempre un denominador común. El haz frondoso de los hechos ofrece al abogado un caudal infinito de temas en los que ha de adentrarse por razón de su oficio. Las interioridades personales, las tensiones de familia, la pugna de intereses entre las empresas, las diatribas con la Administración y tantas otras circunstancias representativas de la vida en situación de conflicto colocan al abogado en el trance de describir y explicar los más diferentes acontecimientos: desde lo que realmente quiso el testador hasta el complejo proceso de fabricación de una industria.

Cuando G. Mounin se plantea el problema de la estilística, ve en ella «el estudio científico de las propiedades lingüísticas que un lenguaje posee de más cuando cumple una función política o literaria, o más ampliamente estética (aparte de su función comunicativa habitual)»[87]. Todo descansa, por lo que parece, en el *quid* diferenciador. Hay que buscar, por tanto, aquello que excede de la función comunicativa. Lo cual no quiere decir que esas propiedades lingüísticas queden al margen de toda idea de comunicación, sino solo de la comunicación «habitual». Porque sin una finalidad de comunicación no se produce el hecho lingüístico a ningún nivel: ni al literario, ni al político, ni al ampliamente estético, ni, por supuesto, al jurídico o al forense. Aquello que se pone de más también tiene sentido para la comunicación, aunque ésta tome significaciones más profundas y específicas. Cuando se utiliza el lenguaje como simple medio para impetrar el concurso de otro, como ocurre si ruego a quien tengo al lado la entrega de un libro, el recurso lingüístico no hace sino reemplazar lo que posiblemente podría conseguir también de un modo directo. Entonces la comunicación misma se ofrece en un grado de prioridad que minimiza la locución. Esta puede incluso desvanecerse en lo meramente gestual. En cambio, otras utilizaciones del lenguaje con finalidades poéticas, demostrativas o persuasivas, parecen postergar la comunicación. Y sin embargo siempre está latente. Incluso entendiendo el estilo como una preocupación por la forma del mensaje, inevitablemente, al final, se desemboca en la comunicación. Que ésta no radique solo en el contenido no supone eludirla. Acontece que entonces toman valor de comunicación también aquellos elementos que se introducen como portadores del mensaje. Porque no hay duda que todo el que escribe lo hace pendiente del destino representado por la recepción. Caben quizá exteriorizaciones verbales dirigidas a uno mismo. El soliloquio escrito carece de sentido si se prescinde por completo de su alcance comunicativo, aunque sea para recibirlo como tal soliloquió. Dar cuenta, dejar constancia, es inherente a la escritura. El destinatario será individual o colectivo, expreso o implícito, próximo o remoto, determinado o indeterminado, directo o indirecto; pero siempre existe como elemento integrante o presupuesto en el hecho de escribir. El que escribe se está trascendiendo a sí mismo. Comunica y se comunica. Esta es una invariante en el cúmulo de variables que pone en juego la escritura.

¿Cómo se muestra desde esta perspectiva el estilo forense? La respuesta habrá de ser distinta según aludamos al estilo forense de un modo genérico o de un modo individual. La diferencia es la misma que se presenta cuando aludimos al estilo

88 *Critica y verdad,* trad. de J. Blanco, Ed. Siglo XXI, pág. 34, 1972.

poético o a su encarnación por un poeta determinado. Concebido el estilo forense solo como clase o género, aparecen dos notas muy señaladas: el tema viene siempre dado, y se tiende a evidenciar lo jurídicamente idóneo.

En efecto, el abogado no elige aquello sobre lo que ha de escribir. La incertidumbre que experimentan desde el escritor imaginativo hasta el filósofo o el político sobre la elección de la materia del discurso no se da en el abogado. El tema le viene impuesto. Han acontecido unos hechos, se busca para ellos la conformación jurídica oportuna, y es imprescindible abordarlos con la orientación y en el sentido que resulta favorable para la posición de defensa asumida. Según hemos indicado antes, la heterogeneidad de los temas sobre los que se suscita la controversia es una de las circunstancias concurrentes en el quehacer del abogado. No obstante, se aprecia también una homogeneidad por lo que concierne al sentido y al tono. En el seno de la contienda judicial, los escritos forenses tienden a mostrar la procedencia de una solución. Mostrar es comunicar. Dejando aparte lo puramente episódico y tal vez algunas facetas procesales, la comunicación no consiste aquí en el mero traslado de una noticia, ni siquiera de un mensaje. O bien, el mensaje adquiere unas tonalidades muy acusadas. Porque no se elabora con la exclusiva finalidad de comunicarlo, sino pensando en el efecto que ha de producir. Los destinatarios de la comunicación aparecen situados en como el resplandor cautivante. Actúa por la vía de la impresión. La comunicación con el abogado contradictor incorpora necesariamente la disputa. Tiende a perfilar los términos de la misma; los puntos de oposición y conformidad y las zonas neutras. La comunicación con el Tribunal se manifiesta con un doble alcance. Por un lado, es un espectador cualificado de la disputa. Por otro lado, es también un receptor directo. Quiero decir que los escritos forenses no son únicamente la interlocución entre abogados que percibe el Tribunal. Son también una interlocución con el propio Tribunal, aunque éste permanezca en silencio, salvo en los momentos decisorios.

2. De nuevo sobre la claridad

Enfrentándose en nombre de la crítica estructuralista moderna con la atenida al patrón clásico que parece irrogarse en Francia la prerrogativa de la claridad, Rolland Barthes escribe: «La claridad no es un atributo de la escritura: es la escritura misma desde el instante en que está constituida como escritura, es la felicidad de la escritura, es todo ese deseo que está en la escritura»[88]. La claridad del lenguaje escrito es, con todo, muy dúctil y delicada, de más problemática consecución que la oral. Incorpora mayores dosis de reflexión y de matices en el emisor y en el receptor; el texto queda sometido al análisis crítico detenido. El tratamiento escrito de los temas de hecho y de derecho objeto de debate requiere mayor penetración en el desarrollo detallado de los puntos de vista contrapuestos. La claridad oral es como el resplandor cautivante. Actúa por la vía de la impresión. La claridad escrita requiere del sosiego y del equilibrio perdurable en la coherencia lógica. Actúa por la vía de la demostración. La parte escrita del procedimiento precede a la oral. Generalmente el abogado cuando informa expone y condensa una tesis ya organizada. En cambio, en los escritos de alegaciones y pruebas y en el de formalización del recurso de casación (todavía más en aquéllos que en éste) la tesis está forjándose, se halla en período de progresiva construcción. Por eso en el curso del desarrollo argumental cabe todavía elegir

[89] «*Dictámenes de Don Luis Díaz Cobeña.* Colección formada por el Colegio de Abogados de Madrid,

entre varias aptitudes posibles, ya que difícilmente se ofrece solo una como segura. La vacilación y la duda suelen acusar su presencia.

El litigio, con las debidas salvedades, no es de ordinario tan simplista como una discusión en la que de un lado queden la verdad y la razón y de otro sus contrarios. Se trata de algo más complejo y sutil. Hay diversidad de perspectivas deparadoras de visiones distintas; hay una cierta distribución de lo favorable y de lo adverso. Rara vez se da el majestuoso acaparamiento de la razón que tanto se estila en los dogmatismos ideológicos. Todo esto vive, late y se remueve señaladamente en el curso del proceso civil, donde adquieren su máximo valor cada palabra, todas las palabras y el propio silencio. En efecto, mientras en el informe oral el silencio puede acaso disculparse por el simple olvido, no ocurrirá otro tanto en la fase escrita del procedimiento cuando el debate está en plena efervescencia y no hay nada presuntivamente carente de intencionalidad. La escritura, con lo que dice y en lo que omite, vincula no solo en cuanto predetermina y conforma el quehacer dialéctico del letrado, su postura en la litis, sino también en cuanto obliga y conduce por estos o aquellos derroteros los intereses de la parte. Porque el letrado *habla del pleito,* pero *escribe en el pleito.* Su papel, al escribir, se ofrece en un grado mayor de interiorización, de persistencia y de identificación con el litigante. Si en ningún caso es mero espectador, sobre todo cuando escribe aparece inmerso como protagonista. He aquí la ardua dificultad de la claridad y la tersura. La a veces incierta situación dé la polémica, acaso la falta todavía de algún dato, el no poder calibrar los efectos que cualquier aseveración puede producir en el contrario, la gravedad de una concesión y la ineludible observancia del deber de defensa, son factores a considerar. Pese a todo, siempre hay una función esclarecedora.

Otra cosa es no ser concluyente con precipitación y utilizar previsoras cautelas. En estos casos no puede decirse que falta de suyo la claridad de expresión; se trata más bien del prudente tacto, a la vez dialéctico y lingüístico, en el manejo de los hechos, las ideas y los juicios. Ser claro no impone la necesidad en todo momento de ser también rotundo. El propio lenguaje permite una estrategia o esgrima argumental que, en cuanto medio de defensa, precisa ser utilizada en la tensión del debate. El abogado, sometido a la estrecha vigilancia de su contradictor, ha de evitar en lo posible los descuidos y las inconsecuencias y ha de tener previstas eventuales posiciones de repliegue. Ello exige una constante actitud de introversión crítica en el uso del lenguaje escrito que se traduce en el frecuente empleo de obligadas matizaciones.

En definitiva, la contienda judicial es un diálogo entre quienes estiman de modo contrapuesto sus derechos y las correspondientes justificaciones. Aunque haya algunas conformidades, nunca se tiende a coincidir en la conclusión. Luego la inteligibilidad y el entendimiento se producen a escala lingüística y no en cuanto al fondo de lo tratado. Consiguientemente, la palabra —y sobre todo la palabra escrita— soporta una mayor carga, una mayor responsabilidad en el manejo de los elementos utilizados en la interlocución. Usamos la lengua para entendernos al nivel de la lengua misma sin entendernos en cuanto al contenido. No aspiramos al mutuo convencimiento y sí solo a dejar claramente establecidos los propios puntos de vista. La discrepancia es la razón de ser del coloquio. No cabe duda, la palabra se ve en el empeño de poner a prueba sus posibilidades de expresión. Ahora, eso sí, dentro de unos límites característicos, o, si se prefiere, al servicio de un fin preestablecido, porque las cosas no son o suceden como el abogado quisiera.

El narrador imaginativo es en absoluto dueño de la palabra —quizá sea ésta la única propiedad plena— con la que alcanza la creación, es decir, la personal delectación de lo creado, que tanto puede ser una interpretación libre como una distorsión de la realidad o la falta de contacto con ella. Esto producirá en los demás una serie multiforme de sensaciones que el escritor imaginativo suscita, si bien no alcanza a prevenir, y que nunca llegará a conocerse. El escritor científico es un sobrio razonador y expositor que organiza y comunica su pensamiento sobre el objeto de su saber en busca de los valores de la verdad, la demostración o la validez. El historiador describe en términos sintéticos o circunstanciados el decurso de los hechos. El abogado escribe en trance de disputa y esclarecimiento sobre las más diversas materias (todas aquellas sobre las que discurre el derecho) con vistas a justificar una determinada tesis impuesta por los propios términos del debate. No escribe literalmente al dictado, si bien lo hace constreñido por un tema que le es dado y por unos intereses a cuyo servicio actúa. Con lo que dice, cómo lo dice y con lo que omite, se vincula y vincula. Fija su postura dialéctica en la litis y además conduce por estos o aquellos derroteros a los intereses de la parte. El escritor forense es el más comprometido y «censurado» de todos los escritores. Asume una grave responsabilidad a través de sus escritos.

La «justicia» se resiste desde siempre a traducirse en enunciaciones materiales. El llamado realismo aristotélico no llega a manifestarse por completo en el concepto elaborado de lo justo que, con la inspiración de los pitagóricos, se alberga en enunciados formales de sabor geométrico, como la igualdad, la proporción y el término medio. Si no es alcanzable una definición suficientemente discriminadora en el terreno de los principios, nada puede extrañar que los litigantes crean hallarse dotados de certidumbre acerca de la justicia de sus aspiraciones. De todas las encarnaciones de ésta ofrecidas por los ordenamientos posiblemente ninguna se aproxima tanto a su propia esencia como la de que los intereses en conflicto se disciernan ante Tribunales, con audiencia de las partes, asistencia profesional y públicamente. La palabra oral y escrita del abogado tienen aquí su principal centro de irradiación. Si una organización judicial idónea es la mayor aproximación a lo justo, el abogado constituye una de las piezas clave. Y el abogado se manifiesta siempre a través de la palabra. Es la suya, pues, una palabra precisa en el sentido de indispensable. Ha de serlo también en estos otros dos sentidos: palabras precisas (es decir, claras) y solo las palabras precisas (es decir, no más o mucho más de las necesarias).

3. La crisis de la dicotomía corrección-incorrección no impide pensar en la limpieza del estilo

La dicotomía corrección-incorrección, que gozó de tanto predicamento durante siglos, ha dejado de ser desde hace tiempo el paradigma para discernir el estilo. Incluso se ha creído encontrar éste en el apartamiento de la normatividad de la corrección. La originalidad, la sorpresa, la desviación, todo aquello que ponga de manifiesto un radical personalismo: he ahí el estilo. La repetida frase de Buffon («el estilo es el hombre») ha tenido un amplio eco incluso por derroteros que su autor no podía suponer. Fue un comprensible grito de rebeldía contra el amordazamiento canónico de la retórica clásica. Sin duda en el campo de la expresión poética y literaria esta actitud iconoclástica tiene un valor, aunque no cualquier transgresión de la norma produzca sin más el estilo. Cualquier originalidad no es por sí sola identificable con el estilo. No le implica, por ejemplo, el uso rudimentario de la lengua, desentendido de las reglas, por quien solo la conoce en su elemental faceta comunicativa.

¿Qué decir en el ámbito restringido de la expresión forense, menos próximo a las fuentes de la estética? Lo personal no queda completamente eliminado, aunque no puede producirse sin limitaciones, como en la expresión literaria. Uno encuentra en determinados escritos forenses lo que no aparece en otros. Todos los pintores tienen a su disposición el mismo instrumental y los cuadros cambian. Todos los abogados utilizamos —o estamos en condiciones de utilizar— los mismos medios para la articulación del razonamiento y del discurso, y los escritos forenses no son homogéneos. La diferencia no equivale necesariamente a una distinta calidad. El grado de formación en que se encuentra el abogado, su mayor o menor experiencia y el peculiar modo de ver los problemas son factores que no conciernen, al menos directamente, a ese algo tan sutil y opinable que es la calidad, y determinan distintas «composiciones» forenses.

Sin embargo, ofreciendo todas las disculpas al pecado normativista, me atrevo a pensar que el estilo forense está necesitado de alguna labor de limpieza. No perderíamos nada si le sometiéramos a una reflexión atenta. Aunque el estilo no sea exclusivamente el fruto de la elaboración y la depuración, algo cuentan también estos factores. Citaré algunos ejemplos.

¿Por qué, en la proposición de la prueba testifical, escribir una y otra vez «interrogatorio de preguntas» cuando cualquiera de las dos palabras son de suyo suficientes y unidas engendran un pleonamo innecesario?

El castellano tiene una extraordinaria riqueza léxica. Existen muchos significantes con el mismo o similar significado. Abundan también las expresiones sustitutivas que mediante un rodeo consiguen designar o significar lo que podría haberse designado o significado de modo más directo. De esta manera se evita la reiteración en el empleo de un mismo término. En los escritos forenses es muy frecuente la necesidad de repetir. Los nombres de las personas interesadas, el documento fundamental, las fechas en que ocurrieron los hechos, etc., afloran con necesaria frecuencia al texto. Los pronombres y ciertos adjetivos determinativos tienen la función de reemplazar. Si he terminado escribiendo «finca» y he de continuar aludiéndola, utilizaré «ésta». Tal es, diremos, lo normal. No obstante, en la utilización de nuestra lengua, y de modo particular en los escritos forenses, es muy usual la perífrasis. Giros como «el expresado...», «el indicado...», «el citado...», «el mencionado...», «el referido...», «el supradicho...», «el susodicho...», «el mentado...», «el aludido...», «el repetido...», «el tantas veces repetido...», «el último referido», con sus correspondientes femeninos, precedidos o no del artículo, pueblan muchos escritos forenses. ¿A qué obedece la inclinación a proceder así? Aparte de otras posibles explicaciones intralingüísticas, pienso que no hay tanto un propósito de no repetir las palabras como, más bien, la connotación tendente a poner de manifiesto que se es consciente del problema creado por la repetición. Porque la verdad es que no pocas veces la propia palabra creadora del problema no resulta eludida, sino que se la presenta acompañada (antes o después) de otra que insinúa la consciencia de que es inevitable volver a escribirla. Así cuando escribo «el citado *documento*», no he podido evitar la palabra «documento», si bien haciéndola preceder de «el citado» subrayo lo inevitable del nuevo empleo de la palabra. Esto parece ser lo perseguido. En otras ocasiones se logra alguna economía. Si previamente he designado el documento por su fecha y alguna otra circunstancia, «el documento citado» o cualquier otra locución similar evita insistir en la totalidad de los medios designativos. No obstante, las expresiones dirigidas a economizar las reiteraciones suelen resultar ellas mismas reiteradas.

Además, esos modos indirectos de designar crean otro problema. Cuando se dispone del total contexto es fácil llevar a cabo la identificación de lo que se haya logrado omitir. Pero cuando una parte del contexto se integra en un contexto diferente, como ocurre si en un escrito se transcribe parte de otro, en donde no figura completo el medio de designación utilizado, es imposible llegar a saber qué es lo designado. Si se utilizan giros como «la expresada fecha» o «el corriente mes» o «el año actual», disponiendo de todo el contexto, hallar lo designado es fácil. Deja de serlo e incluso no es posible si ha sido trasladado parcialmente un texto (en el que no aparece la fecha) a un contexto diferente. De donde resulta que insistir en el medio designativo directo o completo evita dificultades y economiza tiempo, aunque no economice palabras.

En la designación de los códigos y las leyes también abundan los rodeos perifrásicos. La expresión «Código civil» se reemplaza en ocasiones por la de «nuestro cuerpo legal sustantivo» y otras similares. La «Ley de Enjuiciamiento civil» es especialmente rica en equivalencias como «Ley de ritos», «Ley de trámites», «Ley de procedimiento civil», «Ley adjetiva» y, más modernamente, «Ley procesal civil». Las denominaciones de los códigos y las leyes se aproximan a la categoría de los nombres propios con su correspondiente función individualizadora y designativa. Constituyen etiquetas diferenciadoras. No persiguen la general significación obtenida a través de los nombres comunes, sino la identificación. Claro es que el nombre aplicado a la designación de unos objetos, como los códigos y las leyes, no es completamente arbitrario e independiente del contenido, como ocurre cuando se refieren a personas. «Juan» o «Antonio» no aluden a ninguna cualidad de las personas así identificadas ni a ningún significado. En cambio, «Ley de Enjuiciamiento civil» es una descripción sintética del contenido material que comprende lo así designado. Por lo mismo, los nombres propios referidos a personas son ilimitadamente atribuibles a cualquier persona, mientras no ocurre otro tanto con las denominaciones de las leyes. Incluso si éstas se designan con nombres propios de personas, como el «Código de Napoleón» o la «Ley Azcárate», ello se debe a la señalada participación de tales personas en el proceso legislativo correspondiente. En definitiva, estos nombres no son, como los propios y en su función de tales, completamente arbitrarios. Guardan con los referentes, por lo menos, una relación simbólica.

Los escritos forenses suelen ofrecerse muy llenos de apoyaturas retóricas. El que escribe está pendiente en todo momento de la organización discursiva de lo que expone. Junto al lenguaje directamente referido a las materias tratadas hay como un segundo lenguaje. Sería mucho llamarle metalenguaje. Es como otra instancia lingüística que ejerce una función explicativa, de vigilancia y control. Si el abogado ha descrito algo muy extensa y circunstanciadamente, lo justificará en razón de la importancia y trascendencia del tema. Si, por el contrario, considera oportuno producirse con sobriedad, aducirá cómo lo sustentado es tan paladino que no precisa de mayores explicación. El autor de escritos forenses propende a ir marcando el orden discursivo. Señala los pasos, los enlaces, las oposiciones, las derivaciones. Son usuales frases como la siguiente: «Así las cosas o sentado lo anterior, veamos ahora...», con lo que se establece, al mismo tiempo, una separación entre dos planos y tal vez una dependencia. Otras veces lo que importa es el correlato o la correspondencia, que también requiere las pertinentes asistencias lingüísticas. Una actitud hacia la que se tiende es el esfuerzo por presentar los argumentos de manera que, teniendo autonomía, conduzcan al mismo fin. La mayor riqueza argumental estriba precisamente en la concurrencia y compatibilidad de lo diverso. Entonces la vulnerabilidad de un dato o un elemento no afecta al conjunto. En este libro y en otros escritos he puesto de relieve el entrelazamiento del lenguaje y el derecho. Lo que ahora trato de decir es otra prueba. El lenguaje no se limita a establecer o construir los argumentos. Es él mismo el que se hace argumento.

4. El abogado, escritor fuera del derecho

El abogado en cuanto escritor fuera de las estrictas lides profesionales puede manifestarse en campos diversos que van desde el proteico periodismo hasta los temas de la ciencia (de la propia ciencia jurídica), de la filosofía, de la política, etc., pasando por la literatura de creación. No es frecuente que un profesional con entrega plena e intensa disponga de márgenes suficientes para otra clase de actividad. De todas formas el abogado, como he dicho, es un intelectual avezado a la falta de sosiego y al sobresalto. Su tiempo, que en la estructura de la profesión se compone de plazos e inminencias, fuera de ella viene a estar formado por restos de interrupciones episódicas. La habilidad en el aprovechamiento de tales intermitencias, el saber servirse de los que para otros son los ángulos muertos del tiempo y la no imprescindible necesidad de la calma y de la concentración para consagrarse al trabajo, confieren alguna posibilidad de extrovertirse en esas otras áreas del lenguaje escrito.

La abogacía propicia, entre otras cosas, agilidad mental, inclinación por lo preciso, vivacidad, facultades de repentización, comprensión y cierta tolerancia y flexibilidad de criterio para juzgar. Nada más lejos de ella que el hieratismo estrecho y doctrinario. Depara un conocimiento, a la par profundo y profuso, de las interioridades humanas. Descubre a los seres despojados de los convencionalismos y enmascaramientos con que se mueven en la superficie. Enseña cómo se urden los propios enmascaramientos para llegar hasta las intenciones soterradas, mediante calas escrutadoras de las conciencias. Si es admisible la comparación del abogado con el confesor o con el médico, convendría añadir que de ordinario no se le presenta el hombre arrepentido o deseoso de salud, el hombre en busca de perfeccionamientos y rectificaciones, sino más bien el que trata de realizar sus designios.

No todo es la singularidad de los casos, aunque todo acontezca o se muestre con ocasión de éstos. La abogacía coloca ante nosotros realidades demostrativas de las diferencias humanas y de los desniveles sociales y económicos, que además de traducirse en los problemas relativos a la atribución de los poderes y a la distribución de los bienes, ponen de manifiesto también cómo el derecho no es siempre —y acaso no lo puede ser— el completo amparador y corrector de tantas situaciones de desigualdad y de angustia. El abogado se encuentra a veces ante conflictos sorprendentes y con anécdotas curiosas. El teatro y la novela no faltan en su despacho. Como también penetran en él complejos temas de la industria, del comercio, de las finanzas y en general de la técnica en su gran gama de realizaciones. Todo ello y tanto más dota de un caudal de experiencias y afina cualidades que el abogado escritor —como tratadista del derecho o como sociólogo, literato, etc.— está en condiciones de aprovechar acaso de una manera inconsciente o al menos no directa. Porque no se trata de que escriba de aquello que ha tenido ocasión de conocer. Pienso principalmente en ese poso dejado en nosotros y en los horizontes abiertos por una profesión forjadora de estados de conciencia.

CAPÍTULO NOVENO

LOS DICTÁMENES

1. La especialidad del dictamen

El dictamen es el trabajo que posiblemente refleja de una manera más completa y libre la personalidad y el estilo del abogado. Los escritos producidos en el curso del proceso y con vistas a él se hallan sujetos a condicionamientos y limitaciones que no inciden, o inciden mucho menos, en el dictamen. El litigio no permite una explanación completamente libre del propio pensamiento. Todo está en función de la controversia que impone cautelas. La actitud del abogado en el dictamen es distinta. Se trata de una tarea más remansada y pacífica. Aunque en ningún momento se puede prescindir de los posibles puntos de vista adversos, falta la interlocución directa. Mientras el litigio es el diálogo abierto con el enemigo, el dictamen tiene algo de reflexión en voz alta. La función del abogado en el dictamen se aproxima a la del juez; pierde el radicalismo característico del proceso contencioso. En éste todo el quehacer del abogado se polariza en términos de exclusividad. De la tesis adversa cuidará otro; por tanto, uno ha de cuidar de fortalecer la propia. No ocurre lo mismo en los dictámenes, aunque no son reductibles a un solo tipo. El dictamen propiamente dicho es aquel que tiene por objeto conocer lo que piensa, en derecho, su autor. Entonces es preciso extremar la ponderación y la ecuanimidad. Al abogado en cuanto tal no se acude nunca en busca de una decisión. Sin embargo, sí se trata de conseguir una opinión autorizada. El dictamen en este sentido propio dista mucho de ser un acto de complacencia o de identificación con el interés del solicitante. Diferente es el cometido del dictamen cuando, ante una cuestión ya suscitada o pendiente de serlo, se desean constatar todas las posibilidades de una solución determinada. Entonces no se pretende tanto del abogado que discierna y opine como que exponga los argumentos que, a su juicio, puedan conducir a lo pretendido. Tal labor es más de razonamiento. La labor del que consideramos como dictamen en sentido propio implica ante todo un parecer, aunque haya de ser fundado.

2. Los dictámenes de Díaz Cobeña

A raíz de la muerte de Díaz Cobeña, la Junta de Gobierno del Ilustre Colegio de Abogados de Madrid tomó el acuerdo de publicar una colección de dictámenes de quien había sido su decano. Parece que la honorable modestia, que fue una de las características del decano Díaz Cobeña, estuvo también presente en el homenaje que se le rendía. La penuria económica del Colegio hizo que sólo pudiera publicarse un volumen. Y dificultades de otro orden determinaron que, habiéndose iniciado

Díaz Cobeña en la profesión el año 1858, el más antiguo de los dictámenes recogido data de 1883, cuando ya había cumplido su autor veinticinco años en el ejercicio profesional[89]. Consiguientemente, los dictámenes conocidos son una pequeña parte de los emitidos. Insuficientes, por tanto, como testimonio completo de la labor realizada; suficientes, sin embargo, para darnos cuenta del estilo del autor.

Los dictámenes de Díaz Cobeña, aun no siendo extensos, merecen sobre todo los calificativos de cuidados y minuciosos. En el relato de los hechos se aprecian matizaciones y salvedades demostrativas de que no se reducen a la mera transcripción, sin desbastar, de los antecedentes facilitados. Díaz Cobeña, supongo, no empezaba a redactar el dictamen después de los hechos. En éstos ya se ve la presencia del letrado. Cuando las cuestiones sometidas a consulta son diversas y tienen suficiente individualidad, las enuncia por separado y por separado las contesta con la distinción elemental, pero muy clara, entre pregunta y respuesta. En los dictámenes de Díaz Cobeña hay una acusada labor de exégesis analítica e interpretativa de los preceptos legales. Primero examina el problema a nivel de las normas en sí mismas consideradas, que con frecuencia completa con sus precedentes históricos, para adentrarse después en la temática de la integración del caso en el supuesto normativo. En este aspecto, los dictámenes de Díaz Cobeña están acaso más en la línea hoy generalmente seguida que los de Maura y Bergamín. Se capta en ellos el sentido persuasivo de las argumentaciones; no porque trate de convencer con la mera persuasión, sino porque los argumentos esgrimidos, de orden racional-jurídico, parecen dirigirse más allá del consultante, al propio Tribunal sentenciador.

Díaz Cobeña fue, a la vez, un abogado estricto y de amplio espectro. Abogado estricto, porque eludió cualquier incursión a otro campo y en particular al de la política. De amplio espectro, porque acudió a la cita en todas las ramas del derecho. Los dictámenes tienen la soltura del avezado a recorrer, sin las susceptibilidades del especialista, los diversos sectores del ordenamiento jurídico. Y tienen también el ponderado equilibrio, la resignación paciente del que sabe que sus razones unas veces llegan a puerto y otras perecen.

3. Los dictámenes de maura

Don Antonio Maura no fue un estricto escritor forense. Su activa presencia en la política y en el mundo social e intelectual de la época le llevaron a otros campos de la expresión literaria. Parte muy sustancial de la labor que desarrolló como abogado quedó canalizada en los dictámenes. Después de su muerte se publicó una colección compuesta de siete volúmenes[90]. Es prueba de una fecundidad asombrosa. El prologuista, su hijo Miguel, da cuenta de cómo en vida de Maura su incesante entrega a la elaboración de los dictámenes fue un obstáculo insuperable para ordenarlos y catalogarlos. Escribe: «Hube siempre de desistir del empeño; porque antes de haber leído, estudiado y anotado algunos de aquellos trabajos, venían dos o tres más, lozanos y flamantes, fresca aún la tinta con que se escribieron, a posarse sobre el montón, aplastando con su peso mi iniciativa... Ha sido menester que quedara cegado el manantial fecundo y definitivamente remansado el caudal por obra de la

como homenaje al que fue su ilustre decano, prólogo de García Prieto, Madrid, 1919.

[90] A. MAURA, *Dictámenes,* seleccionados y clasificados por Miguel Maura Gamazo y José Romero Valenzuela, Editorial Saturnino Calleja, S. A., Madrid, 1929.

[91] Trad. esp. de Elsa Cecilia Frost, 3.ª ed., Siglo XXI Editores, Méjico-Argentina-España, 1971.

muerte, para que se realizase la empresa sin desmayos, estimulado ahora por la piedad filial y la sincera admiración de discípulo».

A mi juicio, los dos factores de más relieve caracterizador en los dictámenes de Maura están constituidos por la *uniformidad* y por el tono predominantemente *narrativo.*

La uniformidad se presenta en dos aspectos. En primer término, la separación temporal considerable que media entre los diferentes textos no señala cambio ni evolución apreciables en el estilo. El autor es siempre el mismo. El transcurso del tiempo y los avatares de la política no parecen dejar huellas en el discurso. A lo sumo, las huellas estarán en los matices y sería preciso un análisis muy detenido para detectarlas. La ordenación de los dictámenes hecha conforme a una taxonomía sistemática articula dictámenes de diferente cronología y, sin embargo, el conjunto es sincrónico. Si pese al tiempo y a los diversos giros de la vida del autor no son apreciables las diferencias, ello quiere decir que la uniformidad es sólida y resistente. Sin duda, no ha sido buscada. Es una resultante, una impronta. Lo perseguido metodológicamente determina cierto manierismo que se delata.

El otro sentido de la uniformidad como tónica dominante procede de que, aun siendo muy diversas las materias tratadas y variable la importancia y complejidad de las mismas, la densidad discursiva se mantiene en términos similares. Lo aparentemente llano o fácil también es tratado con rigor. En los dictámenes de Maura todo se dice con base en las razones pertinentes. No formula meras opiniones; o si se prefiere, éstas aparecen asistidas del correspondiente amparo en los argumentos que fluyen con suave naturalidad. Concede preferencia a lo fundamental y confía en ello, sin perderse en acumulaciones exhaustivas de alegatos. No es exacerbado ni mortificante en la contradicción. El buen sentido y la cordura se sobreponen a la tensión dialéctica y a la frialdad lógica. Rehúye todo lo posible dejar márgenes a la incertidumbre. No se adentra en polémicas doctrinales, aunque a veces alude a ellas de manera generalmente abstracta. Tampoco conjetura libremente un ideal de justicia. Le preocupan sobre todo estos dos aspectos: el apoyo del dato de derecho positivo y el logro de un resultado práctico.

Es también factor característico el sentido predominantemente narrativo de los dictámenes. Muchos de ellos ofrecen la fisonomía de un relato. Como no se sirve de epígrafes ordenadores o clasificatorios del contenido, va dando cuenta de los diferentes pasos y giros que se suceden en el adentramiento y desarrollo de las cuestiones. No hay una marcada separación entre los hechos y el derecho. Parece que aquéllos y éste dejan de ser realidades externas para asumirlos el autor que los cuenta, expone y ensambla. De un dictamen de Maura puede decirse «un Maura», como de un cuadro de Velázquez se dice «un Velázquez». No he buscado la extrapolación pictórica por simple entretenimiento literario. La realidad tratada por la luz, que devuelve el pincel de Velázquez como transmutada, puede ponerse en relación con la realidad tratada por el derecho, que devuelve, también transmutada, la pluma de Maura. Me atrevo a ir más allá: «Las Meninas», de Velázquez, representan su cuadro cumbre. Foucault le ha dedicado el primer capítulo de *Las palabras y las cosas*[91]. «Vemos un cuadro —dice— desde el cual nos contempla un pintor». Una frase, a la vez, sencilla, cierta y profunda. ¿Qué dictamen de Maura cabría elegir como representativo? Acaso el número 5 del tomo I. Pues bien,

---

[92] BERGAMÍN, *Dictámenes,* 2 vols., Madrid, 1954.

el jurista parece estar en el dictamen número 5 como Velázquez en «Las Meninas». El jurista, además de autor, personaje y protagonista. El autor está junto a su obra, con o en ella. No separado ni por encima. Confundido, tampoco. La obra en sí, como objetividad cultural, es digna de su autor; no sólo en cuanto de él, sino también por los propios valores acumulados. La obra misma explica al autor, remite a él y no exclusivamente a la inversa. Si en los dictámenes faltara la firma, habría que pensar en un gran abogado aunque no pudiéramos nombrarle.

4. Los dictámenes de Bergamín

La vida profesional de don Francisco Bergamín tuvo una proyección tan insistente en el ejercicio ante los Tribunales que la labor relativa a los dictámenes[92] no aparece en él como una actividad central, aunque también sea importante. El dictamen es el «caso práctico» susceptible de someterse a la consideración no sólo del jurista consagrado al foro, sino también a la del teórico. A veces se busca precisamente a éste. Con ocasión de emitir dictámenes se han elaborado estimables monografías jurídicas. Los dictámenes de Bergamín son la obra de un jurista entregado a la diaria aplicación del derecho. Parecen bocetos de soluciones. Es más relevante en ellos la prudencia del consejo que las razones justificativas. Reflejan hasta la vehemencia del abogado que informa. No son sosegadas reflexiones, sino fugaces golpes de vista y de opinión. Hay en los dictámenes de Bergamín un apresuramiento que si en parte procede de la lucha con el tiempo, en parte deriva también de la prisa (intelectual, volitiva) por llegar al resultado. Algunos extreman tanto esta nota que la exposición de los antecedentes enlaza con las conclusiones, omitiendo ese intermedio argumentativo que suele llamarse «cuerpo» del dictamen. En no pocos falta la mención expresa de preceptos jurídicos determinados, aunque aparecen presupuestos en la elaboración del discurso. El tomo I sólo recoge dieciocho sentencias del Tribunal Supremo, si bien en muchas ocasiones Bergamín alude en los dictámenes a los criterios de la jurisprudencia, aunque no descienda al detalle de las sentencias, las cuales, por lo demás, son tomadas en cuenta más como modelos o ejemplos de soluciones autorizadas que por los fundamentos aducidos. Si por un lado es marcada la inclinación a aprisionar el caso en su singularidad, por otro no es infrecuente que establezca como premisa mayor «el derecho» o «la justicia». Uno y otra —la justicia siempre en una posición superior— incorporan significaciones que, sin necesidad de explicitarlas, conducen a una solución. De tal modo aparecen colocadas las cosas, interpretadas las conductas, fijadas las intenciones y calculadas las consecuencias, que con la misma facilidad que ante un paisaje vemos si es una planicie o una cordillera, con la misma facilidad ofrecen estos dictámenes lo justo y lo injusto, sin que previamente haya sido preciso entregarse a detenidas elaboraciones conceptuales.

La máxima estilización sintética del discurso jurídico se encuentra, me parece, en estas piezas ligeras y leves, de cierto sabor intimista, a modo de coloquios con el interesado y con el compañero.

No son los dictámenes de Bergamín más de Bergamín que los de Maura son de Maura. Sin embargo, en los dictámenes de Bergamín la objetivación de valores que representa la obra no es tan densa. Los dictámenes de Bergamín son valiosos, sobre todo, en cuanto proceden de él, por lo que hay en ellos de encarnación original de su personalidad.

---

[93] Semblanza por José Calvo Sotelo, prólogo de Joaquín Garrigues Díaz-Cañabate, recopilados por

5. Los dictámenes de Clemente de Diego

La obra jurídica de don Felipe Clemente de Diego se produce bajo el signo de la Universidad en su doble faceta de la investigación científica y la enseñanza; ésta como reflejo y consecuencia de aquélla. El profesor en la instancia más elevada, la universitaria, sólo cumple la función que le es propia con plenitud en tanto elabora y perfecciona unos conocimientos que luego irradia. Se precisa haber sentido el dolor del alumbramiento para desenvolver después con rigor la tarea del magisterio. Tal es la misión encarnada por el profesor Clemente de Diego.

En la historia próxima del derecho civil español hay una línea divisoria muy marcada que se obtiene en función de la personalidad y las aportaciones del eminente maestro. Introduce en el derecho civil una tónica de modernidad y de comunicación con la ciencia jurídica europea a la altura de los comienzos de este siglo. Gran conocedor —acaso por su inicial entrega al derecho romano— de la significación de Savigny, comprendió en medida antes no alcanzada el movimiento de transformación a que dio vida tanto la depuración historicista de los conocimientos como el logro de la unidad del sistema en cuanto exponente del saber acabado. A Clemente de Diego le fueron familiares los pandectistas alemanes y austríacos, así como el movimiento doctrinal impulsador del BGB y toda la corriente científica que subsigue a esta importante obra legislativa. Captó los problemas que se planteaban los civilistas franceses que habían de obtener por la vía de la investigación y del análisis de la realidad social lo que la letra de un Código ya centenario no estaba en condiciones de facilitar. No le pasó desapercibido el eco que despertaron en Italia las nuevas corrientes exaltadoras del papel del jurista. El Cógico civil suizo, tan revolucionario en materia de fuentes del derecho —uno de los temas predilectos del profesor Clemente de Diego—, también dejó en él su huella. Todo este conjunto de ideas y de experiencias, asimiladas y no meramente percibidas, le colocaron en condiciones de contemplar nuestro ordenamiento jurídico desde puntos de vista metodológicos más en la línea de la actualidad y la renovación. Esta extroversión tuvo en él como como contrapartida o complemento una acusada curiosidad por la tradición jurídica española, de la que fue un excepcional conocedor. Mientras los *Estudios de derecho civil* de Sánchez Román constituyen la obra de transición del viejo derecho civil al del Código civil, el *Curso elemental de derecho civil* de Clemente de Diego es la obra básica posterior al Código civil, en la que éste aparece trascendido y no aprisionado en los moldes de un estricto positivismo.

Clemente de Diego también se consagró a los trabajos de aplicación del derecho, aunque no desplegó la actividad total del abogado. Ya habían transcurrido bastantes años desde su fallecimiento (en 1945) cuando se publicó (en 1959) la colección de sus *Dictámenes jurídicos*[93]. Uno de sus más cualificados discípulos, Joaquín Garrigues Díaz-Cañabate, dice que «no tenía madera de polemista». Por eso sin duda y también por el atractivo que ejercía su saber y su bien conocida ecuanimidad, encontró en el dictamen el modo menos polémico y duro de adentrarse en la práctica. Los hechos, sometidos a consulta, actuaban en él como estímulos sensibilizadores de las ideas. Es muy característico del dictamen de Clemente de Diego detenerse, sobre todo, en la exposición de los conceptos fundamentales en juego, a los fines de obtener los correspondientes resultados prácticos. En ellos se

---

Luis Clemente de Diego, Ed. Boch, Barcelona, 1959 (3 tomos).

94 Páginas 5 y sigs., Madrid, 1900.

encuentran esclarecimientos muy importantes sobre la filiación, la tutela, el usufructo, la sociedad de gananciales, la sucesión hereditaria, etc., valiosos no sólo con vistas a los casos contemplados, sino más allá de ellos. Son dictámenes eminentemente doctrinales en los que, por tanto, no cuenta de modo exclusivo la solución. Importan mucho también —incluso con preferencia— los fundamentos y el periplo discursivo para alcanzarla. Las concepciones jurídicas de Clemente de Diego, de amplia base teórica y humanista, al ponerse en contacto con la vida prueban cómo el esfuerzo intelectual así orientado, lejos de apartarse de las realidades, las ilumina y conforma. Desde los primeros tiempos de consagración a la ciencia había preocupado a Clemente de Diego el estrecho vínculo que liga a la teoría y a la práctica. «Conocimiento y realización del derecho —escribió en esa obra a la vez inicial y básica que es la *Introducción al estudio de las Instituciones de derecho romano*[94]—, teoría y práctica, son esferas distintas no separadas... La experiencia también nos dice que en tanto practicamos el derecho en cuanto le conocemos, siendo el conocimiento completo y perfecto del derecho el más preciado antecedente para su realización racional y estricta. Con la separación de ambas esferas, la ciencia degenera en utopía y la práctica en empirismo y rutina». Frente a la práctica rutinaria él exalta aquella otra «informada por la actividad reflexiva, dirigida por la razón ilustrada, desenvuelta con pleno dominio por el hombre». En el terreno de esta práctica ilustrada por la razón procuró desenvolverse. Sin duda consiguió la plena observancia de la ley de la inseparabilidad entre la teoría y la práctica. Como jurista teórico no incurrió en las abstracciones meramente especulativas. Como jurista práctico no perdió nunca el empaque del teórico. Acaso, al menos en la apariencia exterior, parece haber más teoría en sus escritos prácticos que práctica en sus escritos teóricos. Quizá ocurra simplemente que en estos últimos la realidad está en los presupuestos y como sobreentendida en vez de directamente mencionada. Tener un sentido práctico en la consideración teórica de los problemas no exige descender al anecdotario de los acontecimientos; basta con estar imbuido de la dimensión empírica de las ideas.

Los dictámenes de Clemente de Diego marcan como línea argumentativa constante la marcha de lo universal a lo particular. El razonamiento tiende a instalarse en unas proposiciones generales como antecedente para llegar a la proposición inmediatamente requerida para pronunciarse sobre el caso contemplado.

6. Los dictámenes de Pérez Serrano

Los dictámenes de don Nicolás Pérez Serrano —como los de Díaz Cobeña, Maura, Bergamín y Clemente de Diego— se coleccionaron y publicaron también con el carácter de obra póstuma[95]. Corresponden los de Pérez Serrano a una etapa subsiguiente en la cronología. Esta diferencia temporal, aun no siendo importante, marca un cambio en la factura y en el estilo. Se ha ido produciendo una aproximación entre el saber científico del derecho y la aplicación técnica del mismo por los abogados y los jueces. A este movimiento de aproximación contribuyeron de manera señalada los civilistas Clemente de Diego y Castán. Ambos desde su posición de científicos y en gran medida de filósofos del derecho, dedicaron especial atención a los temas de la aplicación de las normas. Además de realizar una labor investigadora en la que conciliaron los problemas conceptuales con los encarnados

[95] PÉREZ SERRANO, *Dictámenes*, 2 vols. (recopilados y concordados por Luis Tejada González), Madrid, 1965.

[96] El título completo es el siguiente: *THEMIS. Observaciones sobre la naturaleza y estudio de la jurispru-*

por las exigencias de la vida, se entregaron también de modo directo a la práctica del derecho. Clemente de Diego en la labor de dictámenes y Castán en su función de magistrado. Ya hemos visto cómo los trabajos profesionales de aquél son verdaderos estudios monográficos acerca del tema propuesto. En cuanto abogado siguió siendo profesor, o mejor, maestro. En esta línea aparece Pérez Serrano, aunque su caso no es exactamente el mismo. Por un lado, en la época en que se emiten los dictámenes de Pérez Serrano ya no es una singularidad que la doctrina científica y la jurisprudencia aparezcan como elementos integrantes de la argumentación forense. Por otro lado, en Pérez Serrano se ven perfectamente deslindadas las facetas del teórico del derecho y del abogado. Acaso contribuya a ello que el ámbito peculiar de sus teorizaciones como profesor estuvo constituido por el derecho político y la ciencia política, mientras su tarea práctica la desplegó predominantemente en el campo, ciertamente alejado de aquél, del derecho civil y del mercantil. No obstante, hay también una razón de fondo. Pérez Serrano tiene la formación humanista y científica del profesor que encarna la vocación de la Universidad como afán por el saber bien construido, siempre al tanto de las novedades y de los problemas del entorno cultural. Tales rasgos de su personalidad no pueden esconderse ni dejar de influir en cualquier área de las posibles actividades. Sin embargo, no es Pérez Serrano el profesor de derecho que aplica o proyecta sus conocimientos al campo de la práctica. Es un abogado *per se.* Con su espíritu, con su dialéctica. Sabe descender desde las delectaciones de la especulación al terreno de las realidades sin que se note esa doble vía de su intelecto. Tiene el don de la naturalidad y la gracia de la acomodación. Cualquier asunto sometido a su análisis ofrece relieves y sesgos que salen a flote a expensas de su peculiar habilidad para la comprensión explicativa y justificativa. Convierte lo aparentemente intrincado en liso y llano. No puede decirse que sean unos u otros sus temas predilectos. En todos se desenvuelve con igual soltura. No llega al desenfado ni a la exacerbación, pero le gusta llamar a las cosas por sus nombres. Más que un razonador estricto es un creador de ambientes. Antepone las imágenes coloristas a los conceptos intelectualizados, o, bien, desnuda a éstos de academicismo y abstracción para mostrar cómo por ellos también discurre la vida. Gusta de la fluencia discursiva. Algo de lo que representó el impresionismo en el arte hay en el modo de hacer de este abogado: la armonía del conjunto de las pinceladas superpuestas al dibujo, la levedad del detalle, el contraste de la luz y las sombras.

He resaltado como nota de los dictámenes de Maura la uniformidad. En los de Pérez Serrano se advierte más bien cierta variación. Hay desde el dictamen extenso y circunstanciado hasta el de tono menor denominado por su autor «nota-dictamen». La urgencia del interesado en disponer de una opinión, la premura con que el letrado había de atender a los múltiples asuntos y la capacidad de repentización en el enjuiciamiento hicieron frecuente en Pérez Serrano este tipo de dictamen que, si bien es sólo como el boceto o la promesa de un examen más detenido, tiene el valor de una impronta lúcida.

CAPÍTULO DÉCIMO

EL ABOGADO Y EL ENTORNO SOCIAL

1. ¿El abogado, hombre de acción?

Si por acción se entiende genéricamente el desarrollo de una actividad, la respuesta parece obvia, porque el abogado atesora o despliega gran capacidad para el trabajo. No radica aquí, claro está, el significado específico o propio del hombre de acción que concierne no al mero actuar, sino a aquella clase de actuación dirigida a producir conformaciones de conducta con trascendencia social o económica. No todos los tipos o las clases de ejercicio profesional deparan las mismas oportunidades o tienen igual reflejo respecto de la acción. Uno es el abogado en el papel muy circunscrito de hombre de despacho dedicado a la consulta y los dictámenes, que despliega una tarea reflexiva, si bien con influencia en los actos de los interesados. Otro, el entregado predominantemente al ejercicio profesional en los diversos campos —quizá con comprensibles preferencias— y en todos los niveles, el cual forzosamente ha de desenvolverse allí donde la contienda se muestra con mayor acritud, más rotunda y polémica, e impone adentrarse de modo muy directo en las realidades con vistas al conocimiento de los hechos, a la adopción de las cautelas oportunas y a la preparación de los medios de prueba. Tenemos también el abogado inserto en la constitución y en la vida de las empresas y en sus actividades negociales, que se acerca mucho a los hoy reputados como tecnócratas o ejecutivos. Patente es la existencia de profesionales orientados hacia la denominada con cierta anfibología gestión, giro que alude a la figura de un cualificado experto situado entre la administración, de presencia cada vez más acusada a escala nacional e internacional, y las personas o los grupos interesados en los programas de gobierno, en las decisiones y, en general, en los actos y en los planes del sector público. No cabe olvidar tampoco al abogado que, generalmente por circunstancias de lugar, ha de entender y ocuparse de todo sin las discriminaciones del especialista. En cualquier caso el abogado que encarna una auténtica vocación da la tónica del hombre preparado y precavido, con capacidad reflexiva y, si es preciso, con capacidad también para la acción.

Estamos ante la profesión más adentrada en todos los intersticios sociales, políticos y económicos. Claro es que el quehacer correspondiente se despliega respecto de casos individualizados. Algunos de ellos, pese a su singularidad, como ya hemos apuntado, encarnan tensiones de alcance colectivo; son a modo de la escenificación por determinadas personas reales de conflictos de convivencia con implicaciones y dimensiones muy amplias en el país. A su vez, el conjunto de los casos objeto de debate judicial y de asesoramiento jurídico ofrecen una perspectiva a partir de la cual es posible obtener cierta clase de generalizaciones con valor explicativo. Si el abogado no está materialmente en todos los cauces por donde fluye la vida, sí se encuentra allí donde se producen situaciones de resquebrajamiento de la armonía: en las crisis de convivencia. Pasar desde la estricta consideración en derecho de los problemas hasta una diagnosis de la sociedad en medida superior a la de las simples opiniones o impresiones más o menos fundadas requiere la utilización de criterios, preferentemente antropológicos y sociológicos, que no se adquieren por obra exclusiva de la experiencia ni de la inducción. De todas maneras quien es receptor de las situaciones conflictivas y, en general, de la lucha por los intereses y los derechos, adviene un testigo cualificado del medio social.

2. Abogacía y política

¿Tiene el abogado especial aptitud o se encuentra en especial predisposición para la política? La respuesta afirmativa y la negativa son demasiado rotundas y la intermedia sin matizaciones resultaría desilusionante. Una aseveración lógica o al menos tópica consistiría en afirmar que el acceso a la política requiere en un orden normal de cosas el concurso de la vocación (fortalecida con los conocimientos adecuados) y la oportunidad. Difícilmente la vocación, fuera de las ciencias y de las artes —y no siempre—, es conductora por sí sola para alcanzar las realizaciones apetecidas. La oportunidad es aleatoria: lo mismo puede sumarse a una vocación consciente que despertarla del inconsciente o introducir, sin más, en una esfera de actividades a quien no se lo propuso. Partiendo de la vocación y de la oportunidad, o al menos de alguna de ellas, la abogacía propicia un tipo de formación apto en principio para introducir en la política y actuar en su seno. El hecho mismo de que esto tenga o no lugar viene subordinado a relativizaciones condicionadas tanto por las diversas acepciones de la política como por las realidades concretas a tomar en cuenta.

El traslado del abogado a la política ha merecido muchas veces explicaciones incomprensiblemente limitadas a lo malintencionado y a lo pintoresco. En el año 1856 escribía don Juan Juez y Sarmiento («Magistrado de varios Tribunales e individuo de las suprimidas Comisiones de Códigos») un libro curioso[96], muy imbuido de preocupaciones científicas, sociales y morales, en el cual, con relación a los abogados de «derecho público» —así llama a los consagrados a la política—, dice lo siguiente: «Son de dos clases: lo mismo aquí que en Londres o Berlín. Unos salen de su esfera para figurar en la elevada de legisladores, cansados de la humilde de suplicantes; y otros cebados en el oro que produce la enfermedad moral, que pudiera llamarse *pedimentitis,* sólo tienden con máscara de políticos, interesados en el *bien de todos,* a procurarse el poco envidiable y *propio* de ganar treinta mil duros al año escribiendo mil alegatos y pronunciando trescientos discursos; todo de cualquier modo y con cualquier razón o motivo. No sé cuál de las dos clases hace más daño, a sí y a sus conciudadanos» (pág. 62). Estas palabras, duramente acerbas, están en la línea de cierta picaresca profesional con que la literatura ha cortejado de antiguo a los profesionales del derecho. Por su parte, la política ha hecho germinar de Platón a nuestros días desde los más elevados pensamientos hasta toda clase de dicterios. Las palabras transcritas se sitúan en los dos frentes de repulsa, el relativo a la

---

dencia, la constitución del poder judicial y el ejercicio de la abogacía, Imprenta Manuel Muniesa, Madrid, 1856.

[97] En un artículo publicado en *ABC* de 4 octubre de aquel año y que recuerda OSSORIO, *ob. cit.,*

abogacía y el concerniente a la política. Por eso aluden al acceso a la política como consecuencia del hastío y como el atractivo de la ambición. Aunque no falten motivos desencadenantes de esa clase de juicios, es claro que no pueden presentarse como una explicación serena del contacto de los abogados con la política.

Azorín, en sus años de escritor y de político, dio muestras de una gran simpatía por la presencia de los abogados en la política. «Dominan, han de dominar, dominarán», dijo. Con la yuxtaposición de estos tiempos verbales persigue no dejar ningún resquicio por donde pudiera introducirse la falta de dominio. Al «dominan» referido al presente agrega dos imperatividades asertóricas. El «han de...» parece expresar la fuerza de un deseo, quizá un mandato. «Dominarán» significa la certeza, la seguridad del hecho del dominio referido al futuro. ¿Qué le lleva a pronunciarse así? Ante todo piensa que los abogados son hombres «dedicados desde la Universidad al estudio del derecho y la política». Además afirma: «Siendo los juristas oradores —porque es indispensable serlo— y siendo la oratoria medio de entenderse con las multitudes y en las asambleas parlamentarias, forzosamente una clase de hombres fértiles y expeditivos en la palabra, ha de dar un contingente considerable a la política y ha de dominar la política. Sucederá esto siempre, constantemente, como por una ley natural». Así se expresaba Azorín en el año 1917[97]. Sería curioso efectuar las oportunas comprobaciones de ese pensamiento prospectivo contemplándolo ahora en sentido inverso, es decir, histórica, retrospectivamente. Nosotros no lo vamos a hacer con detalle. Todo vaticinio tiene márgenes de frustración, y éstos aumentan en la medida en que se haya profundizado o generalizado en las radicalizaciones. Cierto que los estudios cursados en las Facultades de Derecho están más próximos que otros a los criterios, discernimientos y actividades de la política, si bien la Universidad no forma precisamente abogados, sino un tipo más genérico de juristas. En todas las profesiones el ejercicio no se presenta como la simple aplicación práctica de un saber previamente obtenido; el ejercicio es formativo. Esta tónica general se acentúa en la abogacía. Nadie empieza siendo abogado y no todos alcanzan a serlo. Hay una estrecha vinculación entre la experiencia y el desarrollo de las aptitudes y cualidades profesionales. El propio aprendizaje postuniversitario en escuelas especializadas o mediante la asistencia a despachos de abogados no confiere de manera suficiente el bagaje idóneo. Aparte de la razón obvia de que el adentramiento en la profesión produce un sedimento que gradualmente crece, cuenta también de manera señalada el hecho psicológico del sentido pleno deja responsabilidad, que sólo se adquiere con el encargo personal de los asuntos y que es esencialmente formativo. Ello no conduce a considerar la profesión de abogado como fruto del empirismo. La teoría es condición indispensable para que fructifique la práctica. Esta, no alimentada por un conocimiento fundante (cuyas proyecciones no se calibran al obtenerle) carece de fertilidad para engendrar por sí misma el saber requerido por la profesión. El argumento azoriniano de la oratoria está quizá, como la oratoria misma, un tanto traspasado por el tiempo, según hemos visto antes. Y hablar de una «ley natural» determinante de que los abogados dominarán, siempre en la política, me parece una licencia literaria, más acusada cuando, como ahora, se asevera que no son propiamente leyes, sino probabilidades estadísticas, las reglas conforme a las cuales se explican los propios fenómenos de la naturaleza. Si los abogados han dominado o dominan en la política —juicio que requiere una corroboración estadística—, lo dejo al criterio de quienes

pág. 176.

[98] Trad. esp. de J. Martín Ruiz-Wener, Taurus, 1968.

me lean. De todas maneras, para aquilatar el juicio hay que pensar en los despachos de profesionales libres clausurados por la política; no en las excedencias obtenidas. Porque la clausura o el cese es la forma de terminar o interrumpir el ejercicio de la abogacía —no en todos los casos resulta indispensable hacerlo—, mientras la excedencia es una prerrogativa del funcionario. En el paso de situaciones de desempleo o de colocaciones empresariales o no cualificadas a cargos de carácter político encontraremos a licenciados en derecho, título académico, como es sabido, necesario para acceder a la abogacía, pero no atributivo por sí sólo de capacidad para el ejercicio ni de la condición de abogado. Para hacer los cálculos oportunos habría de procederse por países y por períodos. Dentro de España, aunque la clase profesional de la abogacía con sus organizaciones gremiales o colegiales es muy antigua, si no se desea remontarse mucho al pasado, cabría distinguir las siguientes etapas: restauración, época subsiguiente a la ruptura liberal-conservadora y multiplicación de los partidos políticos; dictadura, segunda república y régimen actual.

Se ha dicho de manera ingeniosa —permítaseme que no revele el nombre; tampoco transcribo literalmente— que cuando los pueblos viven situaciones de defensa armada predominan los guerreros, mientras en los tiempos de paz y acomodo, como se han de buscar fórmulas jurídicas para vivir, es lógica la presencia de quienes puedan proporcionarlas. Con esto no está resuelto el problema; ni siquiera planteado. Un Estado en trance de guerra, comprometido en su propia defensa, no debe de tomarse en cuenta porque, además de reprimirse muchos desenvolvimientos políticos, la acción política queda subordinada a la acción militar y a sus fines. Por ello es oportuno tomar en consideración etapas de normalidad al menos relativa. La necesidad o la conveniencia de obtener fórmulas jurídicas adecuadas no conduce por sí al predominio de la abogacía en la política, al gobierno de o por los abogados. En un orden de actividades estrictamente jurídicas, como es el de la preparación de las leyes, el asesoramiento puede ser suficiente y en ocasiones de mayor eficiencia que la entrega del poder político directo en manos de la técnica. Buscar al abogado mediante el acceso del mismo al poder, para que actúe como conocedor y técnico del derecho, no es exactamente lo que se pretende cuando se piensa o discute acerca de la idoneidad del abogado para la política. Porque implica, en cierto modo, dar un rodeo al cabo del cual se pierde o aleja lo perseguido. El abogado consagrado a las exigencias de la política difícilmente encontrará la posibilidad de desempeñar con preferencia tareas propias de su oficio. Por otra parte, la política no queda reducida a ser un laboratorio de las leyes y sus derivados, pese a la innegable importancia de tales aspectos. Comprende una actividad más compleja y abarcadora. No obstante la creciente tecnificación —y, si se quiere, la «legalización»— de las operatividades, que necesariamente redundan en todos los fenómenos de la convivencia y de su gobierno, hay como una instancia política superior caracterizada por los valores de orientación y coordinación en dependencia de las más diversas clases de circunstancias.

El problema de la idoneidad del abogado para la política ha de plantearse a ese nivel, al nivel propio o plenamente político. Entonces no cuenta tanto el conocimiento técnico en su demarcación rigurosa como la formación humana proporcionada por la abogacía, la comprensión, las cualidades mentales, los hábitos de vida, la capacidad para el enfrentamiento con problemas, las aptitudes para el diálogo, la lucha y la transacción, la estrategia ordenadora y previsora, el espíritu de trabajo, el dominio de la expresión, etc. Así las cosas, el coeficiente relativizador de la respuesta no es independizable de la realidad política a considerar.

Podemos tomar en cuenta una realidad en la que la política aparezca predominantemente instalada y concentrada en el poder, donde el acceso al mismo, no exento de regulación, carezca de una amplia base pluralista y falten fórmulas legalizadoras rigurosas de las opciones políticas desde fuera hacia dentro. En estos casos, la irrupción en la política se produce principalmente de un modo directo mediante el ingreso en cargos que incorporan una acción de gobierno. Situaciones de tal clase suelen reflejar, bien una ideología monopolística de la política, bien una reducción de ésta al mínimo con injerencia muy acusada de la técnica. Es frecuente entonces que sin una situación y hasta sin una definición política previas se pase a las situaciones de poder. En tal caso la condición política deriva de la participación en el poder. Cabe pensar asimismo en una realidad política más extensa y compleja, es decir, no centrada sobre la atribución y el ejercicio del poder. Siendo así, hay una diferencia marcada entre el poder y la política, aunque ésta represente siempre un punto de vista sobre aquél. El conjunto llamado política engloba al poder, pero también se manifiesta fuera y frente al mismo, sin que el desbordamiento y el enfrentamiento encarnen actitudes revolucionarias porque forman parte de este conjunto político las tensiones y las luchas por el poder. Consiguientemente, el ingreso en la actividad política no es, sin más, la participación en el ejecutivo o en el legislativo. Hay situaciones definidoras de ideologías, concepciones sociales, directrices económicas, etc., con reconocida significación política que no se dan sólo a partir del desempeño de cargos discernidos desde el poder. Aquí es donde acaso se desarrolla la vida política más fluyente. Es el campo amplio del diálogo abierto, de la contienda y del debate entre las diversas soluciones. Las Cámaras o los Parlamentos representan como una condensación de la vida política y ésta es a su vez reflejo de la vida total. La política desplegada desde esos órganos ya supone una participación en el poder, aunque no en el gobierno. En resumen, mientras en una hipótesis la política aparece sobre todo en la cúspide, en la otra comienza desde la base.

Ambas realidades o modalidades, muy distintas en cuanto a su alcance, al modo de establecerse y al ingreso en las mismas, tienden a encontrar puntos de convergencia especialmente si contemplamos la hipótesis comprensiva de una política de base en la faceta del poder, aunque ésta no sea representativa de la total acción política. Entre tales puntos de convergencia destaca la organización formal pública de la administración atenida al sistema de la burocracia que racionaliza y objetiva grandes series y decisiones conforme a los módulos del funcionarismo y del funcionalismo. El juego de las opiniones y de las pasiones resulta cada día más reprimido como motor político espontáneo. La inteligencia ha ido removiendo progresivamente muchos emplazamientos ocupados antes por la emoción y el arbitrio. Los dogmatismos profesionales e ideológicos tienen que resignarse ante las inmisiones de la ciencia. Esta ya no es el privilegio de algunas mentes. La antigua ciencia conventual y la de los solitarios obsesos por el saber, la concentrada en reductos y atenida a las prerrogativas de clases, ha pasado a extender sus dominios de tal manera que la propia ciencia universitaria, más generalizada, o se distiende por completo o se verá desfasada. Se ha producido el fenómeno de la socialización de la ciencia que, traducida en numerosas tecnologías, da lugar, entre otros efectos, a la uniformidad de muchos problemas y a la aproximación de los ciudadanos en orden a las necesidades y a las exigencias a satisfacer por el poder. La política realizable por gobiernos de procedencia y signos muy diferentes es menos heterogénea que las ideologías mentoras de ella.

No obstante, el grado de concentración de la política, muy circunscrito en la que hemos llamado política de cúspide, y más distendido, con mayores articulaciones cuando existen conformaciones ordenadoras de la política de base, influye de manera consecuente en la participación. La rigidez apreciable en la primera hipótesis tiene como respuesta la menor racionalización del acceso al poder, o la no existencia de unos módulos expresivos de regularidades, aunque haya algunas regularidades apreciables *a posteriori*. Por lo mismo, cuenta poco la iniciativa o la adopción de aptitudes previas. En razón de ello, las aptitudes recognoscibles en el abogado no pasarán de ser hechos personales o circunstancias simplemente favorables, porque faltan o escasean las esferas de acción que, siendo políticas, no entrañen el ejercicio del poder y sí sólo la preparación para el mismo. Una política muy concentrada precisa en medida estimable el concurso del jurista en el papel de político. El propio estrechamiento del contexto político requiere justificaciones que se presentan como una acomodación de las estructuras o un cambio de estas (hablando en términos no estructuralistas), con el fin de acomodarlas a determinadas exigencias que suelen ser una combinación de pensamiento ideológico y circunstancias históricas. La profesión jurídica en general (dejando aparte tal vez al estricto científico y al funcionario en esferas de simple ejecución técnica) es la más avezada a todo; presupone flexibles facultades de acomodación; por supuesto está próxima a los temas de la política por la clase de la formación universitaria (aunque en la Universidad hay ahora Facultades más abocadas a estas cuestiones) y por el propio quehacer profesional. El creciente desarrollo de una administración burocratizada propicia también la pertinencia del saber jurídico. Sin embargo, esta hipótesis constituye terreno más propicio para otros tipos de juristas que para el abogado mismo. Escasean, como hemos advertido, las situaciones de tránsito hacia el poder. Las irrupciones son muy directas. Y el abogado se desenvuelve en zonas más alejadas del poder que los juristas introducidos ya en los múltiples servicios del Estado.

No ocurre igual en la segunda hipótesis. Habiendo una articulación política extendida y diversificada en la base, el abogado, por sus cualidades, su dedicación y su experiencia, que es al propio tiempo hombre de acción, avezado al diálogo y a la disputa, no resignado al conformismo, encuentra lógicamente oportunidades relevantes. Tiene ante sí la sociedad con todo su haz de problemas y de tensiones. El entregado al debate, en último término minúsculo, de lo individual y de lo localizado ve ante sí las grandes cuestiones generales, susceptibles de enfoques y replanteamientos. En los aledaños del poder, el abogado imbuido de preocupación política puede encontrar el atractivo de una labor afín con la que le es propia, si no por el contenido, sí por el sentido y por el modo de abordarla; se sentirá abogando por la sociedad con pasión y método. El constructor de tesis entre la esperanza y la duda del convencimiento y del triunfo, acostumbrado a la lucha por el derecho, resignado a ser vencido, es apto también para trasmutar esas dotes al campo de la lucha política. El hecho de que el litigio sea una discrepancia ordenada es una ejemplar lección para la política. Cuando se accede al poder con base en las posiciones adoptadas respecto del entendimiento del mismo el título legitimador parece robustecerse. Hay una moral de victoria. El pensamiento y la acción, ciertamente, se fortalecen en cuanto de ser aspiración o propuesta pasan a traducirse en actos legislativos o de gobierno. No todo lo propugnado adviene luego realizable. El ejercicio del poder, dejando aparte los absolutismos cada vez más excepcionales, incorpora limitaciones. No pensamos ahora en las representativas del Estado de derecho en cuanto distribuyen en forma de autolimitación, creadora, por tanto, de deberes, las acciones emanadas de la potestad estatal. Hay —y he aquí lo directamente aludido— las restricciones y los condicionamientos derivados de la necesidad de cohonestar criterios y de ver las 'cosas desprovistas de todo utopismo, en el marco de unas posibilidades y de la correspondiente proporcionalidad entre medios y fines. En el plano y en el momento de las decisiones, el sentido del equilibrio y el de la propia responsabilidad contraída o a contraer, frenan las que acaso parecieron ineludibles exigencias. El jurista introducido en el poder político ya no se mueve tanto en un ambiente equivalente al del abogado. No pide, no propugna; decide, resuelve. En el fondo, transige. También, en verdad, transigir es un capítulo del oficio de abogado. Lo que acontece entonces no es tanto una negación cuanto el acoplamiento prudente a las circunstancias. Se sobrepone la ponderación del juicio a los anhelos ardorosos.

Bernard Crick, en esa obra tan suelta y realista que es su ensayo *En defensa de la política*[98], no presta demasiada atención al papel del abogado en la política. Es un tanto decepcionante que la alusión más directa vaya referida a la demanda de abogados observable en Nigeria y «en muchas de las actuales y antiguas dependencias coloniales británicas», en donde esta profesión es «el más probable trampolín para la política». Sin embargo, Crick formula un juicio comparativo entre el abogado y el político no exento de verosimilitud: «Todo pensamiento —dice— referente al gobierno y a la política cristaliza en una doctrina en algún nivel de la experiencia; y todos los defensores de las doctrinas, como el abogado en el Tribunal, presentan testimonios para tratar de convencer a los que se sientan en el estrado. Los testimonios están configurados de acuerdo con la comprensión que tiene el letrado de su propio interés y del de su cliente; aquél no arroja sobre su mesa un manojo de hechos e invita a los jueces que los clarifiquen ellos mismos. Como cualquier político, intenta prejuzgar el resultado»[99]. Cierto. El político y el abogado son, a la vez, organizadores de hechos y constructores de tesis con el propósito de lograr asentimientos para las soluciones propugnadas. El uno mantiene puntos de vista sobre el conflicto general que en cada momento histórico presenta la convivencia, porque ésta nunca se manifiesta en el estatismo pacífico de las conformidades absolutas. El otro, el abogado, aborda los conflictos particulares surgidos con ocasión de la realización del derecho y preconfigura una decisión con el empeño de alcanzarla. Pero esta equivalencia se da mucho más entre el político que lucha por el acceso al poder y el abogado que nunca logra acceder de modo pleno al mundo de las decisiones.

3. Incidencia de la sociedad en el jurista y del jurista en la sociedad

Se imputa en general a los juristas el sometimiento al sistema político en que se desenvuelven. Esto es cierto en cuanto actúan en el seno de la categoría de *lege data,* que es la propia de la aplicación del derecho, así como la correspondiente al descriptivismo científico referido a un determinado derecho positivo. Quizá cuando ese sometimiento viene imputado al cultivador de la ciencia jurídica quiere subrayarse algo más que la subordinación a las normas, es decir, la falta de distancia suficiente entre el investigador y el objeto del conocimiento como para no implicar en sus juicios emanaciones procedentes del medio social y del clima ideológico. Es innegable que el jurista no opera con un objeto socialmente inerte, como lo hace en cambio el físico, así como tampoco guarda las distancias del etnólogo entregado al análisis de sociedades, lejanas en el tiempo o en la cultura, con las que

99 Cfr. *ob. cit.,* pág. 123.
100 Cfr. ed. de Venecia, 1782, t., pág. 3.

no se identifica. Tampoco disfruta el jurista de la distancia con que opera el historiador. Conviene, sin duda, que sea consciente de los elementos depuradores proporcionados por la sociología del conocimiento. Pero siempre habrá de encontrarse con que el propio objeto alberga y normativiza valores que no es posible eludir. Necesariamente ha de tratar con esos valores. Aunque él se inhiba mediante el empleo de todas las asepsias, ahí está el objeto. ¿Tiene sentido, por otra parte, considerarle totalmente contaminado? ¿Cuál es lo socialmente existente y carente al mismo tiempo de impurezas? ¿En nombre de qué criterio identificamos éstas y afirmamos lo rigurosamente desligado de ellas? Si la descripción científica estricta nos priva de los juicios de valor, tratando con objetos culturales no llega a sustraernos por completo del mundo de los valores, o bien, de experimentar las consecuencias derivadas de tratar con y sobre ellos. Muchas pretensiones de abstención valorativa implican a su vez otras valoraciones. Es grande el riesgo que se corre de incidir en ideologías, en otras ideologías, cuando se intenta desenmascarar las identificadas como tales. La objetividad reflexiva no pasa de ser un esfuerzo o un estado de consciencia erigidos en la vigilancia crítica que, sin embargo, no garantizan en términos absolutos el resultado. El conocimiento reposa siempre sobre un contexto histórico que le traspasa más allá de donde el sujeto cognoscente está en condiciones de prevenir o corregir con sus cautelas. Expresiones o conceptos representativos de una decantación como «puro», «desmitificado», «desideologizado», «desacralizado» y otros equivalentes, tienen también su composición histórica. Aunque el historicismo no pueda irrogarse el monopolio de las explicaciones totales, haberse dado cuenta de que la historia no es sólo la medida temporal de las cosas o que con el tiempo no nos limitamos a designar una categoría donde tienen lugar los acontecimientos, y haber advertido una intrahistorificación que afecta al ser del objeto y al conocimiento activo, constituye uno de los más grandes sesgos epistemológicos que se han producido. Si el hombre no queda sumido por entero en las explicitaciones históricas, indiscutiblemente éstas le rodean, le envuelven y a la par le muestran. Por más que la naturaleza sea igual a sí misma, su inteligibilidad es histórica, y la inteligibilidad ha influido en lo que es para nosotros y, en algún sentido, hasta en lo que es en sí, ya que nuestra incidencia sobre ella con los consiguientes efectos transformadores se hallan en función de la propia inteligibilidad, es decir, de datos facilitados por el conocimiento y que afectan a la composición de la realidad misma. Casi todas nuestras certidumbres están llamadas a desmontarse de manera ilimitadamente sucesiva, porque el conocimiento es un proceso en el que nos desenvolvemos sin poder impedir que después de nosotros siga produciéndose la acción de otros deparadora de resultados correctores de los precedentes.

Ahora bien, los juristas conocemos de antiguo la posición de *lege ferenda*. Esta no queda comprendida o no es adoptable en el ámbito propio de las ciencias. Filangieri, en el siglo XVIII, pudo llamar *La scienza della legislazione* a los prudentes consejos con que se dirigía a los príncipes de Europa para que, declinando su entrega a las armas, pensaran: «Que las buenas leyes son el único sostén de la felicidad nacional; que la bondad de las leyes es inseparable de la uniformidad, y que esta felicidad no puede encontrarse en una legislación hecha en el intervalo de veintidós siglos»[100]. Tales palabras reflejan la fe en la ley, en la ley nueva y distinta como camino de la felicidad. Desde entonces la ley ha irrumpido hasta con desenfreno en

---

[101] Especialmente preocupado por el problema se muestra MURILLO FERROL, *Estudios de sociología política,*

el gobierno de los pueblos. En su nombre se han suprimido los absolutismos de las decisiones incontroladas, se han reconocido derechos a los ciudadanos frente al poder y se han hecho formales declaraciones de igualdad. No obstante, la ley misma ha experimentado los daños de la hipertrofia y del deterioro. Las leyes óptimas quedan siempre pendientes. De todos modos, éstos no son hoy temas de la ciencia al menos de una manera directa. El reformismo dirigido al perfeccionamiento, la búsqueda de un derecho mejor y el acercamiento a ideales —no siempre coincidentes— tienen encaje predominantemente en los terrenos de la especulación filosófica e ideológica y de la acción política. La sociología se ha constituido como ciencia a base de neutralidad ética, aunque las visiones deparadas por la misma, al mostrar desnudas las realidades, puedan permitir ulteriores juicios estimativos (ya no propiamente sociológicos) sobre situaciones de interés para el derecho. La propia filosofía con preocupaciones muy acusadas sobre el deber ser del derecho y su proyección en la sociedad será más bien una filosofía política y social. El paso adelante valorativo a partir de la sociología penetra en la ética social. Las especulaciones de ese carácter y la acción política son los modos que se le ofrecen al jurista, aunque no exclusivamente a él, dentro de las tipologías profesionales, para incidir en la sociedad. Son, por supuesto, armonizables, si bien una sobrecarga teorética no depara siempre las mejores situaciones para las actitudes y las actividades políticas. La sobrecarga teorética viene a ser excesivamente definitoria y comprometedora. Existe el peligro de que se aprecien desajustes entre la doctrina y el comportamiento. Lo que hay en la política de agilidad y de oportunismo puede verse perturbado por algunas teorizaciones que actuarán tal vez a modo de prejuicio. En cualquier caso, la incidencia plena sólo culmina a través de la acción política. Me atrevo a pensar que con Rousseau terminó la incidencia política, directa y personal, a partir de los libros.

4. Ciencia, técnica y transformación social

La aporía (o mejor, la paradoja) de las ciencias sociales radica en que el saber es definido como científico en tanto no valora, estima o enjuicia, sino que sólo muestra, describe y formaliza, y en concomitancia con esa epistemología del saber aparece la disconformidad de sus mismos propugnadores con los órdenes reales analizados, así como también irrumpe en ellos el propósito de establecer unas bases para el cambio. ¿Son en algún aspecto conciliables ambas actitudes? ¿O resultan, por el contrario, totalmente antagónicas? ¿Alguna es recusable? El descriptivismo neutro refleja, sin duda, el ideal de lo objetivo que se ha convertido en condición indispensable del saber científico. Sin embargo, la pretensión de la objetividad descriptiva erigida en requisito de la ciencia encierra también la intencionalidad —en parte, extracientífica— de poner de manifiesto la falta de consistencia social profunda, el carácter contingente y artificioso de muchas conformaciones de la sociedad antes reputadas como emanaciones de la propia naturaleza. La descripción viene a colocar cada cosa en su sitio y a descubrir los revestimientos ideológicos de muchos conceptos aceptados como inconmovibles. Pero saber cómo es lo que es, punto de partida para la transformación, no implica ésta, o bien, es sólo una transformación del conocimiento o de la inteligibilidad del objeto, no de él mismo. ¿De qué lado queda entonces el pensamiento relativo a la transformación que requiere algunas dosis valorativas y críticas?

Son posibles varios puntos de vista. Uno es el de remitir la transformación a la *praxis*. Únicamente existe si efectivamente se produce o en cuanto se produce.

¿Pero cómo se impulsa? ¿Qué relación media entre la ciencia y la praxis? O no hay tal impulsión y entonces el pensamiento científico queda desligado de la operatividad práctica, o hay tal impulsión, la ciencia tiende a trasmutar, y entonces deja de observar las reglas del descriptivismo. Esta segunda posición es la inicialmente propugnada por la dialéctica marxista al erigir en dogma la negación del pensamiento meramente descriptivo o interpretativo y buscar la transformación. Otro punto de vista es el cifrado en entender que lo ideológico forma parte de la actitud personal del investigador, mas no se integra en la investigación misma, siempre descriptiva. ¿Cómo puede realizar una labor de completa asepsia ideológica en el tratamiento de los temas sociales quien precisamente actúe impelido por una ideología? ¿A dónde conduce la actitud personal o cómo se manifiesta si en el análisis científico no es introducible? Acaso por el fondo de insatisfacción que acusa este punto de vista hay quienes adoptan resignadamente el criterio de entender que todas las ciencias sociales y en particular la sociología están condicionadas ideológicamente por la inmersión del investigador en la sociedad y por la presencia inevitable de los valores. Ello implica dar al traste por completo con el descriptivismo, que si tiene sus dificultades en el análisis de todo lo concerniente a la sociedad, no carece de justificación. Parece posible la existencia de una sociología, que aspire a la neutralidad, aunque no la alcance en todos los aspectos, así como parece posible también otro tipo de conocimiento directamente movido por las ideologías y las valoraciones. El problema consiste en lograr el estatuto epistemológico de este saber que no puede eliminar el descriptivismo de la ciencia, que no cabe dejarlo recluido en las actitudes personales y que tampoco parece oportuno entregarlo en manos de cualquier ensayismo culturalista. ¿Qué le corresponde decir o hacer a la filosofía? ¿No será ella misma la convocada para ocupar una plaza no bien entendida ni atendida en el cuadro de los saberes? Merece la pena pensarlo. La cuestión enlaza con la de si la filosofía es absolutamente ciencia. En caso afirmativo también podría lavarse las manos. Si la ciencia se atiene a la descripción y la filosofía es ciencia, todo queda igual. Ahora bien, si se considera que el contacto de la filosofía con la ciencia no consiste en identificarse con ella, sino en versar sobre ella, entonces se abre una nueva instancia reflexiva y crítica capaz de alojar buena parte de ese saber cuyo estatuto epistemológico buscamos. Así tendríamos que entre los polos de la política, como acción, y de la ciencia, como descripción, abriría un margen para cohonestar y reconsiderar ambas actitudes.

Por otra parte, el empleo del descriptivismo científico no conduce necesariamente a la aceptación de lo dado. Porque su cometido básico descansa en ir al fondo de la realidad, lo que supone desenmascarar conceptos y categorías que, presentándose con la entidad de lo ontológico o socialmente necesario, no son sino estratificaciones ideológicas perfectamente removibles. Implica el taladro de los caparazones ideológicos que ocultan o transmutan lo encubierto para presentarse ellos mismos con la imagen de la única realidad posible.

Todo el progreso científico se nutre, en síntesis, de la denuncia de creencias mantenidas antes como verdades. Muchas veces aquello que viene a reemplazar a la creencia es otro giro que toma ésta hasta que le llegue la hora de ser removida. Lo que llamamos desmitificación y deisdeologización es un proceso que no puede desembocar nunca en la sincronía de la plenitud. La diferencia entre la situación actual que persigue la descripción y las situaciones pasadas presididas por la normativización radica en que se ha impuesto un criticismo depurador que, sin embargo, en cuanto realizado dentro de un contexto sociohistórico, también le llegará la hora de ser reemplazado. Si tal dependencia, pese al esfuerzo desideologizador, se acusa en las ciencias humanas y sociales, no aparecen exentas de ella tampoco las ciencias de la naturaleza. Transidos de historicidad no están sólo los objetos del saber, sino el saber mismo. Evidentemente, la sociología, según el ya viejo planteamiento comtiano, vino a representar, con la distinción de las tres etapas del conocimiento (la teológica, la filosófica y la científica) y con el significado atribuido a los hechos, el mayor desplazamiento hacia el análisis descriptivo, sin perjuicio de lo cual no toda la sociología ha logrado —ni siquiera en ocasiones se lo ha propuesto— un resultado estrictamente objetivo y aséptico. El ingrediente ideológico actuante en el saber no irrumpe necesariamente de un modo querido y preconcebido. Más frecuente y difusa —inevitable quizá— es la penetración subrepticia en forma concomitante con el conocimiento, que, aun imbuido de un afán de pureza, no logra alcanzarla de manera completa[101]. Si en un momento posterior podemos colocar la tacha de ideológico sobre algo que antes no se nos ofrecía así, tal posibilidad deriva sin duda del perfeccionamiento del instrumental cognoscitivo. El curso de los acontecimientos (comprendiendo aquí los fenómenos de la realidad y la propia evolución de la ciencia) descubre o muestra facetas que antes han pasado desapercibidas o que sólo después han adquirido sentido. En este orden de cosas es claramente perceptible el progreso. Los mitos sucumbieron, o bien, son meras curiosidades etnológicas, las ideologías tienen su demarcación y las ciencias conquistan paso a paso su autonomía, aunque a ella no se llegará nunca del todo, porque toda meta científica ha de ser siempre inalcanzable y, a la vez, revisable.

Ese propósito, imperfecto y sólo gradualmente conseguible, de un descriptivismo ideológicamente depurado, ¿es contradictorio con el influjo de la ciencia en los problemas de la convivencia humana? No. Por un lado, la objetividad descriptiva puesta enfrente de dogmas reputados prescriptivos incorpora una voluntad de cambio. Por otro lado, y sobre todo, el tránsito de la ciencia hacia la sociedad no es ciencia, sino tecnología, movida por la acción política, y, más ampliamente, por la acción social. Ahora bien, en los ámbitos no regidos por la ciencia, importa mucho tener en cuenta los logros de ésta. En el mundo de hoy, tanto los resultados de las ciencias traducidas en múltiples tecnologías, como su tratamiento político, constituyen un factor social de primera magnitud. ¿Con todas las ciencias ocurre lo mismo? Una vez más se impone la consabida distinción entre las ciencias de la naturaleza y las humanas y sociales. Sin duda las primeras se llevan la palma no sólo en cuanto ciencias, sino en orden a su repercusión en la vida de la sociedad. Aunque la naturaleza es inagotable e indominable de modo absoluto, al profundizar en su conocimiento se produce el fenómeno que podría llamarse de la liberación. Todo lo sustraído al misterio de la naturaleza, lo desvelado a través de la comprensión, es algo que se incorpora a la disponibilidad social. Cuanto mayor sea el dominio del hombre, mayor es también la esfera de la libertad. Si en virtud de las conquistas logradas por la física la humanidad está en condiciones de decidir acerca de su destino, no cabe duda que el caudal de la libertad se ha aumentado. Lo mismo ocurre con las múltiples tecnificaciones

Tecnos, 2.ª reimp., Madrid, 1972, cuando escribe: «¿Será posible equiparar a cero la 'ecuación personal' del investigador, nutrido, inevitablemente, con los jugos valorativos de su propio grupo? Este es el verdadero problema. El de las valoraciones de que no tomamos conciencia; más aún: que se nos introducen furtivamente cuando creemos estar en el terreno de la más aséptica neutralidad» (pág. 21).

102 Cfr. HERNÁNDEZ GIL, *La situación científica y cultural del derecho,* en «Juristas españoles de nuestro

traducidas en medios conducentes a la asequibilidad del bienestar. El problema estriba en el uso que se haga de los márgenes de libertad que produce el fenómeno de la liberación. La libertad y el poder son dos correlatos que mutuamente se exigen y se condicionan. El dominio de la naturaleza es, al mismo tiempo, fuente de libertad y de poder. Las ciencias físicas han creado unos presupuestos que se convierten en objetivos de la acción social[102].

La incidencia en la convivencia social de las ciencias consagradas al hombre y a la sociedad no es, sin duda, del mismo rango. He aquí su drama. Cuando el saber de esta clase lo constituían un conjunto de postulados deontológicos, generalmente establecidos sobre bases religiosas, propendían a influir en la conducta, ofreciendo a ésta un plexo de normatividades. Esto no quiere decir que tal influjo se produjera de un modo efectivo. Posiblemente Galileo conmovió más a la sociedad sin ocuparse de ella, que, por ejemplo, Luis Vives tan preocupado por los temas de la convivencia. Hoy, en los términos del estricto cientifismo, es recusable incluso el propósito, el pensamiento. La actitud del que asume una función cognoscitiva es invariablemente neutral. «Es incuestionable —escribe Tierno— que, desde el punto de vista científico, una persona es simplemente un algo entre otros algos, es decir, que la actitud del científico no debe cambiar en cuanto a rigor mental y objetividad, bien estudie la composición química de un astro, bien la afectividad familiar de una comunidad urbana europea»[103]. Todo lo que sea prescripción, consejo o culto a una creencia se mueve en otros ámbitos. No podemos pedir a las ciencias humanas en cuanto tales una intromisión directa que las desnaturalice. ¿Hay entonces que resignarse y no esperar nada? Es preciso distinguir entre el nivel de la ciencia y el de la traslación y explotación de sus resultados. Si este segundo nivel no queda íntegramente en el seno de la ciencia, ¿habrá de ser por completo indiferente a los resultados alcanzados por aquélla? Desde luego, no. El neutralismo propio del acto cognoscitivo no hay que confundirlo con una abstención. Si hacer ciencia exige indispensablemente una objetividad ceñida sobre el rigor, lo alcanzado crea unas posibilidades de aplicación práctica que sólo adquiere sentido con relación a la sociedad. La sociedad tiene dos momentos fundamentales de concomitancia con la ciencia. Uno es el de hacerla posible y estimular su desenvolvimiento. Todos los países con la entidad de tales desarrollan hoy una política científica como desarrollan una política internacional. No se trata de un mero mecenazgo. Es una verdadera organización colectiva y planificada dispuesta a proteger los valores de la inteligencia en su manifestación más genuina y elevada. La educación de las masas, la difusión de la cultura, la tecnificación de las actividades y, en general, los tópicos del bienestar con que desde diversos puntos de vista, sin distinción de ideologías, se enaltece la función social tutelada por el Estado, presuponen siempre una ciencia matriz que es a modo de materia prima en el mundo de los bienes del espíritu. El otro momento de concomitancia es ese mismo contemplado desde distinta perspectiva. El desarrollo de la política científica se justifica en razón de su capacidad de transformación social; la transformación es inseparable de una puesta en práctica. Esta comprende el amplio terreno de la ciencia aplicada susceptible de múltiples ramificaciones e instancias de actuación. Me resisto a creer (pese a ir en contra de la tradición aristotélica) que haya unas ciencias constitutivamente prácticas y otras desprovistas de esta dimensión. De un modo más o menos directo la ciencia siem-

tiempo», Sala, pág. 42, Madrid, 1973.

103 TIERNO GALVÁN, *Conocimiento y ciencias sociales,* Tecnos, página 18, Madrid, 1966.

104 ARANGUREN, *Las moralidades de hoy y de mañana,* Taurus, página 82, Madrid, 1973.

pre evoca a la realidad; tiene una ulterior instancia aplicativa. Acontece, eso sí, que esa instancia aplicativa puede canalizarse de modos diferentes. Inmediatamente después de las investigaciones sobre los fenómenos de la Naturaleza —o al lado e incluso antes— aparece una industria movida por los resortes del capitalismo, es decir, por el poder en cuanto dominación económica, o por el dirigismo estatal, que traduce en factores sociales las conquistas del progreso científico. No ocurre exactamente lo mismo con las investigaciones que tienen por objeto las realidades humanas. Sin embargo, es manifiesto que también las ciencias sociales están adquiriendo versiones y realizaciones que tienden a introducirse y a mover el mundo de la convivencia. «La cultura tecnológica —escribe Aranguren— consiste, por una parte, en tecnociencia natural; por otra, en tecnología social»[104]. El juicio está emitido en términos muy generales o de equiparación. Hay matices diferenciadores; el acento sigue colocado en la tecnociencia natural. Hasta ahora, desde ella, se ha influido más en la sociedad que desde los análisis que tienen por objeto la sociedad misma en todos sus aspectos demográficos, políticos, económicos, jurídicos, etcétera. No obstante, se camina sin duda en esa dirección. La sociología, en su vertiente aplicativa o tecnológica, es el fundamento de una crítica social dirigida al cambio. La economía, con sus diversos campos de acción, es la ciencia social que, de una parte, se ha situado en niveles metodológicos más afines a los de las ciencias físicas —economía matemática—, y, de otra, se ha introducido profundamente en la política, tendiendo a racionalizarla[105]. La antropología, con su entrega al análisis de modelos culturales de sociedades tan diferentes de la sociedad industrial, que muchas veces se tiende a reputar como la única realidad y al mismo tiempo como un ideal, está poniendo de manifiesto cuánto le falta a la humanidad para su homogeneización. Al proceso de descolonización subsiguiente a la segunda guerra mundial no es ajena la denuncia hecha desde ángulos creados por el fondo intelectual que ha ido acumulando el estudio de los hombres en sus múltiples realizaciones históricas. Concebir el contacto con las sociedades primitivas como la labor mesiánica de hacerlas a nuestra imagen y semejanza es algo que pugna con un análisis social libre de prejuicios ideológicos[106]. Por su parte, la psicología y la psicología social han profundizado de tal modo en la labor de diagnosis de las aptitudes y del comportamiento, de las tipologías individuales y de las interacciones sociales, que resultan indispensables en las tareas de planificación y control, así en el campo de los servicios públicos como en el de las grandes organizaciones industriales. La ciencia política o

---

105 FIGUEROA, *Curso de política económica,* 2ª ed., Ed. «Revista de Derecho Privado», Madrid, 1969, dice: «La política económica contemporánea ha dejado de ser el arte de las felices improvisaciones a que el Estado liberal la condenó» (pág. XVIII). Sin embargo, se queja del no reconocimiento generalizado de las ventajas de la racionalización. «Mientras en medicina —escribe— las curas milagrosas han quedado relegadas a casos muy excepcionales, en política económica los 'milagros económicos' siguen prodigándose con una facilidad pasmosa. Medidas políticas de una tosca simplicidad se ensayan una y otra vez a prueba de fracasos reiterados, en tanto se soslaya obstinadamente el planteamiento racional y sistemático de los problemas» (pág. XXI).

106 En el capítulo que LUCY MARI *(Introducción a la antropología social,* trad. esp. de Carlos Ramírez, Alianza Editorial, Madrid, 1970) dedica a la antropología aplicada asigna al antropólogo un papel humanitarista más profundo y atenido a los grupos a considerar que el genérico proteccionismo. «Está claro —dice— que cuando se hacen planes con el fin de conseguir una mejora técnica, el antropólogo ha de respetar la superioridad del técnico en su propio campo. No podrá pretender saber cuál es el *mejor* medio para eliminar los mosquitos o aumentar la cosecha de algodón. Pero, sin embargo, tiene algo que decir: que conocer los pueblos con los que se trabaja —y conocerlos del modo especial en que lo hace el antropólogo— es tan importante como conocer los hábitos del virus devorador del brote del cacao o de la antracnosis del algodón» (pág. 346).

107 Hay trad. esp. de Teodoro Ortiz, Fondo de Cultura Económica, con el título de *Antropología,* 1.ª ed.

politicología (más o menos disuelta en una sociología política) ha sustraído del formalismo del derecho político buena parte de los problemas concernientes a la estructura del poder y ofrece de todos ellos una visión realista.

En definitiva, si las ciencias sociales no han logrado para su objeto común —el hombre— todo lo que él mismo ha conquistado en el dominio de la Naturaleza, no cabe duda que los pasos dados en los últimos decenios son importantes y señalan un rumbo digno de ser resaltado. El tratamiento de la sociedad y de sus conflictos tiene tras de sí un saber que agota el conocimiento de todas las parcelas y aspectos de la realidad. En los albores de la era atómica Kluckhohn escribió en su ensayo *Mirror of man*[107]: «La nueva fase del desarrollo de las ciencias sociales, todavía no comprendidas en gran parte por el público en general, quizá tenga consecuencias tan revolucionarias como las de la energía atómica». Aunque hasta el presente no se haya cumplido el vaticinio, sigue suscitando reflexiones estimulantes. Está muy arraigado en nuestras creencias que el progreso material no se traduce en un progreso equivalente en orden a la realización de los valores concernientes a la vida colectiva. Si bien esta creencia tiene por desgracia a su favor demasiados testimonios y no es un sueño especulativo, tampoco hay que aceptarla con el fatalismo de lo inevitable. Mientras la tecnología ha sido principalmente un derivado de las ciencias consagradas a la materia y a la vida biológica, su proyección social, aun siendo muy importante, no ha podido penetrar en todos los intersticios de la convivencia. Ahora bien, ¿un conocimiento tan minucioso del comportamiento humano como el que vienen acumulando las ciencias sociales no será traducible en factores tan ventajosos para el cambio social como lo son, por ejemplo, los medios de comunicación? ¿Seguirá siendo el «descubrimiento» un lenguaje peculiar del mundo de los astros, las células o los virus? Pienso que no. Hasta desembocar en el Estado nacional moderno —ahora precisamente en crisis— fue precisa una larga maduración. El tiempo no es una categoría uniforme y externa a los acontecimientos que se miden con él. Hay lo que se llama un «tiempo sociológico», de ritmo más lento que el simplemente histórico. Este registra los hechos. Aquél, los procesos culturales. Situados en la paciente espera del tiempo sociológico, al final, termina por descubrirse cómo todo es una marcha, aunque no sea claramente perceptible el decurso.

5. Nuevos derroteros de la abogacía

¿Qué encontramos retornado a nuestra parcela —el derecho— y a nuestro oficio —la abogacía—?

Lo sabemos desde el primer día de la toma de contacto con nuestros estudios en la Facultad. Del derecho se habla en muchos sentidos y situaciones: como norma u ordenamiento; como realización en la realidad social; como atributo y prerrogativa; como conocimiento o ciencia; como acto de aplicación discernido jurisdiccionalmente. Aunque derecho y sociedad son concomitantes, la mente humana ha encontrado antes como significación o símbolo —y no digamos como concepto— el derecho que la sociedad. Esta la han vivido los hombres —y siguen viviéndola— sin que muchos se la representen; el derecho lo han ejercido o lo han invocado; o bien, les ha sido impuesto. El principio organizativo de las relaciones conforme a determinadas normas, formuladas o no, es un sistema de control del

1949, 6.ª reimp. 1971.

comportamiento dotado de primariedad antropológica. Por su parte, el saber acerca del derecho funda la más antigua de las disciplinas sociales. La técnica de aplicación ha precedido a la ciencia —que hoy, en cambio, ocupa un primer plano respecto de aquélla—. El consejo en derecho y la asistencia a los intervinientes en los procesos judiciales adquirieron desde antiguo un grado de profesionalización desconocido en otros sectores.

Durante mucho tiempo el abogado ha desenvuelto su actividad casi en exclusiva en el campo del comportamiento. Hoy día esto ya no es así. La abogacía, por razón de su abolengo y de su mayor ámbito comprensivo, goza, sin duda, de cierta preeminencia; pero tiende a verse limitada por el concurso de otros saberes relativos al comportamiento y a la sociedad. El economista, el sociólogo y el psicólogo desenvuelven tareas de estudio de los problemas del comportamiento que, a partir de la ciencia y pasando por las técnicas correlativas, se adentran en profesiones muy influyentes en la detectación y encauzamiento de los grandes temas de la sociedad, la producción y el desarrollo a escala mundial y nacional. Los economistas, sobre todo, se llevan la palma. No creo, sin embargo, que los juristas y en particular los abogados estemos próximos a la hora de perecer ni que seamos, como algunos piensan, poco más que una figura ligada a la conformación capitalista de la sociedad. La configuración y el desarrollo profesionales han experimentado y experimentarán variaciones. Ningún modelo organizativo está destinado a perpetuarse. Si comparamos la abogacía de hoy con la de hace medio siglo aun dentro de países que, como España, no han experimentado una mutación de fondo, son sensibles ciertas diferencias, si bien no tan marcadas como en otros ámbitos profesionales. Porque nuestra función no se apoya tanto como otras en medios instrumentales o en técnicas auxiliares ajenas a la que ella misma representa. Sin duda alguna la transmutación profunda que ha sufrido la medicina con todas las técnicas favorecedoras del diagnóstico, la prevención y la terapia, no tiene parangón posible con el cambio considerablemente más modesto que ha tenido lugar en nuestros dominios. La interpretación de una cláusula testamentaria se sigue planteando hoy en términos sensiblemente similares a como podía plantearse hace siglos. Mientras las múltiples explicaciones biológicas que se suceden en la historia van siendo arrumbadas por el progreso, la causa del contrato, para sólo citar un ejemplo, es más resistente al paso del tiempo. La innegable variabilidad de la superficie de las leyes no tiene un correlato en la sustancia o el pensamiento del derecho que evolucionan menos precipitadamente. Junto a innegables permanencias, hay no obstante comprensibles acoplamientos a situaciones nuevas. No es tanto el interior mismo del cometido lo que cambia cuanto el contexto socioeconómico en que ha de desenvolverse. El abogado estrictamente individual y omnicomprensivo, que en otros tiempos constituía la nota predominante, representa hoy más bien la excepción. Ese modelo de profesional, completado con un cuadro de colaboradores, tampoco satisface actualmente todas las exigencias. Se tiende al trabajo en equipo en los llamados despachos colectivos que unas veces cubren extensas áreas y otras veces áreas más determinadas, si bien partiendo siempre de la división del trabajo en varias especialidades o dentro de una especialidad y en razón del número de prestaciones que han de dispensarse. Tales despachos constituyen verdaderas organizaciones empresariales en torno a la profesión de abogado que, en no pocas ocasiones, viene asociada a otras profesiones o simplemente a actividades conexas, porque así como hay relaciones interdisciplinarias en el campo de la investigación, también existen relaciones interprofesionales; unas y otras son la consecuencia de armonizar la especialización de los conocimientos con la conveniencia de algunos tratamientos de conjunto. No son pocos los abogados que contratan sus servicios con sociedades o empresas determinadas, lo que no siempre supone asumir todo el servicio jurídico, aunque sí desplegar una función de asesoramiento en exclusiva, con merma del carácter libre o liberal tradicionalmente asignado a nuestra profesión. Si esto es así en la llamada sociedad capitalista tardía, los derroteros son muy distintos en las sociedades socialistas. No cabe duda que supone un giro copernicano pasar de un régimen de liberalismo político y economía de mercado, con el ánimo de lucro como impulsor de la convivencia y el intercambio, a otro régimen atenido al patrón de la igualdad alentada por un proceso de intervencionismo estatal y socialización. Algunas manifestaciones, digamos sectoriales, de la socialización ya se observan en el seno del propio montaje capitalista, como puede apreciarse en el modo de prestar la asistencia jurídica a los trabajadores y a los asegurados. No obstante, la función de la abogacía sigue teniendo sentido sobre la realidad insuprimible de los conflictos de intereses y en tanto se conciba el discernimiento de la justicia como un pronunciamiento jurisdiccional. Estas bases mínimas, en lo que hoy cabe imaginar, es difícil desplazarlas y, en tanto subsistan, la función de abogar es asimismo ineliminable. Digo la función. No el tipo profesional que la encarna. Todavía tendemos a ver sublimado nuestro oficio en una personalización humanista de la defensa y del defendido. Hay bastantes que aún vinculan el cometido del abogado a una especie de ministerio sacerdotal. Tan disonante es para ellos la despersonalización de los problemas impulsada por la empresa como por el Estado socialista. El peso de la tradición, de las ideologías y de las creencias funda hábitos de no fácil abandono. Sin embargo, debemos de acostumbrar la mirada a otros horizontes. También en ellos, bajo distintas formas, termina por encontrarse la función del abogado que, mirando hacia el futuro lejano, experimentará a su vez transformaciones inasequibles incluso para un pensamiento prospectivo.

EL ABOGADO Y EL RAZONAMIENTO JURÍDICO,
de ANTONIO HERNÁNDEZ GIL, se imprimió
en la República Argentina en junio de 2021.

Made in the USA
Monee, IL
18 October 2026

66035477R00088